鄭惟厚

統計第一門課
觀念與應用

東華書局

國家圖書館出版品預行編目資料

統計第一門課：觀念與應用 / 鄭惟厚著. -- 1 版. -- 臺北市：臺灣東華，2015.06

320 面；17x23 公分

ISBN 978-957-483-818-9（平裝）

1. 統計學

510　　　　　　　　　　　　　　　　104009298

統計第一門課：觀念與應用

著　　　者	鄭惟厚
發 行 人	陳錦煌
出 版 者	臺灣東華書局股份有限公司
地　　　址	臺北市重慶南路一段一四七號三樓
電　　　話	(02) 2311-4027
傳　　　眞	(02) 2311-6615
劃撥帳號	00064813
網　　　址	www.tunghua.com.tw
讀者服務	service@tunghua.com.tw
門　　　市	臺北市重慶南路一段一四七號一樓
電　　　話	(02) 2371-9320
出版日期	2015 年 6 月 1 版
	2019 年 3 月 1 版 3 刷

ISBN　　978-957-483-818-9

版權所有 · 翻印必究

# 《統計第一門課》序

本書定位

每個人除了基本文字素養之外,還需要基本的數字素養。數字素養和數學素養不同,數字素養我會這樣定位:了解日常會遇到的數字之基本能力。哪些是我們日常會遇到的數字呢?我舉三個簡單例子說明。

例子一:如果某農產品價格從一公斤 50 元漲到一公斤 150 元,這樣是漲了兩倍還是漲了三倍?兩種說法都有人用,總不可能兩個都對吧,到底哪個正確呢?例子二:降雨機率六成到底是什麼意思,如果氣象局如此預報,讓我們一整天把傘拎來拎去卻沒有下雨,這樣可以說氣象局預報不準嗎?例子三:我們經常看到各式各樣的民調結果,2014 年爆發食安危機後,經濟部發表了「民眾對食品 GMP 認證制度之相關意見」調查結果,其中有一項問到爆發食安問題之後,食品 GMP 認證是應該廢除、還是應檢討改善但不能廢除,結果有 78.2% 的受訪民眾認為應檢討改善、但不能廢除。台灣民眾那麼多,他們只訪問了 1664 人,既沒問到你也沒問到我,這類民調結果是否可靠、又應該如何解讀呢?

以上例子所提到的問題,我認為都是現代人應該要有的常識,然而一般統計教科書裡面不見得有答案,或者有答案卻不容易看懂,因為絕大多數統計教科書的內容重點都在方法和應用,重技術而輕觀念。而本書目的,就在用簡單易懂的說明、提供這類常識的答案。一般來說,討論如何整理、蒐集數據及從數據當中找訊息,都屬於統計學的內容。然而這本書和其他大部分統計課本的不同之處在於,**本書**

主要著眼點在於「易讀」和「實用」，對於讓不少人覺得困難的符號和公式，能免則免。它適合當作每個人的第一本統計課本。

因為「易讀」和「實用」，內容包含許多常識，所以它適合當作通識課的教科書。而因為強調概念，讀完之後會相當清楚統計的基本功能，所以也很適合當作統計學的第一本 (2 學分) 教科書。比起還沒弄清楚統計在做什麼之前就要面對許多抽象的符號和公式，先知道統計的實用層面之後、才接觸較複雜的公式，學習效果肯定要好很多。其實計算工具強大且愈來愈方便的今天，是否知道公式也已變得比較不重要。比如要計算標準差的話，按幾個鍵就有了，不論是用計算機、電腦軟體還是手機 (我不知道目前有沒有 App，但至少上網也可以算出來)。更需要知道的反而是相關概念，例如標準差提供了什麼訊息以及什麼情況下並不適用等等。

另外，如果有非主修統計的人想要進入目前最夯的大數據領域、從大數據當中尋找有用的訊息，至少也應該要有基本的統計常識。科普書比較容易讀，然而內容可能不足，一般教科書自己讀則恐怕不容易把觀念搞清楚。本書定位可說是介於科普書和基礎統計之間，很適合當作自修統計常識的入門書。

內容特色及安排

一、以「易懂」及「好應用」為主要考量

對於本書的內容取捨，採取的是「應用導向」原則。只要內容合適，一章的開頭會從一般日常生活可能面臨的問題出發，先提出問題，接著討論並漸進式的提供相關觀念及答案。實用性較低、或偏複雜的內容，則可能排除在外。因此本書的內容安排取捨和順序，和傳統的統計課本不同。這樣處理的用意，是希望問題能引起讀者的好奇心，接續的討論則很自然的引出相關觀念，進而提高學習動機。

比如第一章第一節在比較平均數和中位數時，提到「當數字的分布大致來說左右平衡時，平均數會很接近中位數」，以及「很多和錢有關的分布，例如收入、房價、財富等，都會出現少數特別大的值，我們稱它有很強的右偏現象，此時平均數可能比中位數大很多」。為了幫助讀者了解，稱數字的分布「左右平衡」或者「右偏」是什麼意思，在這節就先介紹了莖葉圖，而不是把莖葉圖放在它「正常」該出現的位置，即「用圖形呈現數字分布狀況」的第四章。如此可讓本節內容完整，讀完立即可應用。如果像大部分教科書一樣按部就班、先把需要用到的基礎知識全部介紹完畢之後，才來討論應用的話，根據我近年來的教書經驗和認知，如此的處理方式可能會讓耐性不足的學生或讀者失去學習的動機和興趣，根本不想讀下去了。

二、充分利用隨機號碼表的功能，用「實作」來幫助讀者了解一些比較困難的統計概念

以解讀民調結果為例。比如爆發食安問題之後，民調結果說有 78.2% 的受訪民眾認為，食品 GMP 認證應該檢討改善但不能廢除。78.2% 這個數字是根據 1664 人 (20 歲以上) 的訪問樣本得來的、它是樣本比例，而我們真正關心的是台灣所有成年民眾當中，認同食品 GMP 認證應該檢討改善但不能廢除的比例，也就是母體比例。

要說明樣本比例和母體比例之間的關係，一般統計課本就會提出理論和相關公式，有些同學會覺得這些內容很抽象、難以理解。如果利用隨機號碼表讓同學動手「實做」、模擬抽樣，從模擬結果體會樣本比例和真正比例之間的關係，則感覺踏實許多。我在通識課教這個主題的時候，發現透過這種練習，對於了解觀念很有幫助。因此本書會充分利用隨機號碼表的模擬功能，來幫助讀者了解機率和統計概念。

三、仿照高中課本，用「隨堂練習」幫助學習效果

如果把本書當作通識課課本，因為一般通識課都不會要求學生做習題，而只聽老師講、完全不練習的話，了解不夠紮實、很容易忘光光，所以加入隨堂練習讓學生做，以便加深印象。如果當作第一門統計課的教科書，雖然每章章末都有習題，仍然建議不要跳過隨堂練習；而在做練習的過程當中若同學有困難，還可以適時提示，增加師生互動。

每一部結束還有複習習題和報告作業。本書重概念，所以訓練計算的習題比一般統計課本少。報告作業的內容有不少直接引用自媒體報導，經由這樣的練習，可增加讀者對媒體報導的判讀能力。另有一些報告題目則可以幫讀者強化概念。

四、加入一些很實用、但一般統計課本極少包含的內容

媒體常有關於健康研究的報導，有時標題很聳動、甚至誤導，大家需要有判斷這類訊息是否可信的基本常識。雖然健康研究屬於統計方法的應用，然而一般統計課本極少包含這些內容；本書則用淺顯的語言，說明怎樣判斷報導的可信度。另外「漲幾倍」這個簡單的觀念，媒體也常誤用，這屬於數字常識，一般統計課本裡面多半未包括、本書也有介紹。

寫書目標

希望這本書能幫助讀者了解統計的基本概念和實用性，甚至對這領域產生興趣。對於想要涉獵最近愈來愈夯的大數據領域的讀者，我也希望本書能幫你建立基礎的數據常識。

《統計第一門課》目錄

第一部　數字基本常識

chapter 1　代表性數字的選擇 …………………………………… 3
01 平均數和中位數　　　　　　　　　4
02 莖葉圖　　　　　　　　　　　　　9
03 裁剪平均數　　　　　　　　　　　16
04 關於比率　　　　　　　　　　　　18
重點摘要　　　　　　　　　　　　　　26
習題　　　　　　　　　　　　　　　　28

chapter 2　漲幾倍、跌幾倍要怎樣說才對 …………………… 31
01 漲幾倍要怎麼說　　　　　　　　　32
02 「降低兩百倍」的討論　　　　　　33
03 增加或減少百分比的正確計算方式　33
重點摘要　　　　　　　　　　　　　　35
習題　　　　　　　　　　　　　　　　36

chapter 3　除了代表性數字、還需要知道數字的分散情況 …… 37
01 為何需要知道數字的分散情況　　　38
02 全距　　　　　　　　　　　　　　39
03 四分位距　　　　　　　　　　　　40
04 變異數和標準差　　　　　　　　　43
05 選擇合適的描述方式　　　　　　　45

06 兩組數字的簡易比較方法　　　　　　　　　　47
重點摘要　　　　　　　　　　　　　　　　　　52
習題　　　　　　　　　　　　　　　　　　　　53

chapter 4　用圖形呈現數字分布狀況　　　　　　　　55
01 圓餅圖　　　　　　　　　　　　　　　　　　56
02 長條圖　　　　　　　　　　　　　　　　　　59
03 直方圖　　　　　　　　　　　　　　　　　　62
04 線圖　　　　　　　　　　　　　　　　　　　65
重點摘要　　　　　　　　　　　　　　　　　　67

第一部　複習習題及報告作業　　　　　　　　　70

第二部　機率相關概念

chapter 5　「機率是二分之一」的意義是什麼　　　　75
01 相對次數機率　　　　　　　　　　　　　　　78
02 古典機率　　　　　　　　　　　　　　　　　79
03 個人機率　　　　　　　　　　　　　　　　　80
04 條件機率　　　　　　　　　　　　　　　　　82
重點摘要　　　　　　　　　　　　　　　　　　86
習題　　　　　　　　　　　　　　　　　　　　87

chapter 6　關於機率的錯誤認知　　　　　　　　　89
01 「短期規律性」的迷思　　　　　　　　　　　90
02 「亂亂的號碼組合比較容易中獎」的迷思　　　92
03 直覺機率和實際機率可能差很多　　　　　　　93

	重點摘要	98
	習題	98

chapter 7 認識機率模型 ... 99

01	統計和機率的關係	100
02	什麼是機率模型	102
03	隨機抽樣的機率模型	107
04	取出放回和取出不放回	109
	重點摘要	112
	習題	113

chapter 8 不會算的機率、可以用模擬方式估計 ... 115

01	隨機號碼表	115
02	模擬的步驟	120
03	模擬隨機抽樣結果	125
	重點摘要	129
	習題	129

chapter 9 期望值的觀念 ... 131

01	簡單的期望值計算	132
02	期望值觀念的應用	133
03	模擬也可以用來估計期望值	134
	重點摘要	135
	習題	135

第二部 複習習題及報告作業　　　　　　　　　137

第三部　兩件事之間的關聯

chapter 10　用圖和數字幫助了解關聯 ················· 143
- 01 散佈圖　143
- 02 相關係數　147
- 03 迴歸及預測　151
- 04 雙向表　158
- 重點摘要　162
- 習題　164

chapter 11　關聯不代表因果關係 ························· 167
- 01 關聯如何產生　167
- 02 怎樣可以判斷因果關係　170
- 03 健康研究實例探討　177
- 重點摘要　185
- 習題　185

第三部　複習習題及報告作業　188

第四部　統計的重要功能：從樣本推論母體

chapter 12　樣本和母體 ······································· 195
- 01 母體是什麼　195
- 02 好樣本和壞樣本　197
- 重點摘要　204
- 習題　204

chapter 13 從樣本推論母體的依據 ……… 207
01 正確抽樣的重要性　　　　　208
02 樣本比例和母體比例　　　　210
重點摘要　　　　　　　　　　218
習題　　　　　　　　　　　　219

chapter 14 民調結果應怎樣解讀 ……… 221
01 怎樣看待民調結果的百分比　221
02 民調實例解讀　　　　　　　230
重點摘要　　　　　　　　　　232
習題　　　　　　　　　　　　233

chapter 15 判斷兩件事中哪一件對：檢定概念 ……… 235
01 什麼是統計中的檢定問題　　236
02 做判斷的邏輯　　　　　　　240
03 用模擬說明檢定概念　　　　242
04 卡方檢定　　　　　　　　　247
05 簡易且直觀的檢定方法　　　256
重點摘要　　　　　　　　　　280
習題　　　　　　　　　　　　282

第四部　複習習題及報告作業　　　286

附錄 ……… 290
附表 ……… 293
索引 ……… 299
習題解答 ……… 301

 問題及答案目錄

Chapter 1

問題 1 如果醫師告訴我們，某種新藥若用於第一線治療：

一、平均存活時間可由 a 個月提升到 b 個月

或者說：

二、存活時間中位數可以由 c 個月提升到 d 個月

以上兩種方式當中，哪一種提供的訊息比較明確、對我們比較有用？

答案請參閱第25頁

問題 2 有些運動競賽的勝負，是依賴若干位裁判對運動員的表現評分之後決定的，例如花式滑冰或跳水等。這樣的評分相當依賴主觀認定，是否會有裁判藉機會支持特定運動員，造成不公平的結果呢？如果的確如此，則有沒有更合適的評分方式可以補救這種缺失？

答案請參閱第26頁

Chapter 2

問題 1 如果某農產品價格從一公斤 50 元漲到一公斤 150 元，這樣是漲了兩倍還是漲了三倍？

答案請參閱第32頁

問題 2 媒體報導：未來五百 G 硬碟可能只有一平方公分大！財團法人國家實驗研究院國家奈米元件實驗室，開發出全球最小的九奈米超節能記憶體陣列晶胞，記憶量比現行快閃記憶體增加二十倍，耗電量降低兩百倍，引起國際重視。「降低兩百倍」是什麼意思？

答案請參閱第35頁

Chapter 3

問題 1　如果某次考試甲、乙兩班平均分數相同，是否代表兩班同學「在這次考試的表現接近」？
答案請參閱第38頁

問題 2　有人訂購了一件需要自己組裝的產品，其中包含了一批直徑 16mm 的螺絲釘。當然螺絲釘的實際直徑不可能每一顆都恰好是 16mm、會有些出入。如果某一顆直徑比 16mm 多了一些，有可能組裝時鎖不到底；直徑太小則會太鬆、無法卡牢。如果測量每顆螺絲釘的直徑，得到平均直徑等於 16mm，還需要什麼樣的訊息，才能確認組裝時螺絲釘不會發生問題？
答案請參閱第38頁

問題 3　如果我們想要把兩組數字 (比如兩班考試成績、或者兩家速食店的早餐熱量) 做比較，有沒有什麼簡單有效的方式可以用？
答案請參閱第51頁

Chapter 4

問題 1　用長方形來呈現數據的圖包括**直方圖和長條圖**，這兩種圖有差別嗎？
答案請參閱第65頁

Chapter 5

問題 1　若某一天氣象局預報降雨機率 60% 而結果卻沒有下雨，可以做結論說：預報不準嗎？
答案請參閱第77頁

問題 2　大家都知道，擲銅板時正面朝上的機率是二分之一。這究竟是什麼意思？是說擲 10 次必定會出現 5 次正面、擲 20 次必定會出現 10 次正面、依此類推嗎？
答案請參閱第78頁

Chapter 6

問題 1　樂透彩剛開始發行的時候 (四十二個號碼選六個，另加一個特別號)，頭六次開獎當中，39 號出現了四次。才開六次獎，有些號碼根本還不曾出現過，39 號卻出現了四次，這樣是否不正常呢？

答案請參閱第91頁

Chapter 7

問題 1　為什麼統計課裡面總是要教機率，統計和機率究竟有什麼關係呢？

答案請參閱第101頁

Chapter 9

問題 1　某大賣場對福利卡集點的規定如下：消費當日單筆發票金額消費每滿 100 元，即贈送紅利點數 3 點，未滿 100 元部分則不贈送紅利點數。紅利點數累積滿 10 點，即可折抵消費金額 1 元，未滿 10 點則不可抵用。如此則消費金額的最後兩位數若在 01(1 元) 到 99 之間，會「浪費」掉、根本沒有換到點數。這樣看來，是否在該賣場購物時，應該盡量把總金額湊成 100 元的倍數，減少「浪費」呢？

答案請參閱第133頁

Chapter 10

問題 1　某大學教授所開的一門課有 20 位同學選修，上課時間排在早上頭兩堂，8:10 開始上課。經過一段時間的觀察，老師發現，冬天最冷的一段時間，準時出席上課的同學就很少、大部分要較晚才陸陸續續出現。準時出席的學生人數和冬天的溫度高低之間是不是有某種關聯，要怎樣才能知道答案呢？

答案請參閱第150頁

Chapter 11

問題 1 媒體報導曾出現這樣的標題：「低脂飲食無助防癌救心？」可是醫師和營養專家們一直都叫大家要減低脂肪攝取，因為可以減低心臟病和罹癌風險。這樣的研究應如何看待，結論是否可信呢？

答案請參閱第181頁

Chapter 12

問題 1 媒體報導某網路民調結果，標題是：

3 成女性願年花 10 萬美容

這是樣本結果，它代表怎樣的母體呢？

答案請參閱第197頁

Chapter 13

問題 1 2012 年 8 月 16 日中廣新聞網報導：為使消費者安心飲用冰品冷飲，宜蘭縣政府衛生局今年執行「茶飲專案」，自 5 月起至 7 月底，針對市售 (現調飲料連鎖店) 進行抽驗，共計 108 件，8 件不合格，不合格率約百分之七。

「約百分之七」只是抽驗 108 件的樣本結果，而宜蘭縣現調飲料連鎖店全部冰品冷飲的不合格率是母體比例。從樣本比例可以得到關於母體比例的訊息嗎？

答案請參閱第210頁

Chapter 14

問題 1 民調結果說甲候選人支持率 41%、乙候選人支持率 38%，這樣代表甲贏乙嗎？

答案請參閱第230頁

Chapter 15

問題 1 阿傑號稱他有超能力。他說如果你從一副撲克牌當中抽出一張、不給他看,他可以說出抽出的牌是什麼花色。對這種事我們當然可以懷疑,會要求他證明給我們看,也就是要做實際測試。怎樣的測試結果,才會讓我們相信他的確有某種程度的超能力,背後的依據又是什麼呢?
答案請參閱第246頁

問題 2 一顆骰子是否均勻、即六個面出現機會均等,要怎樣測試?
答案請參閱第256頁

第一部
數字基本常識

代表性數字的選擇

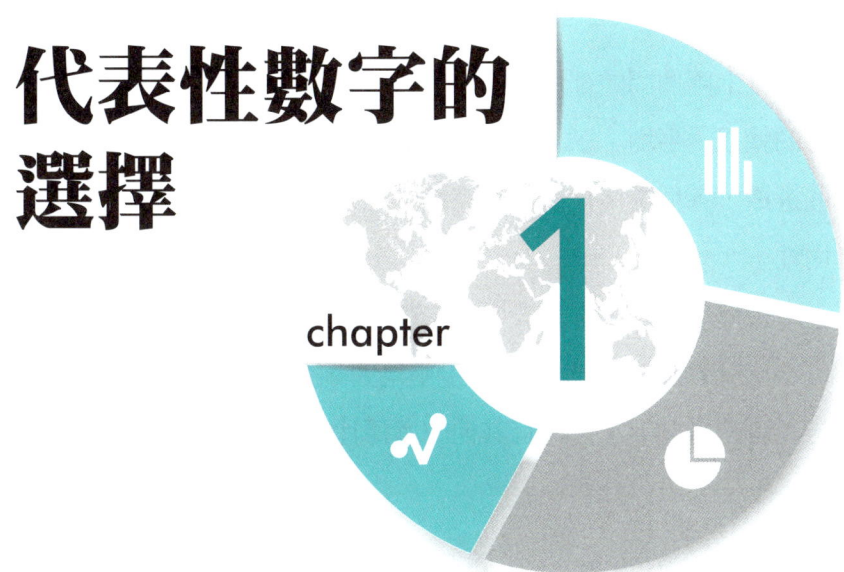

chapter 1

問題1 如果醫師告訴我們，某種新藥若用於第一線治療：

一、平均存活時間可由 a 個月提升到 b 個月

或者說：

二、存活時間中位數可以由 c 個月提升到 d 個月

以上兩種方式當中，哪一種提供的訊息比較明確、對我們比較有用？

問題2 有些運動競賽的勝負，是依賴若干位裁判對運動員的表現評分之後決定的，例如花式滑冰或跳水等。這樣的評分相當依賴主觀認定，**是否會有裁判藉機會支持特定運動員，造成不公平的結果呢？**如果的確如此，則**有沒有更合適的評分方式可以補救這種缺失？**

01 平均數和中位數

　　以上兩個問題都屬於代表性數字的選擇。我們最常用、大家最熟悉的就是「平均」了。在這一節我們將要討論，除了平均之外還有哪些選擇，各種選擇代表什麼意義，以及在不同情況下、各種選擇的適用性。

　　長期以來大家都習慣用平均數當作一組數據的代表數字，比如全班平均分數、或者大學畢業生平均月薪等等。但是平均數並非萬靈丹，有的情況下，可能有其他的選擇比平均數更加適合當作代表性數字。接下來一一介紹。

平均數的定義

　　一組數字的平均數 (mean) 也稱作算術平均數，它的計算方式是把整組數字加總之後、再除以數字的個數；這種算法的缺點是，少數極端值就可以對平均數造成很大的影響。數字個數不多時，影響尤其明顯；此時若用平均數當作整組數字的代表，其意義不明確、而且容易產生誤導。我們用例子來討論。

　　假設我們從媒體得知：

　　洛杉磯湖人隊 13 位球員 2007/2008 的平均年薪 (單位：百萬美元) 為 550 萬美元。對於 550 萬美元的平均年薪，一般人會如何解讀？

　　有人會認為，可能大部分球員的年薪在五百多萬附近。常注意美國職籃訊息的人則會知道，少數球星的年薪特別高，對平均的「貢獻」會特別大；這樣應代表有些球員的薪水會比五百多萬少很多。

事實上，洛杉磯湖人隊 13 位球員 2007/2008 的大概年薪 (單位：百萬美元) 如下：[1]

19.5　13.7　13.5　5.6　4.4　4.0　2.7
　2.2　 2.2　 1.8　1.0　0.8　0.4

平均數是 5.5 (百萬)，即 550 萬美元。

觀察一下會發現，十三位球員當中有九位，年薪低於五百萬；而且其中大部分比五百萬低很多。是三位超高薪的球員，把平均給拉高了。最低薪的三位，年薪「只有」一百萬或更低 (一百萬大約等於台幣三千萬，對我們一般人來說，已是超高年薪了)。

更特別的是：薪水居於最中間 (第七高) 的球員，年薪 (270 萬) 居然還不到平均年薪的一半！如此情況之下，550 萬美元的平均年薪，實在並不適合當作全隊年薪的一個代表性數字。

在上述例子的情況下，有一個數字所提供的訊息會比較明確，也比較適合當作代表性數字，就是中位數。

中位數的定義

一組數字的中位數 (median) 常用符號 m 代表，它是將數字從小到大排順序之後，位置在最「中間」的一個數。若數字共有奇數個，中位數是最中間的數；若數字共有偶數個，則中位數是最中間兩個數的平均。

若把數字從大到小排順序之後，再依上述方式求中位數，結果也

---

[1] 數據出處為《統計學的世界 II》(340 頁)，由天下文化出版。球員多半有複雜的複數年合約，所以只能估計出大概年薪。

相同。

我們用剛才的例子找中位數：

洛杉磯湖人隊 13 位球員 2007/2008 的大概年薪 (單位：百萬美元) 如下：

19.5　13.7　13.5　5.6　4.4　4.0　2.7　2.2
 2.2　 1.8　 1.0　0.8　0.4

因為共有 13 個數字，所以中位數是排好順序之後、最中間的一個數字。而上面這組數字已由大到小排好順序，最中間的數字就是排第七位的 2.7，所以中位數是 2.7。

我們試試看如果改成是從小到大排序，結果會如何。

以下是從小排到大的數字：

0.4　0.8　1.0　 1.8　 2.2　 2.2　2.7
4.0　4.4　5.6　13.5　13.7　19.5

最中間的數字就是排第七位的 2.7，所以中位數是 2.7，和剛才的結果一樣。

再看一個例子：

到 2008 年為止的美國職棒單季全壘打紀錄 73 支，是由邦茲於 2001 年所創。邦茲在創下紀錄之前的全壘打表現如何呢？我們可以參考他在十年內的表現。以下是從 1992 年開始到 2001 年結束這段期間，邦茲的全壘打紀錄：

1992	1993	1994	1995	1996	1997	1998	1999	2000	2001
34	46	37	33	42	40	37	34	49	73

我們來看看，邦茲在該十年當中全壘打的平均數和中位數各是多少。

十年當中全壘打的平均數等於 10 個數字加總之後再除以 10，得到 42.5。在找中位數之前，如果先觀察整組數字，是否能事先預測中位數會大於平均數、小於平均數還是差不多呢？

以這個例子而言，應該很容易預測。因為從整組數字很容易可以看出，創造紀錄的全壘打數 73，遠高於其他九年的全壘打數。而我們知道在這種情況下，平均數會被拉高，所以可以合理預測：中位數會小於平均數。

要找出中位數的話，必須先把數字從小到大排序，以下是排序的結果：

33　34　34　37　37　40　42　46　49　73

因為共有 10 個數字，所以最中間的數字有兩個，即排序後第五個 (37) 和第六個 (40)。中位數是這兩個數的平均，等於 38.5。的確比平均數 42.5 要小、預測正確。

中位數的位置

有個方法可以在排好順序的數字當中，輕易找到中位數的位置：把整組數字從小到大排好順序之後，假設數字總共有 n 個，則中位數的「位置」就是 $\frac{n+1}{2}$。例如當 $n = 13$ 時 (對照洛杉磯湖人隊 13 位

球員年薪例子)，$\frac{n+1}{2}=7$，代表中位數是自小到大排序之後的第七個。當 $n=10$ 時 (對照邦茲全壘打例子)，$\frac{n+1}{2}=5.5$，介於 5 和 6 之間，所以中位數的位置介於第 5 和第 6 之間，也就是排序後第 5 個和第 6 個數字的平均。

平均數和中位數的比較

中位數不能算是一種平均，但是常有人把它和平均數相提並論，因為它和平均數一樣，都是整組數字的一個「代表」，然而兩者傳達的訊息不太一樣

中位數的意義比較明確，它永遠在最中間，有一半數字大於或等於它，另一半小於或等於它。平均數的代表性就不見得那麼明確。

當數字的分布大致來說左右平衡時，平均數會很接近中位數，都在整組數字的中間；此時兩者都可當作整組數字的代表。如果左右不平衡，有一邊出現少數極端值時，則平均數就會靠向有極端值的那一邊，而此時若把平均數當作整組數字的代表，很可能會產生誤導。

很多和錢有關的分布，例如收入、房價、財富等，都會出現少數特別大的值，我們稱它有很強的右偏現象，此時平均數可能比中位數大很多。因此要描述這類分布時，常用中位數而不用平均數。

隨堂練習 1　在某樂透投注站隨機抽樣 10 位民眾，記錄其投注金額如下 (元)：200、50、500、100、300、2000、200、100、200、50。(a) 能否不做計算就判斷平均數和中位數何者值較大？說明理由。(b) 試求這組數據的平均數和中位數。

Chapter 1　代表性數字的選擇 　9

(c) 所得結果是否支持 (a) 的解答？

 (a) 略　(b) 平均數 370、中位數 200　(c) 略

02　莖葉圖

為了說明數字的分布「左右平衡」或者「右偏」是什麼意思，我們介紹一種很容易學會又好用的莖葉圖 (stem-and-leaf plot)。

莖葉圖的畫法：

1. 把每個數字分成莖和葉子兩個部分，莖包括除了最後一位數字之外的所有數字，葉子就是最後那一位數字。莖視實際需要可以是任何位數，而葉子只能是一位數。
2. 把莖由小到大，從上往下依序寫成一直行，並且在這一直行右邊畫一條直線。
3. 把每片葉子依序一一寫在它所屬的莖的右邊。葉子要上下對齊。
4. 把每一列的葉子，由小到大排順序。

用例子來說明，就很容易了解應該怎樣畫了。

從網路蒐集到某知名速食店的早餐熱量資料如下 (單位：10 卡)：

28　33　40　31　36　31　26　33　43　36

1. 葉子是最後那一位數字，也就是個位數。莖包括除了最後一位數字之外的所有數字，但是因為熱量資料都只是兩位數，所以莖就

是十位數。觀察一下可知，十位數只有 2、3、4 三種可能。

2. 把 2、3、4 由小到大，從上往下寫成一直行，並且在這一直行右邊畫一條直線，像下面這樣。

```
2 |
3 |
4 |
```

3. 把每片葉子依序一一寫在它所屬的莖的右邊。

```
2 | 8 6
3 | 3 1 6 1 3 6
4 | 0 3
```

4. 再把每一列的葉子，由小到大排順序。

```
2 | 6 8
3 | 1 1 3 3 6 6
4 | 0 3
```

這樣就完成莖葉圖了。

注意事項：莖的部分一定要一一順序列出，不可跳過任何數字，即便某個莖後面沒有葉子，還是要保留「莖」的部分。例如上述例子的資料若改成以下這樣：

28　33　50　31　36　31　26　33　53　36

則因為莖的部分最小是 2、最大是 5，所以 2 到 5 都要列出，對應的莖葉圖如下：

```
2 | 6 8
3 | 1 1 3 3 6 6
4 |
5 | 0 3
```

如果因為 4 這枝「莖」沒有葉子，就把它略過不列出、像下面這樣的話，會產生誤導的訊息。

```
2 | 6 8
3 | 1 1 3 3 6 6
5 | 0 3
```

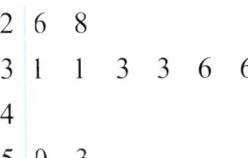 從莖葉圖看數字的分布

把湖人隊 13 位球員 2007/2008 的大概年薪 (單位：百萬美元) 畫莖葉圖，數字如下：

19.5　13.7　13.5　5.6　4.4　4.0　2.7
　2.2　　2.2　　1.8　1.0　0.8　0.4

把小數點之後的一位當作葉子，則莖共有兩位數，從 0 到 19。莖葉圖如下：

```
 0 | 4  8
 1 | 0  8
 2 | 2  2  7
 3 |
 4 | 0  4
 5 | 6
 6 |
 7 |
 8 |
 9 |
10 |
11 |
12 |
13 | 5  7
14 |
15 |
16 |
17 |
18 |
19 | 5
```

　　從莖葉圖看分布，首先可以看數字的分布是否大致左右平衡(專業說法是：分布對稱)，必須先把圖往左轉90度。因為葉子都對齊了，所以左轉90度之後，對應某一莖的葉子「高度」就顯示出屬於該莖的葉子數的多少；比如以2為莖的葉子比較「高」，就代表整個球隊當中，年薪兩百多萬的球員比較多些。

　　而要判斷是否大致對稱，可以想像把圖從中間對折，然後看左右兩半的形狀，是否會大致疊合。以這個莖葉圖來說，「中間」在哪裡

並不明確。然而明顯可看出，不論從哪裡對折，左右兩半都差很多。事實上，像這樣在右邊拖著一條長尾巴的狀況，我們稱為右偏分布 (right-skewed distribution)。右偏分布的平均數會大於中位數。

從這個莖葉圖還很容易看出，大部分球員的年薪在幾十萬到五百多萬之間，而根本沒有人是在六百多萬到一千兩百多萬之間。這樣的情況下，13.5、13.7 和 19.5 這幾個數字，已可被稱為「離群值」(outlier)，因為已離開大部分數字所在的範圍。如果把沒有葉子的「莖」都略去不列出、像下面這樣，則數字的真實分布情況就無法呈現，一般球員和大牌球星的薪水差距會變得很不明顯。

```
 0 | 4 8
 1 | 0 8
 2 | 2 2 7
 4 | 0 4
 5 | 6
13 | 5 7
19 | 5
```

再來看早餐熱量的莖葉圖。

```
2 | 6 8
3 | 1 1 3 3 6 6
4 | 0 3
```

左轉 90 度後明顯可見，中心落在 3 這個莖上面，而且以 3 為中心對折之後，左右兩半的形狀會完全重合。只要是左右大致重合的分布，就可說是大致對稱，此時平均數和中位數應會相當接近。共 10 個數

字的中位數是排序後的第 5 個和第 6 個的平均,而莖葉圖的數字已排好順序,所以中位數就是 33,計算平均則會得到 33.7,二者的確相當接近。

如果數字很大,則莖的位數會較大,列出所有的莖時、涵蓋範圍會非常廣,畫莖葉圖相當不切實際。這種情況也有辦法處理,我們用例子說明。

101 年 6 月媒體有關延畢生的報導,標題為:

大專生延畢人數創 10 年來新高,內容包括:教育部公布大專校院學生延畢統計,100 學年度達 5 萬 4 千多人,較 99 年再增近 1 千人,人數創下民國 90 年來最高紀錄。……台大應屆畢業生中,每 4 人即有 1 人延畢,且有逐年增加的趨勢。台大、清大、成大均表示,延畢的原因多數還是應屆生有科目被當,成績不理想;有些是為了準備考研究所,或輔系與雙主修學分未修完,「技術性」被當申請延畢。

如果想要多些了解,到教育部網頁就可以找到相關數據,比如 90 到 100 學年度公立大學的延畢人數如下:

年度	90	91	92	93	94	95	96	97	98	99	100
公立	6,998	8,101	8,576	9,306	9,620	10,777	10,645	11,472	13,309	15,572	15,180

要畫莖葉圖的話,因為莖的部分必須包括最後一位以外的所有數字,即 699、810、857、……1518,而要把所有的莖一一列出,代表從最小的莖 699 到最大的莖 1557,中間全部不能漏。所以我們必須要從 699、700、701、……一直列到 1557 為止,會非常的長。遇到這

種情形的處理方式，就是把數字四捨五入到合理的位數之後，再來畫莖葉圖。

以這組數據來說，若四捨五入到百位，會得到 70、81、86、93、96、108、106、115、133、156、152，則莖的部分會從 7 到 15，畫莖葉圖不成問題，如下：

```
 7 | 0
 8 | 1 6
 9 | 3 6
10 | 6 8
11 | 5
12 |
13 | 3
14 |
15 | 2 6
```

隨堂練習 2 以下為某工廠 13 位新進員工在生產線上做同樣工作所花的時間 (秒)：

18　17　18　25　20　33　51　16　24　38　45　22　25

(a) 畫出莖葉圖；(b) 從莖葉圖判斷平均數和中位數何者較大；(c) 計算平均數和中位數，並將所得結果和 (b) 的解答做比較；(d) 如果最遜的菜鳥所花時間不是 51 秒而是 61 秒，中位數會不會改變？

答 (a) 略　(b) 略　(c) 平均數 27、中位數 24　(d) 略

03　裁剪平均數

　　某些競賽是由若干位裁判評分來判定勝負的，例如花式滑冰或者跳水。如果評分方式是計算各裁判評分的平均數，會不會有某位裁判為了護航某選手而把他的分數刻意打高、同時把他的主要對手分數刻意打低，因此造成不公平的結果呢？這種事的確在 2002 年冬季奧運的花式滑冰項目中發生過。根據媒體報導，在美國猶他州鹽湖城舉行的冬季奧運雙人花式滑冰賽中，加拿大選手的表現被認為完美無缺，俄羅斯選手有明顯失誤，結果金牌卻落入俄羅斯選手的手中，引發觀眾不滿。

　　為了防止這類事情發生，可以把最大和最小的數字排除之後才計算平均數。算出的結果叫做裁剪平均數 (trimmed mean)，因為是把最大和最小的數都給「裁剪」掉了之後才計算平均；也可以在兩端各裁減掉不只一個數，但通常兩端裁減的數目相同。

　　比如若共有 11 位裁判打分數，而事先決定用裁剪平均數，排除最低的一項分數和最高的一項分數，剩下九項分數才來計算平均。如此處理會排除掉特別高或特別低的分數對平均數的影響，如果有某裁判在評分時想要護航某選手，因此把該選手的分數打特別高、同時把他的主要對手分數打特別低時，這位裁判打的分數通常會被裁剪掉，根本不會被計入平均。當裁判人數較多時，也可以事先決定裁剪掉最高和最低各兩個分數 (或更多個)。

　　雖然中位數也可以去除極端值的影響，然而在裁判評分的場合若使用中位數，等於只看一個裁判 (假設是奇數位裁判) 或兩個裁判 (假設是偶數位裁判) 的分數來決定，當然不是恰當的作法。另外，即便

不是主觀評分的狀況，若數據中出現極少數極端值時，平均數會受影響而「失真」，此時也可考慮用裁剪平均數取代。

計算裁剪平均數

我們以 1992 年開始到 2001 年結束這段期間，邦茲的全壘打紀錄為例，數據如下：

1992	1993	1994	1995	1996	1997	1998	1999	2000	2001
34	46	37	33	42	40	37	34	49	73

之前已計算過，十年當中全壘打的平均數等於 42.5。但是觀察數據可知，創紀錄那年的 73 支全壘打，在十年的表現當中，已可視為離群值 (讀者可自行畫莖葉圖印證此事)，是它把平均拉高了。現在來計算裁剪平均數。把數字從小到大排序後可得：

33　34　34　37　37　40　42　46　49　73

總共才 10 個數字，我們就在大小兩端一邊裁掉一個，也就是去掉 33 和 73 之後計算平均，得到裁剪平均數 39.875，這可能比平均數更適合用來代表邦茲在該 10 年間的「一般表現」。

隨堂練習 3 從某單位比較基層員工中隨機抽 7 人，本俸如下 (元)：

16595　17240　18535　15305　26610　17890　16595

求兩端各裁掉一個數字之後的裁剪平均數。

答 17371

04　關於比率

　　奇摩新聞曾有關於大樂透中獎率的報導，標題是：「大樂透連六槓――上看 3 億，射手座 O 型已婚男中獎率最高」，內容包括：「台灣彩券針對近一九七位中獎五百萬元以上者進行分析，發現每期都購買、且在住家附近下注，中獎率超過三成。其中，已婚、男性、四○歲到四九歲、O 型、射手座等特質者中頭獎機率最高，跟北富銀時代比較，除了星座外，其餘特質皆相同。」看到這則新聞，是否會讓四十幾歲已婚 O 型射手座男性立刻心動，開始在住家附近買樂透，而且每一期都買，然後開始做中獎美夢？如果沒有思考的話，就可能有人會有這樣的反應。然而稍微仔細想一想，「中獎率超過三成」有可能嗎？值得我們好好分析一下，這裡說的中獎率究竟是指什麼。

　　平時只要有養成思考的習慣，其實一看到「每期都購買、且在住家附近下注，中獎率超過三成」這段文字，就會開始警覺，這項報導的內容應該有問題。這裡的中獎率會是什麼意思呢？照理說應該是每期都購買、且在住家附近下注者當中，中獎的比例。可是這裡考慮的是中五百萬元以上的人，哪有可能有三成以上的人中獎呢？果真有如此高的中獎率的話，大家都會每期購買，而且在住家附近下注了。所以這個所謂中獎率，最有可能是指：在一九七位中獎五百萬元以上的人當中，有三成以上都是每期購買，而且在住家附近下注；而稍後上網查詢台灣彩券發布的新聞之後，也證實了這個想法。如果是這樣，當然不能把它說成是「中獎率超過三成」。

　　每期都購買、且在住家附近下注的人，中獎率應該怎樣算呢？要

計算任何比率 (也可稱比例)，都是把符合條件的計數 (人數、次數等) 除以總數；比如籃球罰球之命中率，就等於罰中之次數除以罰球總次數。所以每期都購買、且在住家附近下注的人之中獎率，應該是這些人當中曾中五百萬元以上大獎的人數除以這些人的總人數，而這個數字必定會遠遠低於三成。

我們回到報導內容來考慮一個問題，已知在一九七位中獎五百萬元以上者當中，有三成以上都是每期購買，而且在住家附近下注；如此是否代表，每期購買而且在住家附近下注的人，中獎機率會比較高呢？報導內容明顯會造成這種印象，然而該篇報導裡面給的資訊不足，其實根本沒有辦法判斷。從邏輯角度來看，每期都買的人比起偶然買的人，中獎機會較高是天經地義的事。而在住家附近下注的人，本來就應該佔有相當的比例，假設買大樂透的人裡面，有三成通常在家附近下注，結果中大獎的人裡面，也是有三成在家附近買，這豈不是很正常的結果嗎？假設有五成的人通常在家附近下注，而中大獎的人當中，卻只有三成是在家附近下注，那反而代表在家附近下注者，中獎機會還比較低呢。

我們已知道每期都購買、且在住家附近下注的人之中獎率並不是三成，那會是多少呢？根據前文所說的，比率等於「符合條件的計數 (人數、次數等) 除以總數」；這裡的總數是指「每期都購買、且在住家附近下注的人數」，這是我們的分母，而分子就是這些人裡面的中獎人數，然而這個比率能夠算得出來嗎？答案是不能，因為沒有人知道，總共有多少人每期大樂透都買、而且在住家附近下注。台灣彩券只接觸得到已中大獎者的資訊，所以就只能針對這些人進行所謂分析了。

該篇報導裡還提到,「這些中獎者中,若以血型分析,O 型佔 43% 最多;以星座來看,射手座佔 18% 居冠,天蠍座以 12% 居次」,這樣的說法就完全沒有問題,因為它明白指出了「這些中獎者中」怎樣怎樣,等於在告訴我們,在計算射手座的 18% 時,分母就是這些中獎者的人數,意義非常明確。至於這項訊息提供了我們怎樣的資訊呢?是說射手和天蠍最容易中獎嗎?答案當然是否定的,原因是我們沒有足夠的資訊,因此無法判斷。比如說,萬一射手座的人賭性特別堅強,買樂透彩的人數居所有星座之冠,則多買多中、相當正常;除非知道樂透彩購買者當中各星座所佔比例,否則無法判斷哪個星座中獎率比較高。

其實這些比率背後還隱藏著一些問題,就是在計算這些比率的時候,以「人」做為計數單位是否合理?比如同樣是每期都買,有人一期只買一張,有人卻一期買十張,不同號碼組合的十張彩券,中獎機率是一張的十倍,然而以人當作計數單位的時候,這個因素就被忽略過去了;比較合適的計次單位,應該是「人次」。舉個例子來看就會很明白了:假設所有每期都買樂透彩的人當中,有 10% 是射手座,然而中大獎的人當中,卻有 18% 是射手座,表面看來射手座似乎特別容易中獎,然而假如事實上每位射手座每一期都買五張以上,而其他星座每期都只買一張,這樣就不能說是射手座中獎機率高了。看來很簡單的一篇報導,卻經不起討論,一討論立刻出現這麼多的問題。有很多時候,原始報導的內容正確性並沒有問題,但是媒體在發布新聞時,為了吸引注意力,會刻意加上聳動的標題,卻將事實扭曲、造成誤導,閱聽大眾需要提高警覺。

關於比率,到目前為止我們學到的是:讀到一項比率的時候,要

注意上下文，弄清楚該比率的真正意義，才能夠避免被誤導。然而即使比率計算正確，拿來做比較時，還是有需要注意的地方，健保局在96年5月公布的各醫院器官移植存活率，就是一個最好的例子。以心臟移植的五年存活率來看，三總是85%、振興是73%、林口長庚70%、台大醫院65%、台北榮總55%。如果有親人必須做心臟移植，根據以上資訊，三總似應是首選，但這和許多人心目中的選擇好像不一樣，是怎麼一回事呢？健保局公佈的資訊中還包括了一項重要訊息，就是各醫院的案例數，把這項數字加入後，我們看到了比較完整的資訊，各醫院的案例數、存活率如下：

醫院	三總	振興	林口長庚	台大醫院	台北榮總
案例數	15	148	11	195	59
存活率	85%	73%	70%	65%	55%

看到這些數字後，剛才的問題已經有了答案：三總的案例才只有十五件而已。十五件的85%和一百五十件的85%，意義是不一樣的；件數少的時候，每一個案例的結果，都會大幅度的影響百分比，所以這個百分比還不穩定、不夠可靠。

然而振興和台大的案例數都夠多了，是否代表病人去振興作心臟移植的存活率會略勝一籌呢？這樣比較也是不見得公平的，因為我們並不知道，兩家醫院所醫治的病人，病況及背景是否大致接近。比如假設病況嚴重的病人多半送去台大，這樣一定會拖累台大的存活率；或者如果振興醫院年紀大的病人比別家醫院多，而年紀大恢復能力較差，若非如此、振興的存活率還會更高，這些可能性不能不列入考慮。振興醫院心臟醫學中心主任就表示，健保局在公布器官移植存活

率前，最好「先分析各醫院收治病人的嚴重度及年齡等因素，以免影響統計的公平性」，身為存活率領先醫院的主任，能說出如此就事論事的持平之論，值得大家尊敬。

再來要簡單談談，為何用比率做比較、常比用次數要恰當；雖然這背後的道理非常簡單，但有時別人用錯時，我們稍不注意還是會忽略而被誤導。

假設我們想要知道，哪一家大學的學生比較容易被退學。如果是用各大學退學「人數」而非比率來比較的話，像淡江大學這種學生人數多的大型大學，當然就很有機會「名列前茅」啦。這裡應該用「退學比率」來比才有意義，比如甲校兩萬學生當中退學兩百人，比率是 1%，乙校一萬學生當中退學一百五十人，比率則是 1.5%；乙校雖然退學人數較少，比率反而比較高，所以在乙校比較容易被退學。當然如果兩校人數相同的時候，用退學人數來比就沒問題，因為在計算比率的時候，若是分母一樣大，則只要分子較大、就代表比率一定會較大了。

許多媒體記者的數字素養不足，我們讀報導時，若不小心就會被誤導。比如 2014 年 9 月 23 日有一篇報導的標題是「百歲人瑞全台 2525 人、五都占 6 成」，讀了之後會得到什麼印象呢？既然說：百歲人瑞五都就占了 6 成，應該代表五都的百歲人瑞特別多？但事實如何呢，五都人口不是本就比較多嗎？根據內政部 103 年 6 月底的戶籍登記人口資料，算一算可得到五都人口佔全台人口約 59.93%，非常接近 6 成了。人口約占總人口 6 成的五都，百歲人瑞占 6 成，這樣算是新聞嗎？

該篇報導中還提到「其中台北市人瑞有六〇四人，居全國之

冠」。103 年 6 月底台北市人口 269 萬 3672 人，全台灣人口為 2339 萬 2036 人，台北市人口約占 11.52%；而台北市人瑞 604 人、占 2525 人的 23.92%，這已是 11.52% 的兩倍有多。所以若補充以上這些百分比資料的話，這段內容反而更具新聞價值。

有時比率本身的計算並無錯誤，但是由於資料的處理和呈現方式，可能出現很不一樣的面貌；不了解這個情況的話，很容易作出錯誤的解讀，我們用下面這個例子來說明。假設某公司徵才，明白表示會給男性和女性應徵者同樣機會，結果 160 名男性應徵者中總共錄取 16 人，80 名女性應徵者中也總共錄取 16 人；我們知道這裡應該用比率來比較，計算之後得到男性錄取比率為十分之一、而女性為五分之一，這樣是否代表該公司說話不算數？

根據這兩個比率的差距看起來，似乎該公司明顯偏心女生，可是實際情況如何呢？公司在徵才時並不是只有一種職位需要聘人，而是有兩種，其中一種職位較熱門、錄取率較低，我們用甲來代表，另一種就稱之為乙。上述的不同性別錄取比率，是把錄取率不同的兩種職位合併起來計算出來的，這個數字能夠反映出兩種職位各自的錄取率嗎？事實上是不能，而這就是問題的關鍵。假設甲、乙二職位的錄取結果分別如下面兩個表所示：

甲	男	女
錄取	6	1
不錄取	114	19
應徵人數	120	20

乙	男	女
錄取	10	15
不錄取	30	45
應徵人數	40	60

把兩個表裡面同樣位置的數字加起來，你會發現它符合之前說

的，「160 名男性應徵者中總共錄取 16 人，80 名女性應徵者中總共錄取 16 人」，因此男性錄取比率為十分之一、而女性為五分之一。可是現在把兩個職位分開來考慮的話，甲職位有 120 位男性應徵、錄取 6 位，錄取率是 5%，女性有 20 位應徵、錄取 1 位，錄取率也是 5%。而乙職位的錄取率是：男性 25%、女性 25%，兩種性別完全一樣、完全公平！為什麼兩個表合起來以後，錄取率會差那麼多呢？答案是：甲職位要比乙職位難申請得多，而男性應徵者卻大部分申請這個職位，這就是造成男性總錄取率偏低的原因；如果兩個職位分開來看，就不會有誤解了。

以上是辛普森詭論 (Simpson's paradox) 的一個例子。這個例子幫助我們了解，在計算比率的時候應該要時時注意，有沒有把不應該合併考慮的兩組 (或更多組) 合併起來計算比率，因而把真相給遮蓋掉了。

隨堂練習 4

某公司聲稱，在評估新進人員是否通過試用期時，會對男女員工一視同仁、不會有性別歧視。假設公司有兩家分店，總共 50 位新進男員工中有 30 位通過、20 位不通過，100 位女員工中有 70 位通過、30 位不通過，則男性通過率為 60%、女性則為 70%，似對女員工比較優惠。假設已知其中甲分店的 30 位男員工有一半通過、20 位女員工也有一半通過，分別計算乙分店男、女員工的通過百分比，並根據計算結果判斷，男女通過率實際上是否並無不同？

答 乙分店男性 75%，女性 75%。無不同。

本章開頭提出了兩個問題，其精簡版本如下：

問題 1 如果醫師要告訴我們某種新藥用於第一線治療的療效，平均存活時間和存活時間中位數這兩個選擇之中，哪一個能提供對我們來說較明確的訊息？

問題 2 有些運動競賽的勝負，是依賴若干位裁判的主觀認定。若擔心有裁判評分不公正，有沒有更合適的評分方式可以補救？

現在可以回答了。

問題 1 答案 我們利用下面這則媒體報導，來說明答案：

台大醫院腫瘤醫學部主治醫師表示：美國食品藥物管理局新核准的一種標靶治療新藥，可有效提升局部晚期頭頸癌病人存活率，若使用此藥於第一線治療，「可將存活時間中位數由 29.3 個月提升到 49 個月」。

以存活時間來說，平均數和中位數何者會給病人較多訊息呢？假設醫師提供的是病人的平均存活時間而非中位數的話，我們並沒有辦法做出一個具體評估，有一個可能性，就是少數幾個病人存活特別久，把平均數給拉大了。此時的平均數所提供的訊息，還可能有些誤導。如果是比較罕見的疾病，或者某個新療法實施的時間還不夠久、病人資料還不多時，尤其必須把這種可能性考慮進去。

「中位數提升到 49 個月」則是很明確的訊息，它明白告訴我們，約有一半病人存活超過 49 個月、一半不足此數。所以病人可以根據這項訊息，做出以下解釋：若用舊的療法，約一半的病人，存活超過 29.3 個月，而用新療法的話，約一半的病人，會存活超過 49 個月。

有些醫師會向病人這樣解釋：若使用新療法的話，病人約有一半的機會，可以存活超過49個月。

問題2答案 將計分方法由平均數改成裁剪平均數就是合適的答案。近年來的各大滑冰比賽均已採用新的計分方法，甚至有的比賽更為慎重，由超過九位裁判評分，比如十二位，然後隨機選擇其中九位裁判的評分，再扣除九人中的最高分和最低分之後才計算平均分數。這樣的做法對於防弊非常有效，因為十二位裁判中只有七人的分數會被計入，所以如果有人想事先買通裁判的話，會非常不划算，因為結果太難控制。我們可以預期，在這種新的計分方式之下，意圖用不法手段操控比賽結果的事件，應該很難再發生。

重點摘要

一、把整組數字加總之後，再除以數字的個數就得到平均數。少數極端值就可以對平均數造成很大的影響，數字個數不多時，影響尤其明顯。

二、一組數字的中位數是將數字從小到大排順序之後，位置在最「中間」的一個數。若數字共有奇數個，則中位數是最中間的數；若數字共有偶數個，則中位數是最中間兩個數的平均。

三、把整組數字從小到大排順序之後，假設數字總共有 n 個，則中位數的「位置」就是 $\frac{n+1}{2}$。例如當 $n = 13$ 時，$\frac{n+1}{2} = 7$，代表中位數是自小到大排序之後的第七個；當 $n = 10$ 時，$\frac{n+1}{2} = 5.5$，

介於 5 和 6 之間，所以中位數的位置介於第 5 和第 6 之間，也就是排序後第 5 個和第 6 個數字的平均。

四、中位數和平均數一樣，都是整組數字的一個「代表」，然而二者傳達的訊息不太一樣。中位數的意義比較明確，它永遠在最中間，有一半數字大於或等於它，另一半小於或等於它。

五、當數字的分布大致來說左右平衡時，平均數會很接近中位數；如果左右不平衡，有一邊出現少數極端值時，則平均數就會靠向有極端值的那一邊。此時平均數的代表性就不那麼明確。

六、很多和錢有關的分布，例如收入、房價、財富等，都會出現少數特別大的值，我們稱它有很強的右偏現象，此時平均數可能比中位數大很多。因此要描述這類分布時，常用中位數而不用平均數。

七、要檢視一組數據的分布狀況，若數字不是太多時，可考慮畫莖葉圖。(數字很多則有其他選擇，會在稍後之章節討論。)

八、一組數據從小到大排順序之後，把最小和最大的數去掉之後所計算出的平均叫做裁剪平均數。也可以在兩端各裁減掉不只一個數，但通常兩端裁掉的數目相同。裁剪平均數適用於依賴主觀評分的競賽項目，例如花式滑冰。

九、讀到一項比率的時候，要注意上下文，弄清楚該比率的真正意義，才能夠避免被誤導。

十、用比率做比較、常比用次數更為恰當。

十一、在用比率做比較時，應該要時時注意：在計算比率的時候，有沒有把不應該合併考慮的兩組 (或更多組) 合併起來計算比率，因而把真相給遮蓋掉了。

習題

1. 某大學數學系某一選修科目 16 位同學期中考成績如下：

   98　47　62　32　58　39　63　90

   73　93　62　17　56　82　78　72

   求 (a) 平均數；(b) 中位數；(c) 裁剪平均數 (兩端各裁掉一個)。

2. 國外某雜誌一篇討論從鑽油平台疏散時相關問題的文章當中，提出了某次模擬疏散演練時，26 位工人逃離鑽油平台所需時間 (秒)：

   389　356　359　363　375　424　325　394　402　373

   373　370　364　366　364　325　339　393　392　369

   374　359　356　403　334　397

   (a) 畫出莖葉圖。

   (b) 計算平均數和中位數 (提示：以上數據總和為 9638)。

   (c) 計算裁剪平均數 (兩端各裁掉兩個)。

3. 根據中央氣象局資料，淡水在 2014 年 8 月最後 10 天的最高溫如下 (攝氏溫度)：

   32.9　31.5　31.7　32.4　36.1

   33.7　32.5　37.5　32.8　32.5

   計算 (a) 平均數；(b) 中位數；(c) 裁剪平均數 (兩端各裁掉一個)。

4. 從某單位比較基層的員工中隨機抽 10 人，本俸如下 (元)：

16595　17240　21120　18535　15305

15950　17890　22410　16595　14660

(a) 將數字四捨五入到百元位之後、畫出莖葉圖,判斷平均數和中位數何者較大?

(b) 計算平均數和中位數。

(c) 如果調整本俸、每人增加 600 元,則平均數和中位數會如何改變?

漲幾倍、跌幾倍要怎樣說才對

chapter 2

問題 1 如果某農產品價格從一公斤 50 元漲到一公斤 150 元,這樣是**漲了兩倍還是漲了三倍**?

問題 2 媒體報導:未來五百 G 硬碟可能只有一平方公分大!財團法人國家實驗研究院國家奈米元件實驗室,開發出全球最小的九奈米超節能記憶體陣列晶胞,記憶量比現行快閃記憶體增加二十倍,**耗電量降低兩百倍**,引起國際重視。「**降低兩百倍**」是什麼意思?

01　漲幾倍要怎麼說

先來看問題 1：如果農產品價格從一公斤 50 元漲到一公斤 150 元，是漲了幾倍？

常見的答案有兩種，2 倍或是 3 倍。正確答案只能有一種，那要怎樣判斷哪一個答案才正確呢？即使不知道計算公式，其實用很簡單的邏輯就可以推出正確答案了。

50 乘以 3 等於 150，所以「150 是 50 的三倍」是正確的說法，但是這和說「漲了三倍」是不是一樣呢？我們用簡單邏輯來討論看看。如果農產品價格從 50 元漲到 150 元是「漲了三倍」，那麼從 50 元變成 100 元就應該是「漲了兩倍」、因為 50 乘以 2 等於 100。依此類推，從 50 元「變成」50 元就是「漲了一倍」？這當然說不通，因為一毛都沒漲卻被說成是「漲了一倍」，這就是矛盾之處。

再來看另一種說法。如果一公斤從 50 元漲到 150 元，是漲了 2 倍，則從 50 元變成 100 元就應該是漲了 1 倍，而從 50 元「變成」50 元就是漲了 0 倍，也就是沒有漲。這樣說則完全正確、沒有矛盾。所以即便還沒介紹計算公式，就已清楚知道答案了。

問題 1 答案 農產品價格從 50 元漲到 150 元是「漲了兩倍」，也可以說一公斤 150 元的農產品價格，「是」原來的 3 倍。兩種說法意義相同。

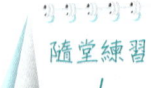

隨堂練習 某支股票價格從 40 元漲到 80 元，是漲了幾倍？
答 1 倍

02 「降低兩百倍」的討論

再來看問題二：財團法人國家實驗研究院國家奈米元件實驗室，開發出全球最小的九奈米超節能記憶體陣列晶胞，記憶量比現行快閃記憶體增加二十倍，耗電量降低兩百倍。「降低兩百倍」是什麼意思，我們來討論看看。

假如原價 400 元的牛仔褲，過季大清倉時賣 100 元一條，這樣可以說價錢降了幾倍？降價降了 300 元、而原價是 400 元，300 除以 400 是 0.75，所以正確答案是：降了 75%。75% 還不到原價一倍，因為原價一倍等於原價的百分之百。

以問題二的耗電量來說，如果是降低了一倍，就是降低了百分之百，也就是耗電量變成 0。降一倍就已變成 0 了，怎樣還能夠「降低兩百倍」呢？類似的敘述在媒體報導經常出現，通常都是在做計算的時候，把分母弄錯了。

> **隨堂練習 2**
> 廠商促銷快到期的零食，價格從每盒 40 元降到每盒 20 元，這樣是降了 (a) 一倍 (b) 兩倍 (c) 50%？
>
> **答** (c)

03 增加或減少百分比的正確計算方式

不管數目是增加還是減少了，要知道增加或減少的百分比或倍數，分母都應該要用「基準量」。什麼是基準量呢？我們想知道牛仔褲價錢減了多少，當然是要和原來的價錢作比較才合理，所以原來的

價錢就是基準量，就是我們的分母。想知道耗電量減了多少，原來的耗電量就是基準量。想要知道某支股價在一段時間之內跌了多少百分比，基準量就是開始時的股價。分子比較沒問題，就是改變的量，也就是把現在的數字減掉原來的數字。正確的公式如下：

改變百分比公式

改變百分比＝改變的量÷基準量

改變百分比之計算

假設阿嘉奉女友之命減重，體重從 100 公斤減到 80 公斤，我們想知道這樣是減了多少百分比。因為改變的量是新的數字減掉原來的數字，即 80 − 100 = −20，而基準量是原來的數字，所以改變百分比等於 −20/100 = −0.2 = −20%，阿嘉的體重減掉了 20%。

百貨公司貨品若打七折，代表售價是定價的 70%，也就是說價錢減了 30%。也有百貨公司可能直接告訴顧客減掉的百分比，像上述的打七折就用「30% off」(扣掉 30% 的意思) 表示。

有些媒體在報導改變百分比時，態度隨隨便便、經常出錯。接下來就是很好的例子：

100 年 6 月有報紙報導，某金融股的股價從 1975 元跌到 43 元，22 年之間暴跌了「50 倍」。

我們來算算看：

改變的量 = 43 − 1975 = −1932

根據公式

改變百分比 = −1932/1975 = −97.8%

因為得到負的值，代表股價下跌，答案是：股價跌掉 97.8%。

如果把分母弄錯，用 1932 除以 43，應該得到 44.93，若直接將 1975 除以 43 則應得到 45.93，「50 倍」實在不知是怎樣算出來的。媒體類似的錯誤層出不窮，接收訊息時要謹慎。

減少一倍就已變成 0 了，有沒有可能減少兩倍、三倍、……呢？當然是不可能。只要聽到有人說什麼減三倍或減五倍的，就可以確定是算錯了，而且八成是把分母弄錯、沒有用基準量。增加的話，則不管多少倍都有可能。

問題 2 答案 減少一倍就已變成 0 了，「降低兩百倍」只有一種可能，就是計算錯了，通常是把分母弄錯。

隨堂練習 3 原油價格 (a) 從每桶 80 美元漲到 100 美元時，是漲了多少百分比？(b) 從每桶 100 美元跌到 80 美元時，是跌了多少百分比？

答 (a) 25%　(b) 20%

重點摘要

一、改變百分比 = 改變的量 ÷ 基準量，基準量是原來的數字，比如原來的價錢、或者一段期間開始時的股價。改變的量是把現在的數字減掉原來的數字。

二、減少一倍就已變成 0 了，不可能減少兩倍、三倍、……。只要聽到有人說什麼減三倍或減五倍的，就可以確定是算錯了，而且八成是把分母弄錯、沒有用基準量。增加的話，則不管多少倍都有可能。

習題

1. 若百貨公司某商品按定價打八折之後，貴賓卡卡友還可以打九折，則商品價格比原定價減了多少百分比？

2. 媒體報導：「國內百歲人瑞愈來愈多，衛生福利部社會及家庭署公布最新統計，至 103 年八月底止，全國百歲以上人瑞有二千五百廿五人，較去年底增加三百四十九人。」根據上述報導，計算從 102 年年底到 103 年八月底，百歲以上人瑞增加的百分比。

3. 如果某國股價指數從 4000 點跌到 1000 點，這樣是跌掉了多少？用百分比或倍數表示。

4. 在美國，生活低於官方貧窮標準的人數，在 1979 年到 1998 年的 20 年之間，從 26,072,000 增加到 34,476,000。
   (a) 上升了多少百分比？
   (b) 我們不應該根據這些數字就做出結論，認為貧窮的情況愈來愈普遍。為什麼？

5. 有某航空公司曾宣稱，他們「在過去六個月當中，把找不到行李的情況減少了 100%。」這樣說代表什麼意思？可信嗎？

除了代表性數字、還需要知道數字的分散情況

chapter 3

問題 1 如果某次考試甲、乙兩班平均分數相同,是否代表兩班同學「在這次考試的表現接近」?

問題 2 有人訂購了一件需要自己組裝的產品,其中包含了一批直徑 16mm 的螺絲釘。當然螺絲釘的實際直徑不可能每一顆都恰好是 16mm、會有些出入。如果某一顆直徑比 16mm 多了一些,有可能組裝時鎖不到底;直徑太小則會太鬆、無法卡牢。如果測量每顆螺絲釘的直徑,得到平均直徑等於 16mm,還需要什麼樣的訊息,才能確認組裝時螺絲釘不會發生問題?

問題 3 如果我們想要把兩組數字 (比如兩班考試成績、或者兩家速食店的早餐熱量) 做比較,有沒有什麼簡單有效的方式可以用?

01　為何需要知道數字的分散情況

用一個簡單例子，就可以得到問題 1 的答案了。

假設某次考試兩個迷你班的分數如下，每班各有 10 位同學：

甲班：80、80、80、40、10、10、0、0、0、0

乙班：40、30、30、30、30、30、30、30、30、20

計算可得到兩班平均都等於 30 分，但是我們會認為「兩班同學在這次考試的表現接近」嗎？觀察一下會發現，兩班分數的分散情況很不一樣；第一班分數很分散、而第二班分數相當集中。我們會認為：第二班同學的表現相當平均、而第一班的同學卻差別很大。所以光是看平均，無法判斷兩班表現是否接近。平均再加上有關分散狀況的描述，才能替整組數據提供較完整的訊息。

問題 1 答案 某次考試兩班平均分數相同，不代表兩班同學「在這次考試的表現接近」。

其實連問題 2 都已可以回答了。

問題 2 答案 知道螺絲釘的平均直徑等於 16mm，還需要知道直徑的分散情況，如果分散的範圍夠小 (也就是螺絲釘都符合規格)，才能確認組裝時不會發生問題。

我們從上述例子已了解，知道平均數之後，還必須加上有關分散

狀況的描述，才能替整組數據提供較完整的訊息。現在就來討論，有哪些方法可以描述數字的分散情況。

02 全距

「全距」應是對分散狀況最簡單而直觀的描述，它代表了整組數據散佈範圍的大小，定義是該組數據當中的最大值減去最小值，可用符號 R 表示如下：

🔐 全距的定義

一組數字的 全距 (range) R = 最大的數字 − 最小的數字

以甲、乙兩班的分數為例，
甲班分數全距 = 80 − 0 = 80
乙班分數全距 = 40 − 20 = 20
兩班分散狀況差很多。

全距只由最極端的兩個數決定，因此所含的訊息很粗略，一般來說用處不太大。例如若想知道大學生的收入狀況，以畢業滿五年以上當作考慮對象來說的話，如果計算全距，因為收入最高和最低的都可能是特例，因此全距所提供的訊息參考價值不大；收入位於中間那一半的高低差距，可能反而更有參考意義，這個數字叫做四分位距，因為是兩個四分位數之間的距離。

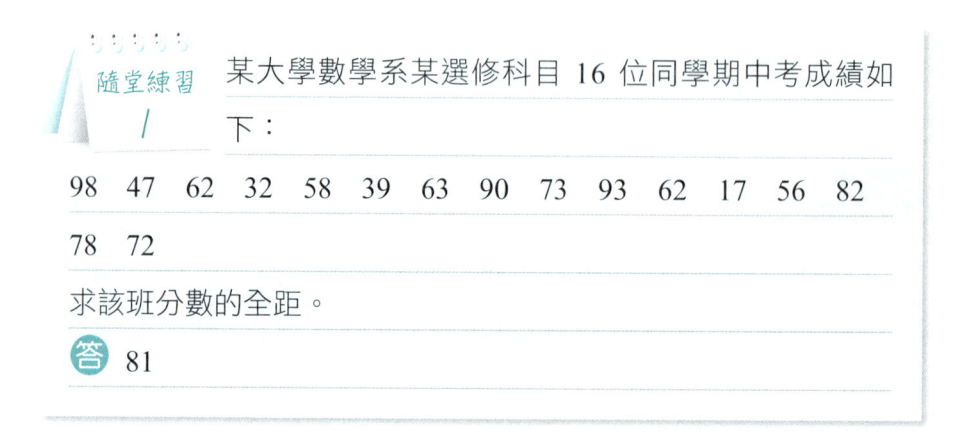

> **隨堂練習 1**
>
> 某大學數學系某選修科目 16 位同學期中考成績如下：
>
> | 98 | 47 | 62 | 32 | 58 | 39 | 63 | 90 | 73 | 93 | 62 | 17 | 56 | 82 |
> | 78 | 72 |
>
> 求該班分數的全距。
>
> **答** 81

03 四分位距

　　四分位數的意義，大約就是把排序後的數據四等分時，分割點的位置。中位數已把整組數據分割成兩半了，如果把中位數左邊的數字再分兩半，右邊的數字也分兩半，總共就分成四份了，而三個分割點就分別是：第一四分位數、第二四分位數 (即中位數) 及第三四分位數。而四分位距就是第一四分位數和第三四分位數之間的距離。

第一四分位數和第三四分位數的定義

　　第一四分位數 (first quartile) 是整組數字排序之後，中位數左邊所有數字的中位數。第三四分位數 (third quartile) 是整組數字排序之後，中位數右邊所有數字的中位數。

四分位距的定義

　　四分位距 (interquartile range) = 第三四分位數 − 第一四分位數

怎樣找第一四分位數和第三四分位數

我們用例子說明。假設我們從網路蒐集到兩家知名速食店的早餐熱量資料如下 (單位：10 卡)，分別求 A 店和 B 店的全距和四分位距：

A 店：28　33　40　31　36　31　26　33　43　36
B 店：32　32　41　51　41　45　50　66　48　53　58　69　24
　　　42　50

首先我們把 A 店數字排序：

A 店：26　28　31　31　33　33　36　36　40　43
　　　　　　　　　　　↑
　　　　　　　　　中位數位置

共有 10 個數字，所以中位數是第 5 個和第 6 個的平均，即 33。

中位數左邊有 5 個數字，這 5 個數字的中位數是最中間的 31，這就是整組數字的第一四分位數。同理可得第三四分位數是 36。

所以 A 店的全距 = 43 − 26 = 17，四分位距 = 36 − 31 = 5

A 店早餐熱量最高和最低相差 17 (170 卡)，最中間 50% 的熱量差距則是 5 (50 卡)。

再來把 B 店數字排序：

B 店：24　32　32　41　41　42　45　48　50　50　51　53　58
　　　66　69

共有 15 個數字，所以中位數是第 8 個，即 48。

第一四分位數是中位數左邊 7 個數字的中位數，即 41，而第三四分位數是 53。

所以 B 店的全距 = 69 − 24 = 45，四分位距 = 53 − 41 = 12

不論是從全距還是四分位距來看，B 店早餐熱量的變化範圍都比 A 店大很多。

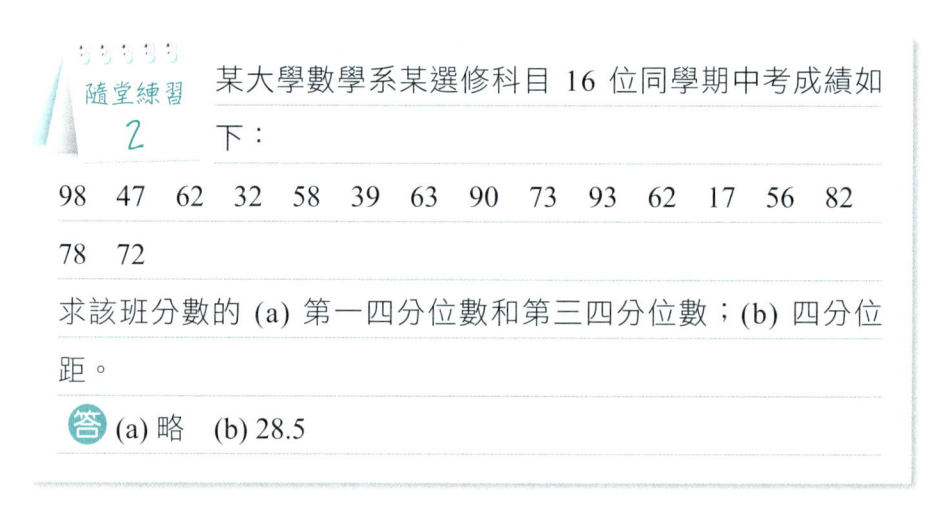

> **隨堂練習 2**
>
> 某大學數學系某選修科目 16 位同學期中考成績如下：
>
> 98　47　62　32　58　39　63　90　73　93　62　17　56　82　78　72
>
> 求該班分數的 (a) 第一四分位數和第三四分位數；(b) 四分位距。
>
> 答 (a) 略　(b) 28.5

第一四分位數和第三四分位數都是百分位數的特例，第一四分位數是第 25 百分位數、而第三四分位數是第 75 百分位數。然而不同教科書對於百分位數的定義可能有所不同，因為常常不能把整個樣本「等分」、必須做調整 (比如排序後的 25 個數字無法「等分」為四份)，而不同作者的調整方式會有差別。本書對於四分位數採取的是直觀好記的定義方式。當樣本大小 (樣本所含樣本點的數目) 夠大時，用不同定義得到的百分位數，通常差別不大。

04　變異數和標準差

最常見到用來描述分散狀況的數，應該是變異數和標準差，我們先從直觀的角度來介紹這個概念。變異數所度量的，是整組數字以平均數為中心的分散情況，所以我們要考慮每個數字和平均數的差距。

如何計算變異數和標準差

假設一組數字共有 n 個，變異數的計算方式是先把每個數字分別減去平均數、然後平方，把所有這些平方項加總之後除以 $n-1$，就是**變異數** (variance)。如果數字相當分散，則距平均數較遠的數字減去平均數之後再平方，會得到較大的數，把這些平方加總之後得到的平方和就會偏大，因此變異數會較大。反之，若數字集中，則平方和會偏小，變異數也較小。

除以 $n-1$ 其實是樣本變異數的公式，如果是在計算母體變異數，則應該除以 n。為什麼有這樣的差別，背後當然有學理的依據。還會修習後續統計課的同學自然會學到這部分，而在統計入門或通識課的階段則可以略過。

把變異數開根號，就得到**標準差** (standard deviation)。計算變異數時因為把數字都平方了，所以變異數的單位是原來數字單位的平方，再開根號單位就還原，所以標準差的單位和原來數字的單位相同。

若需要計算變異數或標準差，有很多方便的軟體可以利用，所以我們只用一個簡單例子說明：假設某公司有兩個小單位，各只有五位員工，A 單位的五位員工年齡分別是 26、28、30、32、34 歲，平

均年齡是 30 歲；B 單位的五位員工年齡分別是 18、19、30、41、42 歲，平均年齡也是 30 歲。現在用樣本變異數公式，分別計算兩組數據的變異數和標準差並做比較。

先把 A 單位的員工年齡各減掉 30，得到 –4、–2、0、2、4

平方之後得到 16、4、0、4、16，相加再除以 4，就得到

$$A \text{ 單位年齡變異數} = \frac{16+4+0+4+16}{4} = \frac{40}{4} = 10$$

標準差 $= \sqrt{10} = 3.16$

把 B 單位的員工年齡各減掉 30，會得到 –12、–11、0、11、12

平方之後得到 144、121、0、121、144，相加再除以 4，就得到

$$B \text{ 單位年齡變異數} = \frac{144+121+0+121+144}{4} = \frac{530}{4} = 132.5$$

標準差 $= \sqrt{132.5} = 11.51$

B 單位的標準差比 A 單位大很多，代表該單位人員的年齡差異，遠比 A 單位要大。

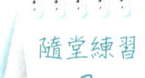

隨堂練習 3　計算下列數據的變異數和標準差：

(a) 51　54　44　53　48

(b) 151　154　144　153　148

(c) 從 (a) 和 (b) 小題的結果，可歸納出什麼結論？

答 (a) 變異數 16.5、標準差 4.06　(b) 變異數 16.5、標準差 4.06

(c) 略

Chapter 3　除了代表性數字、還需要知道數字的分散情況　45

> **隨堂練習 4**　根據從隨堂練習 3 (c) 小題得到的結論，計算下列數據的變異數和標準差：
> 20016　20007　20018　20011　20008
> **答**　變異數 23.5、標準差 4.85

05　選擇合適的描述方式

　　平均數很容易受少數極端值的影響，所以適合用在大致對稱、沒有非常大或非常小的極端值的數據上。而計算標準差的時候，要把數據減去平均數之後再平方，因此極端值對標準差的影響會更大，所以當平均數不適用時，標準差同樣也不適用。之前討論過，當平均數不適用時，可考慮用中位數或裁剪平均數來描述「中心位置」，因為兩者都可以減少或者去除極端值的影響。而若要描述整組數據的分散狀況，可以考慮用五數綜合 (five-number summary)：最小數、第一四分位數、中位數、第三四分位數、最大數。這個方法很直觀、意義也很明確，不容易產生錯誤的解讀。

　　五數綜合也可以用圖顯示，叫做盒圖 (boxplot)、也稱盒鬚圖 (box-and-whisker plot)，因為圖中有「盒子」，兩端還有直線往外延伸、像是貓鬚。它的畫法如下：

如何畫盒圖

1. 畫一個長方形盒子，從第一四分位數延伸到第三四分位數。
2. 盒子裡畫一條直線，標示出中位數的位置。

3. 盒子兩頭各畫一條直線，往外延伸到最小數和最大數。

我們用以下例子說明怎樣找五數綜合及畫盒圖。假設某大學導師擔心，有些成績較不理想的同學是因為打工時數太長，因而減少了讀書做功課的時間、影響了學習成效。因此他把九位有在打工而成績有二一危險的學生找來，詢問他們每週打工時數，得到以下數據：

12　16　11　8　16　9　24　12　12

我們將先找出以上數據的五數綜合，然後畫一個對應的盒圖。

數字從小到大排序之後得到：

8　9　11　12　12　12　16　16　24

中位數是 12，第一四分位數是 10，第三四分位數是 16。五數綜合是：最小數、第一四分位數、中位數、第三四分位數、最大數，所以是：8　10　12　16　24。

盒圖如下：

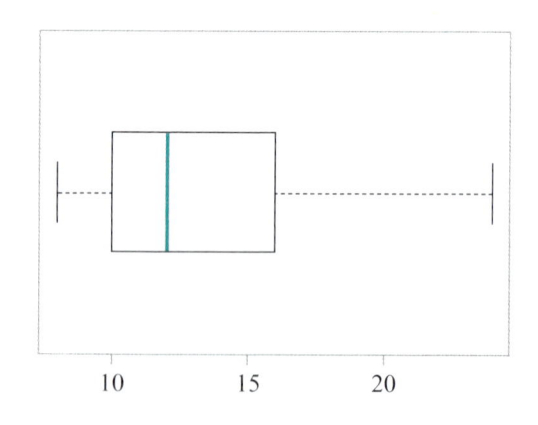

圖中的長方形盒子，是從第一四分位數 10 延伸到第三四分位數 16，

盒子裡的粗直線、標示出中位數 12 的位置。而盒子兩頭的直線，往外延伸到最小數 8 和最大數 24。

盒圖可以直著畫也可以橫著畫，但要記得在圖中標示出數字刻度。檢視盒圖的時候，要先找出中位數的位置，這就是分布的中心所在。而兩個四分位數的距離，顯示出中間一半數據的分散狀況，盒圖的兩端 (最小數和最大數) 則顯示出整組數據的分散情況。像上圖這樣，中位數右半邊的盒子明顯比左半邊要寬，右邊的鬚也比較長，就代表分布右偏。

盒圖的最佳用途是用來同時比較兩個或更多個分布，我們在下一節就會討論到。

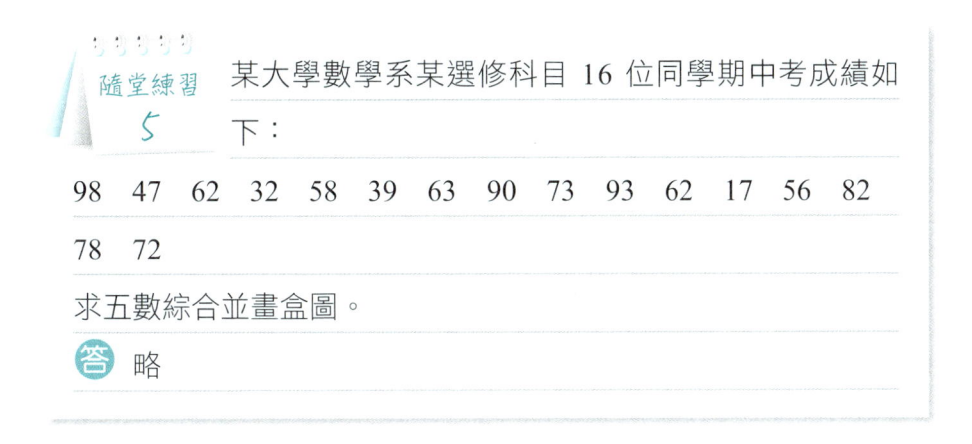

隨堂練習 5

某大學數學系某選修科目 16 位同學期中考成績如下：

98　47　62　32　58　39　63　90　73　93　62　17　56　82
78　72

求五數綜合並畫盒圖。

答 略

06　兩組數字的簡易比較方法

假設我們從網路蒐集到兩家知名速食店的早餐熱量資料如下 (單位：10 卡)：

A 店：28　33　40　31　36　31　26　33　43　36

B 店：32　32　41　51　41　45　50　66　48　53　58　69　24
　　　42　50

這樣兩組數字，應該怎樣比較呢？只看平均、或者平均加上標準差，訊息會不夠明確。如果注重健康的話，我們會想要知道，是否整體來說，其中一家的熱量比另一家高。要做到這點，有兩種方法可以選擇。

用並列的盒圖來比較兩組數字

先分別找出兩組數據的五數綜合，然後畫出並列的盒圖，就可以做比較了。之前在計算全距和四分位距時，已找出 A 店的第一四分位數是 31，第三四分位數是 36。而 B 店的第一四分位數是 41，第三四分位數是 53。所以兩家店早餐熱量的五數綜合如下：

A 店的五數綜合：26　31　33　36　43
B 店的五數綜合：24　41　48　53　69

把對應上述五數綜合的盒圖上下並列在同一個圖裡面，就得到以下結果：

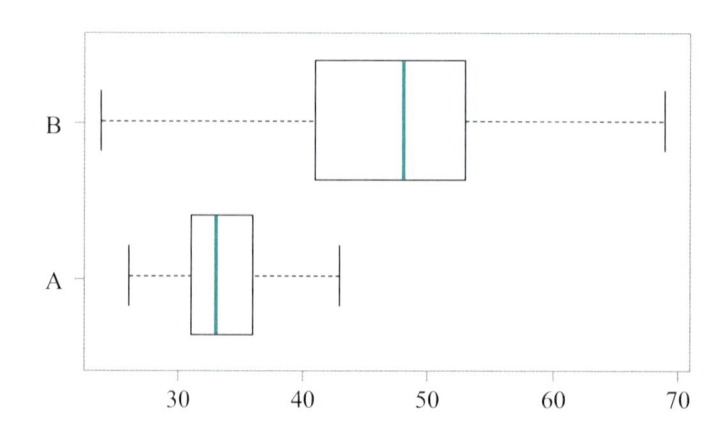

這樣的圖讓訊息一目瞭然。我們可以明顯看出，A 店的盒子很窄、鬚較短，B 店的盒子很寬、鬚也較長，所以 B 店各種早餐所含熱量的多寡差很多、A 店的則相當集中。另外，B 店的盒子完全在 A 店的右邊，B 店的第一四分位數不僅高於 A 店的第三四分位數，甚至都已接近 A 店的最大數了，這代表 B 店大部分早餐的熱量都高於 A 店。看到這樣的結果，如果想要少攝取些熱量的話，選擇 A 店要比 B 店好得多。

背對背莖葉圖

第二個方法是畫背對背莖葉圖 (back-to-back stem-and-leaf plot)。方法是把兩組數據畫在同一個莖葉圖上：兩組共用相同的莖，葉子部分則其中一組依照原本方式「掛」在莖的右邊，另一組往反方向「掛」在莖的左邊。

假設某大學老師教授的某一門課開了 A、B 兩班，兩班學期末的分數如下：

A 班

70 90 40 70 65 65 95 87 85 80 70 66 91 60 60
65 66 78 72 55 70 53 52 38 86 84 82 88 45 45
77 84 76 83 67 60 78 50 48 63 91 66 65 48 37

B 班

65 41 48 85 50 50 30 40 62 56 52 51 80 62 82
82 60 68 60 60 77 95 35 46 28 47 78 53 88 75
66 72 50 36 63 65 60 92 52 77 84 67

直接看數字的話，很難比較兩班同學的成績表現。現在來畫一個背對背的莖葉圖。

兩班成績的最低分是 28、最高分是 95，莖的部分是分數的十位數，所以要從 2 開始，一直寫到 9。葉子部分是分數的個位數，其中一班依照一般莖葉圖的做法，把分數的個位數「掛」在莖的右邊，另一班的分數個位數就「掛」在莖的左邊，但每一列的大小順序都要反過來；如此則有某種對稱性，最靠近莖的數字都是最小的。把 A 班分數放在右邊，B 班分數放在左邊，可得背對背莖葉圖：

```
                    8 │ 2
                  650 │ 3 │ 78
                87610 │ 4 │ 05588
             63221000 │ 5 │ 0235
         876553220000 │ 6 │ 000355556667
                87752 │ 7 │ 000026788
               854220 │ 8 │ 023445678
                   52 │ 9 │ 0115
                  B 班      A 班
```

觀察此莖葉圖，應該很容易看出右邊的分數比較集中在 60 到 80，左邊的分數 40、50 分的比右邊多，70、80 分的則比右邊少；整體看來，A 班表現比較好。

再看之前早餐熱量的例子。早餐熱量的兩組數字為：

A (右邊)：28　33　40　31　36　31　26　33　43　36

B (左邊)：32　32　41　51　41　45　50　66　48　53　58　69

　　　　　24　42　50

我們把 A 店數字掛在右邊、B 店掛在左邊，就得到背對背莖葉圖如下：

```
            4 2 6 8
        2 2 3 1 1 3 6 6
    8 5 2 1 1 4 0 3
    8 3 1 0 0 5
            9 6 6
         B 店    A 店
```

從背對背莖葉圖可清楚看出，A 店數字集中在上半部 (20 幾到 40 幾)，而 B 店數字較集中在下半部 (大部分在 40 幾到 50 幾)，B 早餐店的熱量明顯高於 A 早餐店。

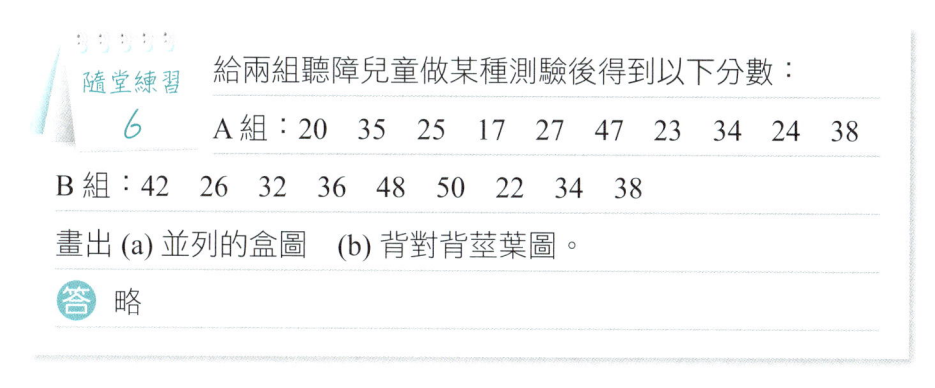

> **隨堂練習 6**
>
> 給兩組聽障兒童做某種測驗後得到以下分數：
>
> A 組：20 35 25 17 27 47 23 34 24 38
>
> B 組：42 26 32 36 48 50 22 34 38
>
> 畫出 (a) 並列的盒圖 (b) 背對背莖葉圖。
>
> **答** 略

本章開頭的問題 3 現在可以回答了，問題如下：如果我們想要把兩組數字 (比如兩班考試成績、或者兩家速食店的早餐熱量) 做比較，有沒有什麼簡單有效的方式可以用？

問題 3 答案 若要把兩組數據做整體比較，不論是並列的盒圖還是背對背莖葉圖都是很好用的工具。和並列的盒圖比較起來，背對背莖

葉圖的細節比較多，因為看得到所有的數字。當然數字個數如果很多時，畫背對背莖葉圖會比較麻煩。

重點摘要

一、知道平均數之後，還必須加上有關分散狀況的描述，才能替整組數據提供較完整的訊息。

二、一組數字的全距 R ＝最大的數字－最小的數字，全距只由最極端的兩個數決定，因此所含的訊息很粗略。

三、第一四分位數是整組數字排序之後，中位數左邊所有數字的中位數。第三四分位數是整組數字排序之後，中位數右邊所有數字的中位數。

四、四分位距是第一四分位數和第三四分位數之間的距離。

五、假設一組數字共有 n 個，變異數的計算方式是先把每個數字分別減去平均數、然後平方，把所有這些平方項加總之後再除以 $n-1$。如果數字相當分散，變異數會較大。反之，若數字集中，則變異數較小。除以 $n-1$ 其實是樣本變異數的公式，如果是在計算母體變異數，則應該除以 n。

六、把變異數開根號，就得到標準差。標準差的單位和原來數字的單位相同。

七、平均數很容易受少數極端值的影響，所以適合用在大致對稱、沒有非常大或非常小的極端值的數據上。而計算標準差的時候，要把數據減去平均數之後再平方，因此極端值對標準差的影響會更大。當平均數不適用時，標準差同樣也不適用。

八、若要描述整組數據的分散狀況，可以考慮用五數綜合：最小數、第一四分位數、中位數、第三四分位數、最大數。五數綜合也可以用圖顯示，叫做盒圖。

九、畫背對背莖葉圖的方法是把兩組數據畫在同一個莖葉圖上：兩組共用相同的莖，葉子部分則其中一組依照原本方式「掛」在莖的右邊，另一組往反方向「掛」在莖的左邊。

十、若要把兩組數據做整體比較，可以用並列的盒圖或是背對背莖葉圖。背對背莖葉圖的細節比較多，因為看得到所有的數字。

習題

1. 以下是 2014 年淡水每月均溫資料：

1月	2月	3月	4月	5月	6月	7月	8月	9月	10月	11月	12月
16.2	15.7	18.3	22.0	24.6	27.5	29.8	29.3	28.9	23.8	21.4	15.6

求 (a) 全距；(b) 四分位距。

2. 在書店隨機抽出五本書，定價如下 (元)：

350　500　180　260　210

求變異數及標準差。

3. 檢查人員對隨機選擇的 10 間餐廳之衛生評分如下：

80　83　82　81　77　77　65　67　75　85

(a) 計算五數綜合。

(b) 畫出盒圖。

4. 某上班族從淡水到台北上班，有時開車、有時搭捷運 (中間要轉一次)。為了比較開車和搭捷運所需要的時間，他在某一段期間內做了紀錄，得到以下數據 (分鐘)：

開車：63　67　55　61　70　63　108　68　62

捷運：58　55　53　56　52　55　60　55

(a) 開車時間是否適合用平均數和標準差來描述？原因為何？

(b) 分別計算兩組數據的五數綜合。

(c) 畫並列的盒圖，並說明從圖中看到的資訊。

5. 以下是 10 間隨機選擇的餐廳，在經理參加受訓之前，和受訓後六個月的衛生評分：

餐廳	1	2	3	4	5	6	7	8	9	10
受訓前	80	83	82	81	77	77	65	67	75	85
受訓後	90	85	87	78	75	82	75	85	90	95

(a) 畫出背對背莖葉圖。受訓前數據在右、受訓後數據在左。

(b) 從莖葉圖能否看出，經理受訓後、餐廳衛生是否有改善？說明理由。

(c) 從受訓後衛生評分的莖葉圖判斷，平均數和中位數是否應該很接近？為什麼？

用圖形呈現數字分布狀況

chapter 4

問題 1 用長方形來呈現數據的圖包括**直方圖和長條圖**,這兩種圖有差別嗎?

現在電腦軟體太方便好用,輸入數據就可以幫我們畫圖。但電腦只會聽命行事,我們自己必須有一些基礎知識,比如何時該畫什麼圖等等。接下來就簡單介紹圓餅圖、長條圖、直方圖、線圖以及一些該注意的相關事項。因內容大部分曾出現在中學課本當中,可視為複習,所以本章不出習題。

01 圓餅圖

圓餅圖在國中就介紹過，國中課本稱它做圓形圖，兩種名稱都有人用。它的功用是呈現類別資料的分布情況。大部分資料都是用數字表示，類別資料則只將資料做分類，比如大學的主要入學管道可分類成繁星推薦、個人申請和指考分發；旅客來台目的可分成業務、觀光、探親、會議、求學等。通常對於類別資料，大家關心的是每個類別所占的百分比，而圓餅圖很適合用來呈現這類訊息。

圓餅圖 (pie chart) 的畫法是將一個圓從圓心的部分向外畫直線(好像在切比薩餅一樣)，將這個圓分成數個楔形 (sectors，也可稱為扇形)，楔形的數目就等於整筆資料的類別數。每個楔形的大小則取決於該類別出現的次數所占總次數的百分比。

近年來中國來台旅客人數不少，我們可能有興趣知道除了觀光以外，旅客來台目的還有哪些，以及各占多少百分比。從觀光局行政資訊系統可以找到下列民國 100 年的數據：

居住地	業務	觀光	探親	會議	求學	其他	未列明	合計
中國	125,481	1,290,933	119,074	22,564	9,060	118,986	98,087	1,784,185

因為我們想要知道各種不同目的來台人數占整體比例如何，所以現在把未列明來台目的的人數去掉之後，算出百分比，得到以下數據：

居住地	業務	觀光	探親	會議	求學	其他	合計
中國	7.4%	76.6%	7.1%	1.3%	0.5%	7.1%	100%

而圓餅圖如下：

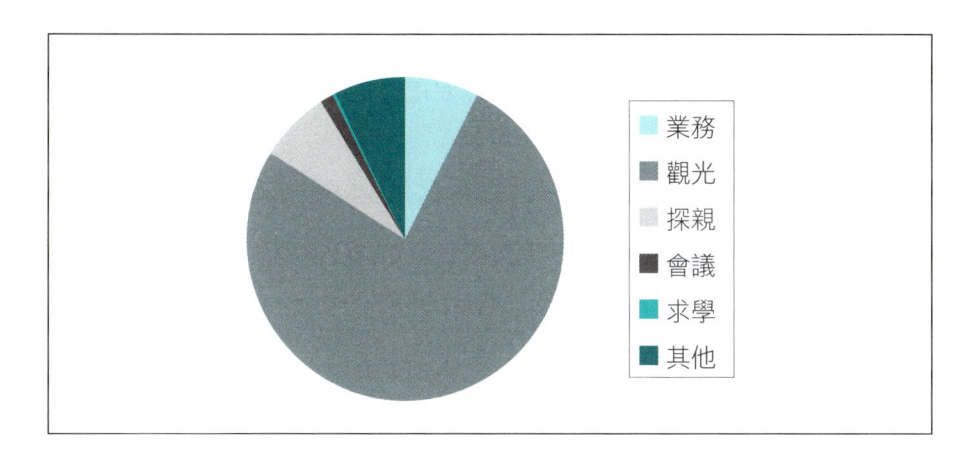

從圖中可以清楚看出，觀光旅客占全體約四分之三，而業務、探親和其他目的的旅客，百分比則很接近。

立體圓餅圖

有一種立體圓餅圖常有人用。它看起來比平面的圖吸引人，然而若不小心，可能會因視覺角度的落差而接收到不太正確的訊息。下面是根據衛生福利部統計處所提供的102年死因統計資料、經過整理之後所得到的圓餅圖：

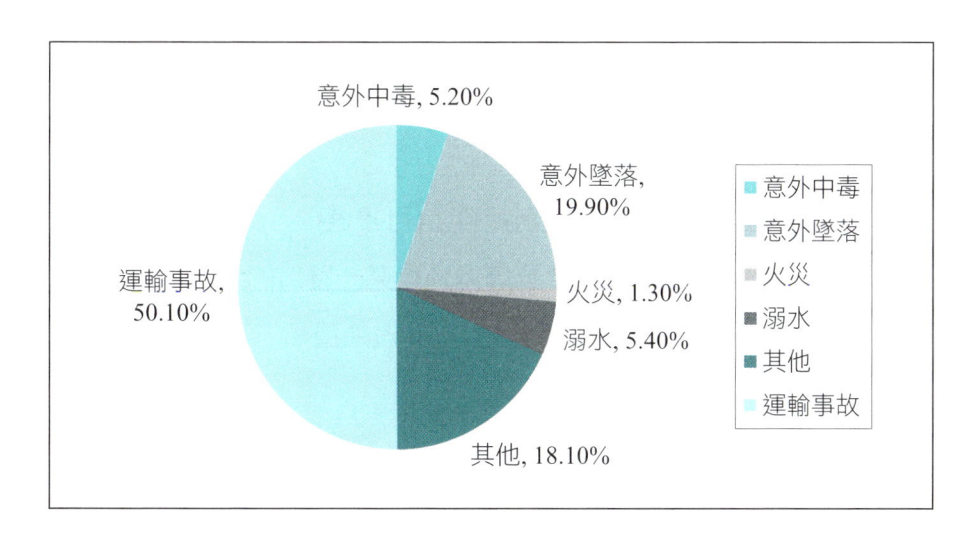

很清楚可以看到，運輸事故在事故死因中約占一半，其次是意外墜落、比其他類稍多一些些。如果想要炫一點、畫個立體版本的圓餅圖，則可能得到下面這樣的結果：

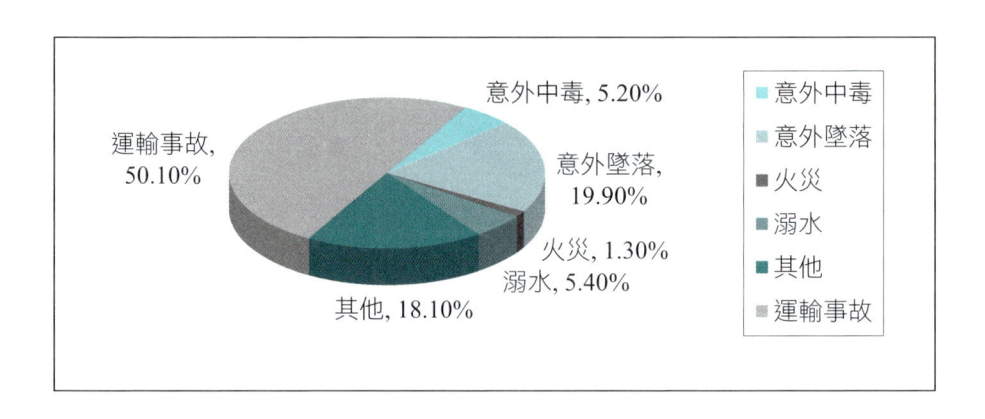

意外中毒, 5.20%
運輸事故, 50.10%
意外墜落, 19.90%
火災, 1.30%
溺水, 5.40%
其他, 18.10%

從這個圖看起來，是否會感覺其他意外所占百分比反而還超過意外墜落？其實圖並沒有畫錯，問題出在把立體圖形放到平面上時，視覺角度不同所產生的落差。「其他」這項的厚度完全看得到，而「意外墜落」這項的厚度幾乎完全看不到，所以我們視覺接收到的資訊，就是「其他」這一塊比較大了。雖然百分比都清楚列出，但不見得每個人都會仔細看。所以為了避免傳達誤導的訊息，圓餅圖應該畫平面的而非立體的。

隨堂練習 1

以下哪些屬於類別資料？(可複選)

(a) 米價；(b) 10 分鐘內通過某一路口的汽車數量；(c) 演唱會購票方式；(d) 水庫水位；(e) 汽油種類。

答 (c) (e)

02 長條圖

另外一種常用來呈現類別資料的方法是長條圖。建構長條圖 (bar chart) 的方法是先畫出橫軸跟縱軸，接著在橫軸上畫數個並排且等寬的長方形，長方形的個數就等於類別的個數，而長方形的高度由該類別的次數決定。我們會在長條圖的橫軸上標示出各個類別，而縱軸則是代表各類別所出現的次數或者百分比。用長條圖來呈現類別資料時可以清楚的看到各個類別出現的次數或百分比，更可以看出每個類別與其他類別的相對大小關係。

國內影片市場長期下來都是外片的天下，國片的票房往往遠遠落後。這個狀況在 2008 年被狠狠打破，由魏德聖執導的「海角七號」打動了無數人，創造了驚人的票房。它的票房和當年其他國片比起

排序	外片片名	發行值	華語片片名	發行值
1	神鬼傳奇 3	113,047,998	海角七號	232,326,877
2	黑暗騎士	110,183,786	長江 7 號	87,302,112
3	鋼鐵人	83,480,694	赤壁	80,069,305
4	全民超人	73,905,302	囧男孩	17,429,372
5	印地安那瓊斯：水晶骷髏王國	71,211,531	三國之見龍卸甲	16,734,447
6	刺客聯盟	58,022,204	功夫灌籃	15,872,277
7	007 量子危機	57,535,512	一八九五	13,331,127
8	功夫熊貓	55,835,103	梅蘭芳	8,860,904
9	曼哈頓奇緣	41,291,127	黃石任務	4,989,039
10	特務行不行	36,783,893	江山・美人	4,739,086

來如何，和外片比起來又如何呢？以下是從「中華民國 99 年電影年鑑」中找到的「2008 年中／外影片賣座前十名一覽」(用關鍵詞「中華民國電影年鑑」就可以搜尋到它的網頁)：

這已是經過整理、排好順序的資料了。雖然經過整理，但是如果想要比較數據的大小，畫個合適的圖會比從上表當中直接看數字更有效；這裡適合畫的圖是長條圖，長方形的高度代表發行值，因此各影片的票房差距一目瞭然，如下：

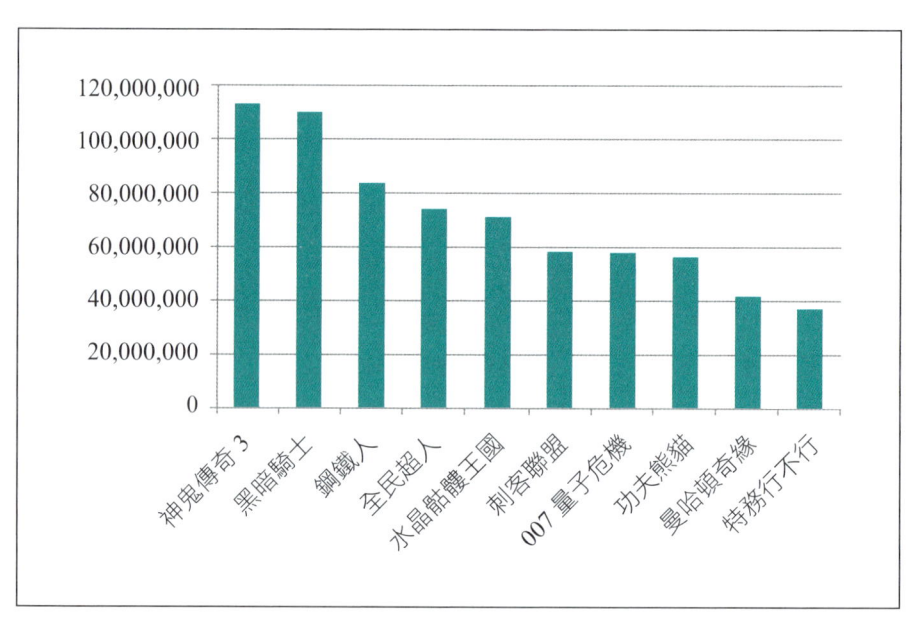

● 2008 年外片賣座前十名發行值

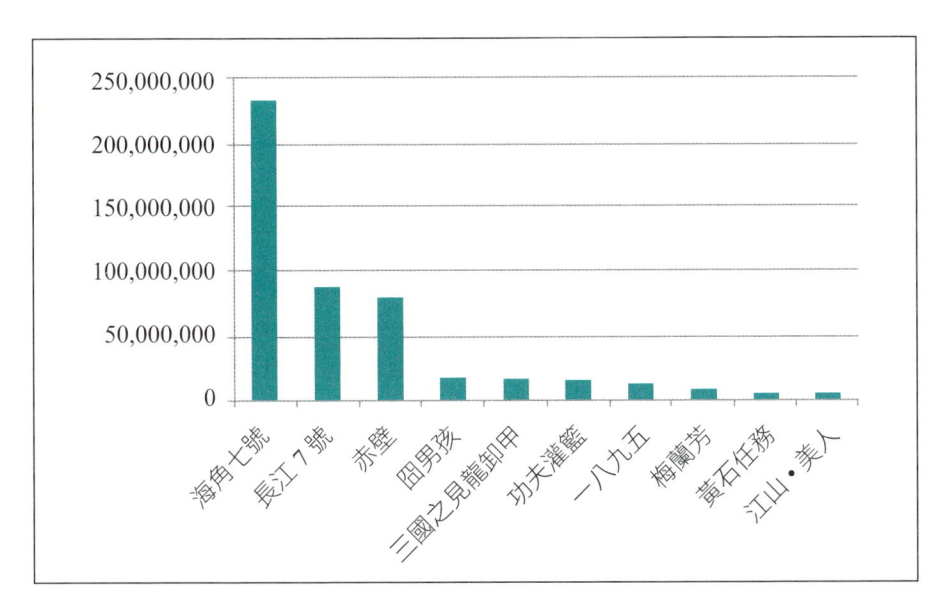

● 2008 年華語片賣座前十名之發行值

分別看兩個圖，還看不出「海角七號」的厲害。想要比較外片和華語片發行值的話，可以把外片和華語片的長條圖並列如下：

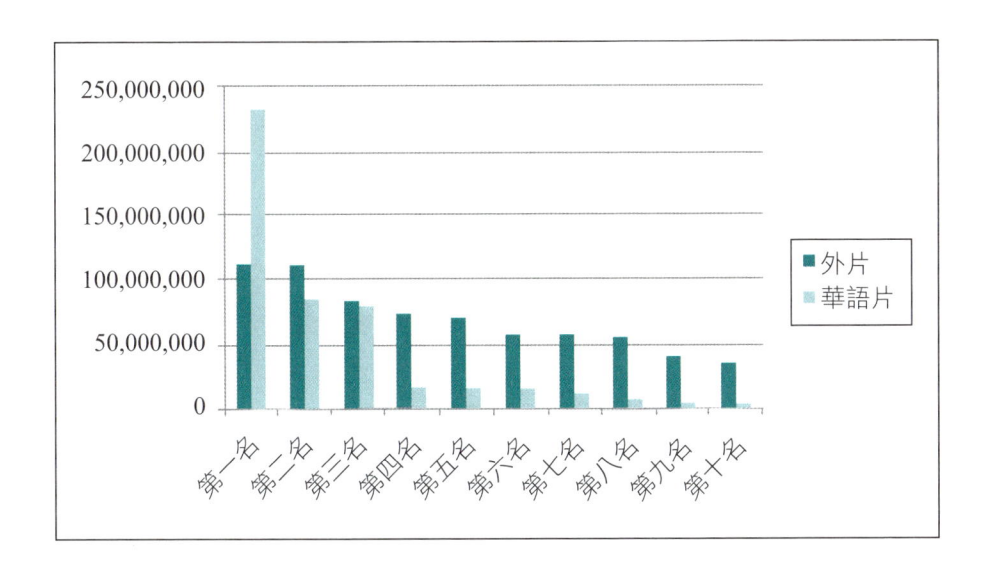

「海角七號」的一枝獨秀，在這個圖當中一目瞭然。我們還可以輕易看出，華語片從第四名開始、賣座都比外片差很多。

類別資料既可以用圓餅圖也可以用長條圖來呈現，然而兩者的重點不同，可視情況做選擇。圓餅圖強調的是各部分占整體的百分比，這點從長條圖比較不容易看出來。而長條圖則容易突顯各類別之間次數 (或百分比) 的差異，因為長方形高度的差異很容易看出來，而楔形的大小差別則不是那麼明顯。

03 直方圖

假如蒐集到的數據是數值資料的話，又應該如何將它加以呈現呢？數值資料是指用數據呈現的資料。一般而言，最常用的是直方圖，它的優點是可以清楚的看出數據的分布情況。直方圖的作法是先將數據依其數值大小分組，每一組的組距，也就是每一組所涵蓋的範圍應該要一樣大。接著再將落在各組範圍內的資料個數計數，直方圖的橫軸代表的是資料的值，而縱軸則代表次數。之前介紹的莖葉圖適用於數據不太多的情況；若數據很多，則應用直方圖。

畫直方圖 (histogram) 的步驟如下：

1. 先找出整組數據的範圍，決定要分成幾組 (區間)，再找出每組的界限。分幾組沒有標準答案，可視數據多寡來決定，但每組的寬度 (區間長度) 要相同。
2. 把數據歸類到各組，找出落入每一組的數字各有多少個。
3. 在橫軸上標示出各組的界限，再以每組範圍為底邊、畫出長方形，長方形的高度對應落在該組的數字個數 (或者百分比)。

Chapter 4　用圖形呈現數字分布狀況

現在用例子來說明。從交通部統計查詢網可以查到從 98 年 1 月到 101 年 7 月的台鐵每月行車事故件數如下：

71　65　54　66　58　64　68　58　59　89

79　69　65　62　55　71　67　64　87　76

78　88　64　76　71　51　63　53　71　74

83　59　59　76　73　79　46　45　57　55

70　62　78

總共有 43 個數字，不容易看清楚每月事故件數的分布狀況，現在依照下列步驟來畫直方圖：

1. 43 個數字的範圍，是從最小的 45 到最大的 89。因為這組數據全是整數，可以考慮把範圍左右延伸出去各 0.5，從 44.5 到 89.5。89.5 − 44.5 = 45，可以被 5 整除、得到 9，因此可以把第一組的範圍定為 44.5~53.5、第二組定為 53.5~62.5、依此類推。這樣做的好處是：不會有任何數字落在相鄰兩組的邊界上。
2. 檢視每個數字落在哪一組之後，得到以下結果：

組界	次數
44.5~53.5	4
53.5~62.5	11
62.5~71.5	15
71.5~80.5	9
80.5~89.5	4

3. 畫出直方圖如下：

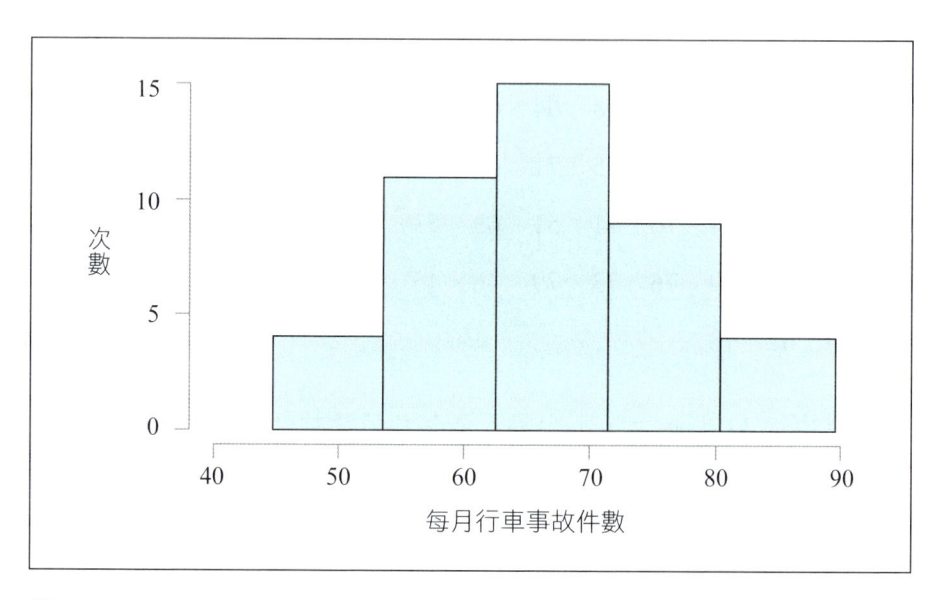

● 98 年 1 月到 101 年 7 月的台鐵每月行車事故件數之直方圖

　　由此圖我們可以看出，分布相當對稱、中心位置大約是在 67 附近，並且大致可以這樣說：一個月的事故數，多半是在 54 到 80 件 (53.5~80.5) 之間。台鐵還提供了一項資訊，就是每月事故當中，有幾件可歸因為台鐵的責任、幾件不是。根據資料，在 98 年 1 月到 101 年 7 月這段期間，總共 2878 件事故當中，台鐵有責任的是 132 件，占了 4.6%。

　　如果直方圖的左右並不對稱，有一條長尾巴向右延伸，如下頁圖 (a) 所示，我們稱這樣的分布為右偏。

　　如果有長尾巴向左延伸，如圖 (b) 所示，則稱這樣的分布為左偏。

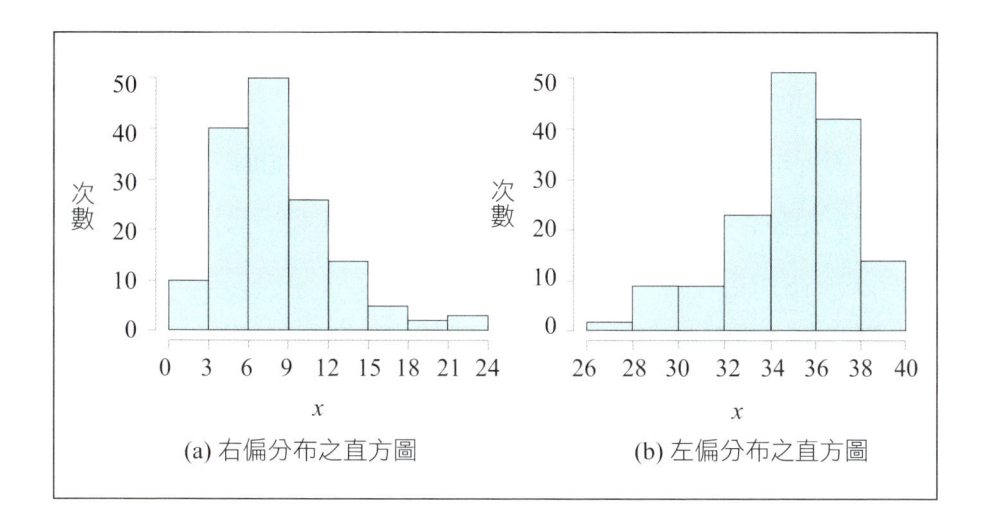

(a) 右偏分布之直方圖   (b) 左偏分布之直方圖

問題 1 答案 (直方圖和長條圖的差別)

直方圖乍看很像長條圖，但其實非常不同。首先**直方圖裡相鄰的長方形都是連在一起的，中間沒有間隔** (除非剛好沒有數據落在某組的範圍內，則該組長方形的高度為 0，看起來會像是在前一組和後一組之間形成間隔)，長條圖的長方形則都會隔開。再者直方圖的橫軸代表的是資料的數值，長條圖的橫軸則是標示出資料的類別。另外**直方圖中每一個長方形的寬度所代表的是該組的組距**，也就是該區間的長度，而不是任意決定的；長條圖中長方形的寬度則沒有特別的意義。

04 線圖

如果數值資料是依時間的先後順序蒐集，而我們又想要探討數據隨著時間的變化情形，則可以將資料作成線圖 (line graph)。畫圖時要將時間放在橫軸、而把我們正在考慮的數據放在縱軸。用直線連接根

據數據畫出的點之後,就可以呈現出數據隨時間變化的狀況。我們用一個例子說明。

我國近年來的平均每人國民生產毛額增長情況如何,也適合用線圖表示。從經濟部統計處網頁可得以下數據資料:

單位:美元

	2005 年	2006 年	2007 年	2008 年	2009 年	2010 年	2011 年
中華民國	16,449	16,911	17,596	17,833	16,901	19,175	20,690

對應這組數據的線圖如下:

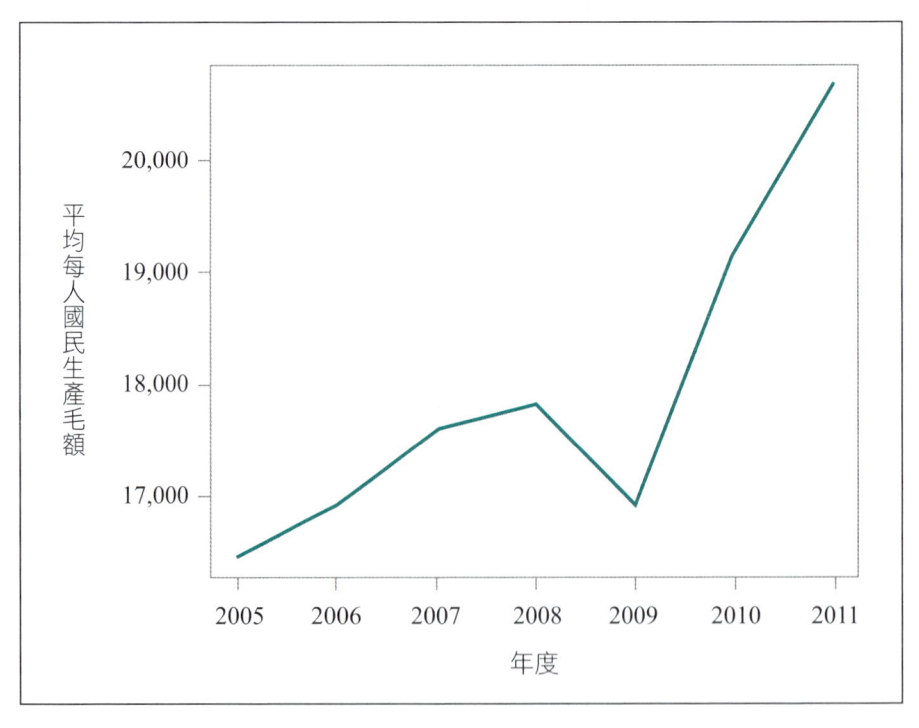

● 2005 年到 2011 年我國平均每人國民生產毛額線圖

從圖中可看出，除了 2009 年下降到和 2006 年差不多之外，這段期間我國的平均每人國民生產毛額呈現不斷增長的趨勢，2009 年到 2011 年之間增長尤其快速。2009 年景氣衰退是國民生產毛額下降的原因。一般而言，當經濟穩定成長時，平均每人國民生產毛額就不會下降。

重點摘要

一、呈現類別資料可以用圓餅圖或長條圖。

二、圓餅圖和長條圖的重點不同，可視情況做選擇。圓餅圖強調的是各部分占整體的百分比，而長條圖則容易突顯各類別之間次數(或百分比)的差異。

三、圓餅圖應該畫平面的而非立體的。

四、數值資料最常用直方圖呈現。先將數據依其數值大小分組，每一組所涵蓋的範圍應該要一樣大。接著再將落在各組範圍內的資料個數計數，直方圖的橫軸代表的是資料的值，而縱軸則代表次數或百分比。

五、如果直方圖的左右並不對稱，有一條長尾巴向右延伸，我們稱這樣的分布為右偏；如果有長尾巴向左延伸，則稱這樣的分布為左偏。

六、直方圖很像長條圖，其實非常不同。直方圖裡相鄰的長方形都是連在一起的，中間沒有間隔，長條圖的長方形則都會隔開。直方圖的橫軸代表的是資料的數值，長條圖的橫軸則標示出資料的類別。另外，直方圖中每一個長方形的寬度所代表的是該組的組

距,也就是該區間的長度,長條圖中長方形的寬度則沒有特別的意義。

七、如果數值資料是依時間的先後順序蒐集,而我們又想要探討數據隨著時間的變化情形,則可以將資料作成線圖。畫圖時要將時間放在橫軸、而把我們正在考慮的數據放在縱軸。

趣味數字問題

既然在談數字基本常識,我們就用一個有趣且實用的數字問題當作第一部的結尾。

Q 網路上有人在討論一個看來很簡單的數字問題,答案卻分兩派,我們來討論看看。問題大約是如此 (網路版本的數字可能不同,但意思一樣):如果有人 8 元買進一件東西、9 元賣出,然後再 10 元買進、11 元賣出。這樣他一共賺幾元?

A1 8 元進、9 元出,賺 1 元,9 元出、10 元進,虧 1 元,再 10 元進、11 元出,賺 1 元,總共賺 1 元。

A2 8 元進、9 元出,賺 1 元,10 元進、11 元出,再賺 1 元,總共賺 2 元。

哪個答案正確?

據說兩派爭論不下,誰也不能說服對方。正確答案是:共賺 2 元。像下面這樣考慮應該就清楚了:兩次總共從口袋掏出幾元?8 元加上 10 元等於 18 元,而兩次放進口袋的總共有 9 + 11 = 20 元,當

然就是賺了 2 元。8 元進、9 元出時，所賺的 1 元就已經落袋了，再掏 10 元出來買時，可看成一次新的買賣行為，和之前的無關，這樣就不會搞錯了。

第一部複習習題及報告作業

報告作業是比較長的習題，需要蒐集資訊或生產數據，而且重點是要把做出的結果用一篇短文來說明。其中有些題目適合由一組學生共同來做，題號會用☆標示。

複習習題

1. 96年6月7日經濟日報在「台股噴量 資金回來了」這篇報導當中寫著：「中央銀行5月底開始一連串提高雙率、阻止資金外流的措施，成功引導資金回流。最敏感的股市昨(6)日出現1,680億元的今年天量，較5月中旬的663億元窒息量，成長了快三倍。」
討論這篇報導當中是否有不正確的說法，並說明應如何更正。

2. 96年1月媒體一篇讀者投書寫著：「大家印象中傳統、甚至有點老態的台鐵，它的自動驗票機的處理效率卻是目前國內最快速的，……，旅客從投入票券到驗票完畢不到一秒，經實測計算只花了捷運磁卡票的一半時間，更比高鐵自動驗票閘門流程縮短近三倍。」
討論這篇報導當中是否有不正確的說法，並說明應如何更正。

報告作業

3. 估計百分比
96年7月18日中時電子報一篇以「情人眼裡出帥哥 女人多愛肌

肉男」為標題的報導中說:「研究顯示,部分青春期與排卵期女性,會仰慕肌肉型男星,⋯,因為荷爾蒙影響而情不自禁。」還有位邱姓心理師表示:「情感諮商的研究顯示,70% 女性外遇大多在排卵期前後 3 天,便是因荷爾蒙驅使所致。」

針對「70% 女性外遇大多在排卵期前後 3 天」寫一份報告,內容包括

(a) 報導當中「70%」這個百分比,分子和分母應該各是什麼?

(b) 70% 當然是估計值,試用邏輯判斷,「情感諮商研究」能夠準確估計這個百分比嗎?

(c) 若想要能準確估計上述百分比,應該怎麼做?

☆**4.** (可 2～3 人一組) 靜止時脈搏

每個人在靜止時量自己的脈搏,每天量的不見得一樣,而同一天不同時間量的也不見得相同。每一位組員都要量自己的靜止時脈搏 (每分鐘),同一天內至少量 6 次 (時間隔開些) 而且至少要量 4 天。寫一篇報告,內容必須包括 (a) 每位組員是怎樣量脈搏的 (什麼時間量、量多久以及量什麼部位),以及 (b) 根據每個組員的數據,當別人問你靜止時脈搏多少,每個人會怎麼回答?(c) 討論同組同學的脈搏變異情況。

第二部
機率相關概念

「機率是二分之一」的意義是什麼

chapter 5

問題 1 若某一天氣象局預報降雨機率 60% 而結果卻沒有下雨,可以做結論說:預報不準嗎?

問題 2 大家都知道,擲銅板時正面朝上的機率是二分之一。這究竟是什麼意思?是說**擲 10 次必定會出現 5 次正面、擲 20 次必定會出現 10 次正面、依此類推**嗎?

機率是什麼意思,似乎大家都有了解:機率高的事情,代表它比較容易發生。例如當氣象預報說降雨機率八成,我們當中很多人出門就會帶雨具。如果把傘拎來拎去結果卻沒下雨,很多人會認為「預報

不準」。然而「八成」是個明確的數字,它的意義到底是什麼呢?

中央氣象局網頁上剛好有人問這樣的問題:「降雨機率 60% 是什麼意思?」我們就用這當例子來說明。氣象局的回答如下:

> 降雨機率預報是預報人員根據各種氣象資料,經過整理、分析、研判後,預測某一地區在預報時段內降雨(指出現 0.1 毫米或以上的降雨)機會的百分數。例如:預報台北市降雨機率 60%,就是指台北地區有 6 成的機會會出現降雨。換句話說,降雨機率只是預測降雨的「機會」有多少,與下雨時間長短、面積大小及雨量大小並無直接關連。

這個回答或許解除了某些疑問,但是「6 成的機會」意思仍然不夠明確。氣象局接著還提供了 91 年至 95 年中央氣象局預測台北之降雨機率與其對應之實際發生之降雨頻率比較圖,並補充說明:

> 以 60% 的預報機率值為例,預測 100 次,實際上會有 58.6 次發生降雨現象,即顯示預報機率值與實際發生降雨頻率相當接近。

上述的「預測 100 次,實際上會有 58.6 次發生降雨現象」讀起來有點奇怪,因為只要計次的事情,應該都是整數次,不會出現 58.6 次這樣的數字。事實上這只是一種常用的說明方式。假設在預測若干次之後,得到成功預測的百分比 58.6%,比如預測了 500 次、其中 293 次成功,將 293 除以 500,就會得到 58.6% 的百分比。說明時用 100 當作分母,則可直接和百分比做對應。氣象局在四年之間預測 60% 降雨機率的次數不得而知,為了方便說明,我們姑且假設實

際上預測了 1000 次，而其中有 586 次有發生降雨現象。這樣的結果的確可以支持氣象局所說的「預報機率值與實際發生降雨頻率相當接近」。因為某事件發生機率的一種常用解釋就是：長期下來、該事件發生的百分比，而問題 1 的答案如下：

問題 1 答案 降雨機率 60% 的大致意義應該是：相同氣象條件下，長期下來，約有六成的時候會降雨。至於預測降雨機率 60% 的特定某一天是否會降雨，就無從知道了。所以若某一天氣象局預報降雨機率 60% 而結果沒有下雨，不能說是「預報不準」。如果長期下來、累積許多資料之後發現，氣象局預報降雨機率 60% 的日子當中，實際有下雨的日子所占比例和 60% 差距有點大，這樣就可以說他們的預報不大準了。

隨堂練習 某便利商店提供抽獎活動，只要購物滿一百元就可抽一次獎。如果商店聲稱中獎率為八成，而你抽了一次卻沒中，這樣是否可以指控便利商店說的「中獎率為八成」是騙人的，理由為何？

答 略

現在來討論「擲銅板時正面朝上的機率是二分之一」確實是什麼意思。可能有人會說，因為銅板只有正反兩面，總機率是 1，所以正面和反面的機率都應該是二分之一 (假設擲下去之後銅板不會豎起來的話)。如果照這種說法，因為嬰兒的性別也只有兩種可能，那是否任一個新生嬰兒是男嬰的機率也應該是二分之一？

01 相對次數機率

根據衛生署國民健康局 2013 年 3 月 20 日發布的統計資料，國內 2012 年的男女嬰比降到 107：100，創下 25 年來的最低點。這意思是說，以 2012 年的比例來看，隨便選一個新生嬰兒的話，它是男嬰的機率是 107/207 = 51.69%，而不是 1/2。而在 2012 之前的二十多年，男嬰的機率還比 107/207 更高些。這個機率概念是根據經驗法則而來的，也就是說，是根據數據得來而不是根據理論。而在不同國家，這個數字都可能不一樣。這樣的機率叫做相對次數機率 (relative frequency probability，也可稱相對頻率機率)，因為是用長期下來的相對次數當作機率。相對次數等於發生次數除以總次數。

大家應該都知道，如果擲銅板的次數不多，則正面出現的比例未見得是一半左右。比如擲四次可能出現反正正正，正面比例是 3/4，再繼續擲到滿 10 次，如果結果是反正正正反正正反正反，則正面比例是 6/10 = 3/5。如果吃飽閒著、有時間擲夠多次的話，會發現遲早正面比例會靠近二分之一。這就是我們說「擲銅板時正面機率是二分之一」的意思。現在可以回答問題 2 了。

問題 2 答案「擲銅板時正面機率是二分之一」的意思是說，擲銅板許多次時，正面比例會隨著我們擲的次數而改變，但最終會非常接近二分之一。而擲 10 次當然未見得剛好出現 5 次正面、擲 20 次也未見得剛好出現 10 次正面。即便擲 10,000 次，也未見得剛好出現 5000 次正面，只是正面比例應該相當接近二分之一。

02 古典機率

假設我們執行某種結果不確定的試驗，例如擲骰子或隨機抽牌，若可能的基本結果有 n 種、而每個基本結果發生機率都相同的話，就可以用以下方式來決定機率，叫做古典機率 (classical probability)、也稱傳統機率。擲一顆骰子的基本結果就是 1 點、2 點、3 點、4 點、5 點或 6 點，考慮擲骰子結果時可能會考慮「綜合結果」，比如「點數大於 4」代表擲出 5 或 6 點，或者「點數為偶數」代表擲出 2、4 或 6 點。各種我們會考慮其機率的結果，不論是基本結果或是綜合結果，通常稱為事件。

古典機率

假設某一試驗的基本可能結果有 n 種、而每個基本結果的發生機率都相同，若某一組綜合結果 (事件) 包含了 n 種結果當中的 k 個，則該事件的機率等於 k 除以 n。

舉例來說，如果同時擲兩顆均勻骰子的話，兩顆搭配起來共有 6 × 6 = 36 種基本結果、而每個結果出現機率相同，我們就可以根據古典機率的定義，找出各種事件的發生機率。比如「兩顆骰子點數相同」這個事件包括了 (1,1)、(2,2)、(3,3)、(4,4)、(5,5)、(6,6) 這 6 個結果，所以它的發生機率就是 6/36 = 1/6。如果想要知道「兩顆骰子點數積為奇數」這個事件的機率，當然也可以先列出所有可能結果、然後計算機率，但是比較麻煩。我們可以動動腦，考慮比較有效的計算方式。因為偶數乘以偶數是偶數、偶數乘以奇數也是偶數，所以兩顆

骰子點數積為奇數，代表兩顆骰子分別的點數都是奇數。一顆骰子的1、3、5 搭配上另一顆骰子的 1、3、5 總共有 9 種可能，所以「兩顆骰子點數積為奇數」的機率就是 9/36 = 1/4。

　　好的骰子通常應該製作得很均勻，然而嚴格說來，絕大部分銅板其實並不完全平衡、因為兩面的圖案不同。一般來說兩面的差距不大，如果擲很多次，正面比例還是會接近二分之一，所以根據相對次數機率，擲出正面的機率是 1/2。如果有一個銅板的兩面完全相同，假設擲出之後不可能豎直站著的話，從物理角度看，結果只有正、反面兩種可能，而正、反面出現機會相同，所以也可以根據古典機率，得出「正面機率為 1/2」的結論。

03　個人機率

　　假如棒球迷阿中最愛芝加哥小熊隊，有人問他：「明年小熊隊參與世界盃比賽的機會有多大？」他想一下之後說：「噢，大概 15%。」。這個 15% 是不是機率呢？

　　下一年某種球類的比賽戰況當然是沒法預知的，但若我們考慮重複許多次會發生什麼情形，又不大合理。比如明年的棒球季只會發生一次，而且在球員、天氣和其他許多方面都會和其他球季不同，不可能考慮在同樣情況下重複許多次的情形，剛才談到的相對次數機率在這裡明顯不適用。我們問的問題答案似乎很清楚：如果機率度量的是「假如我們重複許多次，會發生什麼狀況，」則阿中說的 0.15 根本不是機率。機率是根據同一個隨機現象重複許多次所得數據而來的；阿中給我們的不是這個，而是他的個人判斷，這叫做個人機率。

Chapter 5　「機率是二分之一」的意義是什麼

一個事件的個人機率 (personal probability) 是 0 和 1 之間的一個數字，代表個人對於該事件發生機會有多大的判斷。

個人機率相當主觀，若讓不同的人判斷同一件事發生的機率，有可能每個人給的機率都不同，所以它不可靠，但我們還是會根據這些判斷做出決定。比如以大學生阿佑同學為例，他根據期中考試成績、上課出席率和統計學老師以往的當人比例判斷：經過老師調整分數之後，自己應有六成機率會通過統計學，因此決定不退選。這完全是他一個人的主觀認定。如果去問他的統計學老師，說不定認為他八成會被當，換句話說，依據老師的主觀機率判斷，他會通過的機率只有兩成。

大家做判斷時的根據不見得相同，結果不一樣很正常。有人認為「個人機率」和「試很多次會發生什麼狀況」不過是同一個觀念的兩種不同解釋，但事實上這兩個觀念的差別很大。

既然兩個觀念的差別很大，為什麼對於個人意見我們還要用「機率」這樣的字眼呢？有兩個很好的理由。首先，如果我們知道試驗很多次的數據結果，則我們通常也的確會根據這些數據來做個人判斷。可能由於我們自己的經驗，讓我們相信擲銅板許多次的話，正面出現的次數很接近一半。當我們說這次擲銅板，出現正面的機率是 1/2 時，我們是把根據擲很多次會發生的結果所得到的正面機率，應用在擲一次的狀況上面。其次，個人機率和解釋或長期比例的機率，都遵循同樣的數學規則。例如，兩種機率都是在 0 和 1 之間的數字；一件事沒發生的機率，都等於 1 減去該件事發生的機率等等。也就是說，一般的機率規則對兩種機率都適用。

> **隨堂練習 2**　請評估你會在三十歲之前結婚的機率。這是哪種機率?
>
> **答**　略

04　條件機率

　　有一種很重要的機率概念,叫做條件機率,雖然大家未必知道它的存在,然而幾乎每個人都會在不自覺間應用到這個概念。比如昨晚我們看到電視上的氣象預報說,今天降雨機率是 20%,所以心裡想著今天出門應不必帶傘。結果臨出門前往外面看一眼,發現雲層很厚、而且天色暗暗的,立刻抓了把傘出門。在做這件事的時候,其實我們就是在雲層厚且天色暗的條件下,根據經驗判斷,自動將降雨機率調整到遠高於 20%;而這種在某個特定條件下考慮的機率,就是**條件機率** (conditional probability)。

　　條件機率和一般機率有什麼差別呢?我們用一個例子說明。假設我拿一副撲克牌,在你面前洗很多次,然後隨便抽出一張,面朝下放在桌上,然後要你猜這張牌的花色 (黑桃、紅心、方塊或是梅花)。光是猜有點無聊,當然是要賭一點錢才能讓這遊戲比較有趣,而如果要公平的話,賭注和獎金的比例應該依照機率來訂。因為四種花色的機率相同,各是四分之一 (一副牌裡面,黑桃、紅心、方塊和梅花各有十三張),所以你猜中的機率就是四分之一、猜錯的機率是四分之三。如果玩一次要出十元的話,你輸了十元歸我,贏的話除了可以保留你的十元,我還應該另外給你三十元;因為你輸和贏的機率比是

3:1，所以獎金就該賠三倍。會計算期望值的讀者會發現，這種玩法的所得期望值是 0，是公平的遊戲。不會算也沒關係，可以這樣想：假設玩四百次，則其中大約有一百次你會贏、三百次會輸，贏一百次可進帳三千元，輸三百次則十元被沒收三百次，損失三千元，剛好打平。

假設後來換個玩法，抽出的牌在蓋下去之前，會先把牌面朝著你快快揮一下；當然要讓你看不清楚牌的花色，但是可以看到顏色 (黑桃和梅花是黑色、紅心和方塊是紅色)。現在你猜中花色的機率還會是四分之一嗎？稍微想一下，讀者大概就知道答案了，比如你看到牌面圖案是紅色的，這時候你還會猜是黑桃嗎？當然是不會，因為這種可能性已經被排除了，剩下紅心和方塊兩種可能性，你隨便猜其中之一，猜中的機率變成了二分之一。如果我還把機率當作四分之一、依照之前的賠率和你玩的話，只要多玩幾盤，我輸錢就輸定了 (為什麼要說「多玩幾盤」呢？請回憶一下「短期規律性的迷思」)。從這個例子可以明顯看出，在考慮機率時，如果知道某些會影響機率的資訊卻棄置不用，所得到的機率反而不能反映實際狀況，這樣做實在沒什麼道理可言；也就是說，在有額外資訊的時候，應該要考慮在此資訊之下的機率，也就是條件機率。

在適用古典機率的狀況下考慮條件機率時 (如擲均勻骰子或隨機抽牌)，相當於「縮減所有可能結果到符合已知條件的情況」之後，才來計算機率。舉例來說若我們想要知道，已知擲兩顆均勻骰子的點數和是 6 的條件之下，兩顆骰子點數相同的機率是多少。因為已知兩顆骰子的點數和是 6，所以原來擲兩顆骰子的 36 種可能結果就已縮減至 (1,5)、(2,4)、(3,3)、(4,2)、(5,1) 的 5 種可能、而每個結果的機

率相同,其中兩顆骰子點數相同的只有 (3,3) 一種,所以我們想要算的條件機率就等於 1/5。

有時會發生這種情況:即使有已知資訊,然而不論是否將此資訊考慮進去,所得到的機率都一樣;換句話說,條件機率和一般的「無條件」機率並無不同。比如以擲一顆平衡銅板來說,出現正面的機率是二分之一。如果先擲一次、看到出現正面,在已知此資訊的條件下,接下來再擲時,得到正面的機率仍然是二分之一,完全不受已知資訊的影響。此時我們稱前後次擲銅板的結果為互相獨立。

再看一個例子。如果從一副洗好的撲克牌當中任意抽一張出來,它會是紅心的機率是四分之一,因為總共 52 張牌當中、有 13 張是紅心。現在如果我們知道額外資訊、即所抽出的牌是老 K,在此資訊之下,所抽出的牌是紅心的條件機率是多少呢?仍然是四分之一,因為老 K 有四張、其中恰有一張是紅心。所以我們會說,「抽中紅心」和「抽中老 K」這兩個事件互相獨立。

互相獨立的事件

如果在已知事件 A 發生的條件下、考慮事件 B 發生的條件機率,結果卻和事件 B 發生的 (非條件) 機率相等,代表的意義是:是否已知 A 發生、對 B 發生的機率毫無影響,此時稱事件 A 和事件 B 互相獨立。當事件 A 和 B 互相獨立時,如果已知 B 發生、對 A 發生的機率也是毫無影響。

有很多健康資訊都和機率有關係。比如根據 2007 年 1 月 22 日媒體報導,有醫師告訴我們:正常人罹患肺癌機率是十萬分之一,吸菸者是十萬分之五十至七十;後者就是一種條件機率,是在「吸菸」條

件之下、罹患肺癌的機率。這項機率會隨著不同的資訊來源而有所變動，比如不同時間或不同地區的數字都可能不一樣，另外「吸菸」如何定義(比如只抽「伸手牌」，一天只抽少少幾根算不算之類)，當然也會有很大的影響。不過不管怎樣變動，吸菸會提高罹患肺癌的機率，應是不爭的事實。從這個例子可以體會到，條件機率是可以改變的，既然吸菸會提高罹癌機率，也有許多方法是可以降低罹癌機率的；例如注意飲食、少吃不健康的食物，養成良好的生活習慣，適度運動，盡量放鬆心情等等，能做到這些的人，應該就可以「打敗」一般的罹癌機率了。

　　有一項許多人會關心的機率，就是「存活率」，其中「五年存活率」最常用在癌症的病程進展和治療的評估，當然也可用十年存活率或者一年或兩年存活率來評估，視病程進展慢或快而定。「五年存活率」是什麼意思呢？假如手術後醫師告訴病人說五年存活率是50%，他是指在手術後五年，約有一半病人仍然存活；換個方式似乎可以這樣說：手術後病人能存活至少五年的機率是一半。可是病人之間各種條件差異非常大，要說大家的機率都是二分之一，其實沒什麼道理。如果能知道依據病人的條件調整之後的條件機率，反而比較能反映事實，不過要考慮的條件太多，應該很難執行。所以要怎樣看待這個存活率呢？就當做一個很籠統的參考數字即可。與其成天擔心自己是屬於哪一半，不如樂觀積極面對、配合治療，並改進自己的飲食和生活習慣，如此應可有效提升自己存活至少五年的條件機率。

隨堂練習 3 同時擲兩顆平衡骰子，(a) 點數和是 4 的機率是多少？(b) 如果結果被遮住看不到，但被告知兩顆骰子點數相同，則在此條件下，點數和是 4 的機率是多少？

答 (a) 1/12　(b) 1/6

重點摘要

一、機率的一種常見解釋是：長期下來的相對次數(發生次數除以總次數)。

二、古典機率：假設某一試驗的可能結果有 n 種、而每個結果的發生機率都相同，若某一組結果(稱為事件)包含了 n 種結果當中的 k 個，則該事件的機率等於 k 除以 n。

三、個人機率代表個人對於事件發生機會有多大的判斷。它相當主觀，若讓不同的人判斷同一件事發生的機率，有可能每個人給的機率都不同。

四、條件機率是在某個特定條件下考慮的機率。而在有額外資訊的時候，我們通常應該考慮在此資訊之下的機率，也就是條件機率。

五、如果在已知事件 A 發生的條件下、考慮事件 B 發生的條件機率，結果卻和事件 B 發生的(非條件)機率相等，稱事件 A 和事件 B 互相獨立。

習題

1. 擲一顆均勻骰子時，每一點出現的機率是 1/6。這意思是否是說：如果擲 30 次，則 1、2、3、4、5、6 點會各出現 5 次？要說明理由。

2. 賭場的輪盤通常分成 38 格，編號為 0、00 以及 1 到 36。0 和 00 這兩格是綠色，其他 36 格中有 18 格是紅色，18 格是黑色。莊家轉動轉盤，同時反方向把一個小球沿盤緣滾上轉盤。轉盤的水平經過仔細校正，使得當轉盤慢下來時，球落在任一格的機率相同。賭客可以下賭注於多種數字和顏色之組合。
   (a) 38 種可能結果中的任一種之機率是多少？說明你的答案。
   (b) 如果你賭「紅色」，則當球落在紅色格子裡時你就贏了。贏的機率是多少？

3. 從一副洗好的撲克牌當中隨機抽出一張，則任一張牌被抽中的機會相同。(a) 求抽中「人頭」(J,Q,K) 的機率。(b)「抽中人頭」和「抽中黑桃」兩個事件是否互相獨立？

4. 擲一個平衡銅板三次，(a) 求正面出現至少二次的機率。(b) 在已知「反面出現至少二次」條件下，求「正面出現至少二次」的機率。(c)「反面出現至少二次」和「正面出現至少二次」這兩個事件是否互相獨立？要說明理由。(提示：觀察 (a)、(b) 兩小題的答案)

5. 同時擲兩顆均勻骰子，(a) 點數和是 5 的機率是多少？(b) 如果結果被遮住看不到，但被告知兩顆骰子點數積為奇數，則在此條件下，點數和是 5 的機率是多少？

關於機率的錯誤認知

chapter 6

> **問題 1** 樂透彩剛開始發行的時候 (四十二個號碼選六個，另加一個特別號)，頭六次開獎當中，39 號出現了四次。才開六次獎，有些號碼根本還不曾出現過，39 號卻出現了四次，這樣是否不正常呢？

　　知道機率的意思不一定代表相關觀念都很正確。我們可以觀察到一些對於機率的想法，好像成為某些人的「共識」，然而這些想法的正確性卻有待商榷，我們姑且稱它為迷思。在本章裡面我們會探討兩種常見的迷思，另外也會借助幾個有趣的實例，說明機率的實用價值。

　　其實機率有一個極重要的角色，就是推論統計的背後基礎。推論

統計是指利用數據從小推大 (或者從現在推未來)，例如民意調查。民調都只是訪問少部分人，卻想對廣大大眾作結論，這當中必定存在誤差；其中抽樣誤差的大小，就是根據隨機樣本的相關機率理論算出來的，機率事實上就是推論統計的基礎。因此大部分統計教科書裡面，都是先討論完機率主題才談統計；而想要把統計學好，必須要對機率有適當的認識才行。本書定位只是入門統計或通識課，所以只談機率概念，選材以「可讀性」及「實用性」為最高考量，而最好用的例子之一，當然是樂透彩。

01　「短期規律性」的迷思

樂透彩剛開始發行的時候 (四十二個號碼選六個，另加一個特別號)，頭六次開獎當中，39 號出現了四次，頗引起一番討論。從很直覺的角度來想，四十二個號碼每次開獎只抽出六個 (不計入特別號)，平均來說，每個號碼要等開了七次獎才「輪到」出現一次。39 號居然在六次開獎中就出現四次，是否像有些人所懷疑的，有點不正常呢？會覺得這件事「不正常」的意思，應是覺得它發生的機率極小、不該發生卻發生了。如果真的如此，則主辦單位應該馬上檢測開獎機和號碼球，找出問題把它修正才是。事實上這件事發生的機率是多大呢？

我們來考慮任一號碼在六次開獎中出現四次的機率。因為我們在質疑這件事的時候，是因為同一個號碼在六次中出現了四次才覺得奇怪，而不是針對 39 這個號碼；事實上不論是 39 號還是任何一個其他號碼，只要在六次開獎中出現四次，我們都會有同樣的反應，所以計算「任一號碼在六次開獎中出現四次」的機率，應比較符合我們所關

心的問題，而這個機率大約是 0.179，應該遠高過大部分人的想像。

我們對於機率的認知，為什麼會和實際情況有這樣大的落差呢？原因在於我們對機率觀念的錯誤解讀，像以上所談到的情況，有人把它歸類為「短期規律性的迷思」。什麼叫做「短期規律性的迷思」呢？通常我們說的機率，和一件事發生的相對頻率 (發生次數除以總次數) 有關，比如說擲銅板會出現正面的機率，大家都同意是二分之一，意思是說擲銅板的時候，大約有一半的次數會出現正面。

機率的正確解釋，其實必須加上一句「長期下來」；正面機率二分之一的意思是說，如果拿銅板一直擲，長期下來，正面出現的相對頻率 (發生次數除以總次數) 會接近二分之一，也就是說，二分之一這個「規則」，長期下來才會符合，短期可不一定。可是我們很多人會在不知不覺之間，指望在短時間內就看到這個規則，這就是所謂「短期規律性的迷思」。

當我們把一枚銅板連續擲六次的時候，正面不見得剛好出現三次，這點大家都清楚；然而樂透彩才開獎六次，許多人卻不知不覺認為，所有號碼應該比較平均的出現才「對」，39 號出現太多次就不對勁，可能有問題。其實隨著開獎次數增多，39 號並沒有像開始的時候那樣經常出現，它的出現比率就漸漸趨於正常了。

問題 1 答案 只要同一個號碼在六次開獎中出現四次我們都會覺得奇怪。然而任一號碼在六次開獎中出現四次的機率大約是 0.179，已接近 18%。機率接近 18% 的事情發生了，一點兒也不值得奇怪。所以六次當中有同一號碼出現四次不用擔心，但如果是六百次當中竟然有同一號碼出現四百次，那就可以肯定，必定是有問題了。

02　「亂亂的號碼組合比較容易中獎」的迷思

有的時候我們明明知道正確答案，卻又不知不覺會有一些違背正確答案的想法。比如以大樂透來說，大家都知道每一組號碼的中頭獎機率相同，約是一千三百九十八萬分之一。現在請問讀者，以下三組號碼，哪一組看起來最不容易中頭獎呢？

第一組：44　45　46　47　48　49
第二組：06　13　19　34　35　42
第三組：10　15　18　43　45　48

最多讀者會選的應該是第一組，因為太有規則、太獨特了。其次哪一組比較不像呢？大概是第三組吧，因為十位數應有五種可能數字(0、1、2、3、4)，這組號碼卻全都是十幾或四十幾，而且竟然還有兩對的個位數相同，看來也不太隨機，不像是會開出來的號碼組合。如果只有這三組號碼可供挑選，猜想第二組會最有機會中獎、最受青睞吧。可是我們剛才才說過，每組號碼中獎機率都相同，為什麼大家根據直覺還是會覺得，有些號碼看起來就是比較像會中的樣子，而像第一組和第三組這樣的組合，就是比較不像會中呢？

「看起來亂亂的、感覺比較隨機的號碼組合」比較像會中獎，這是另一個迷思。為什麼許多人會這樣想呢？推測是這樣的：像「44　45　46　47　48　49」這樣的組合因為太獨特，所以中獎機率很小，就是一千多萬分之一；然而像第二組「06　13　19　34　35　42」這樣的組合，「亂亂的」並沒有什麼明顯的規律，而各期開出的中獎號碼，

也常出現沒有明顯規律的、「亂亂的」組合。比如 96 年六月中旬的「03 05 20 38 39 44」和「11 17 28 34 36 46」這兩組，也都是「亂亂的」沒什麼規律。會覺得這種號碼比較會中的人，大約是把一大堆「亂亂的」號碼組合都給歸類成同一「國」了，這一「國」裡面包括那麼多號碼組合，當然就比較容易中了。

　　前面列出的三組號碼裡面，第三組事實上是 96 年 5 月 29 日大樂透實際開出的號碼，第二組反而是隨便寫的，應該沒開出過。而第一組假以時日遲早會出現，只不過一週只開獎兩次的話，一年開獎 104 次，總共開出 104 組號碼，而可能的號碼組合有一千多萬種，所以要等到它出現，可能要等非常非常久；一輩子未必等得到，必須找許多代的後代子孫幫忙接力等待，說不定過十幾萬年有機會等得到。十幾萬年是用一千多萬除以 104 得到的，為什麼只說「有機會」等得到呢？因為十幾萬年只足夠每組號碼出現一次而已，但主辦單位又沒規定曾開出過的號碼組合再開出就不算數，所以不會很平均的大家各出現一次之後才開始第二輪，否則又犯了前面談過的「短期規律性的迷思」了；骰子擲了六次之後，我們不能指望每個點數都必然出現一次，這兩件事是同樣的道理。當然也有可能，這個號碼組合不用等很久就出現了。

03　直覺機率和實際機率可能差很多

第一個例子：生日問題

　　假設教室裡有大約五十位同學，有人要賭：這其中至少有兩個人

的生日是同一天，輸的人要給贏的人一百元，你會願意和他對賭嗎？在課堂裡問這個問題的時候，似乎大部分同學都願意賭，因為覺得勝算很大。一年有三百多天，然而教室裡只有五十人左右，憑直覺判斷，有兩人生日在同一天的機率應該很小才是。

實際情況是怎樣的呢？五十個人裡面至少有兩個人同一天生日的機率，大約是 97%！我沒有寫錯，真的是 97%。在我所教的通識課談到這個機率的時候，每次都會看到無法置信的眼神。這個機率當然可以計算出來，但是在通識課做這種計算不太合適，所以我會執行「實做演練」，在徵求大家同意之後，請同學輪流說出自己的出生日期 (當然不包括年次)，其他同學若聽到和自己生日相同的日期就舉手。

這門課通常有六十五位左右的同學修習 (學校設了上限六十五人)，實際常來上課的或許只有五十人附近，這遊戲已玩過許多次，結果每一次都有人在同一天生日，並且因為每次只要有人舉手就結束了，所以實際上有的時候，可能還不只一組人同天生日。

再問一個相關問題：教室裡需要有多少人，才能有至少一半的機會，至少有兩個人同一天生日呢？答案是：23 人，這應該和大家猜想的數字差很大！每個人的生日有 365 種可能 (閏年 2/29 生日的人不列入考慮)，然而只需要有 23 個人，其中至少有兩人同天生日的機率就達到一半了！而只要有 32 人，這個機率就有七成五，有 41 人的話，機率就變成九成。這些實際機率和我們的直覺猜測，是否實在差太多了？

如果還是有點懷疑的話，可以在同學之間、同事之間、或者某種聚會場合驗證看看。不過請回想一下機率的意義，只有機率 100% 的

事情才是必定會發生的。如果拿生日問題來打賭的話，運氣不好的時候，連機率九成的事情還是有可能剛好沒發生。

有興趣自己做計算的讀者，可以參考附錄中的公式，如果算出來的答案和我算的有少許出入是正常的，我是用掌上型計算機算的，小誤差難免。

第二個例子：特製骰子

許多兩人遊戲都是先開始的人占一些優勢。假設現在有四顆特製的骰子，四顆都不一樣，點數從 0 到 6 都有，兩人玩此遊戲時，由其中一人先選一顆骰子，另一個人從剩下的當中再選一顆，然後兩人各自擲自己的骰子一次，由點數高的獲勝。如果四顆骰子各面點數如同下面所描述的，你會想要先選骰子、還是後選？從直觀角度來看，先選似乎應該佔優勢，因為可以挑出最有勝算的骰子，實際情況如何，我們來討論看看。

A：四面 2 點，兩面 6 點
B：三面 1 點，三面 5 點
C：兩面 0 點，四面 4 點
D：六面全部都是 3 點

假設你選的是 C 骰子，那我就會選 B，誰贏的機會比較大呢？會算的讀者不妨算算看。

不會計算也沒關係，我們來個「土法煉鋼」，把所有可能都列出來，照樣可以算出答案；保證很簡單，不喜歡數學的讀者也可以給自己一個機會試試看。

在做這種計算的時候，不妨想像骰子的六個面各自有不同的顏色，這樣會比較容易想清楚。擲一顆骰子有 6 種可能結果，所以兩個人所擲的結果搭配起來，就一共有 6 × 6 = 36 種結果。

我所謂的土法煉鋼，就是老老實實列出所有的可能結果。如果括弧裡面的第一個數字代表你擲出的點數，第二個數字代表我擲出的點數的話，所有可能結果就會像下面這樣，而每種結果發生的機會都一樣，都是三十六分之一。

(4, 1) (4, 1) (4, 1) (4, 1) (4, 1) (4, 1)
(4, 1) (4, 1) (4, 1) (4, 1) (4, 1) (4, 1)
(4, 5) (4, 5) (4, 5) (4, 5) (4, 5) (4, 5)
(4, 5) (4, 5) (4, 5) (4, 5) (4, 5) (4, 5)
(0, 1) (0, 1) (0, 1) (0, 1) (0, 1) (0, 1)
(0, 5) (0, 5) (0, 5) (0, 5) (0, 5) (0, 5)

剩下的工作就只有計數了。在 36 種可能性當中，你的點數贏我的占了 12 個，所以你贏我的機率是三十六分之十二，也就是三分之一；其他的結果都是我贏，所以我贏你的機率是三分之二。

這四顆骰子有個有趣的特性，就是沒有哪一顆是「必勝」的。如果你決定先選，我就占優勢了，因為無論你選哪一顆，我都可以選一顆勝算較大的 (贏的機率大於二分之一)。很神奇吧，世界上居然有這種事？

我們將 A 骰子和 B 骰子各擲一次，計算 A 贏 B 的機率如下 (如果覺得計算有點難懂，就請土法煉鋼)：

Chapter 6　關於機率的錯誤認知

$$P(A\ 贏\ B) = \frac{6 \cdot 3 + 2 \cdot 3}{6 \cdot 6} = \frac{24}{36} = \frac{2}{3}$$

分子算式當中第一項裡的 3，代表 B 的 1 點可能出現在 3 個面，當 B 出現 1 點時，A 不論出現 2 點還是 6 點，都會贏 B，也就說 A 的六個面都會贏 B，搭配起來共有 6·3 = 18 種可能。

分子第二項裡的 3，代表 B 出現 5 點的三種可能 (三個面)，此時 A 必須擲出 6 點才能贏，而 6 點有兩個面，所以搭配起來共有 2·3 = 6 種可能。

同理可得以下各機率：

$$P(B\ 贏\ C) = \frac{3 \cdot 6 + 3 \cdot 2}{6 \cdot 6} = \frac{24}{36} = \frac{2}{3}$$

$$P(C\ 贏\ D) = \frac{4 \cdot 6}{6 \cdot 6} = \frac{24}{36} = \frac{2}{3}$$

$$P(D\ 贏\ A) = \frac{6 \cdot 4}{6 \cdot 6} = \frac{24}{36} = \frac{2}{3}$$

所以，四個骰子形成一種「循環」，如果勝算較大稱作「贏」的話，則有：A 贏 B、B 贏 C、C 贏 D、D 又贏 A。讓對方先挑骰子，自己反而必定可以在剩下的骰子當中，挑一個贏面較大的。

隨堂練習　計算「特製骰子」例子當中，B 贏 D 的機率。

答 1/2

重點摘要

一、正面機率二分之一的意思是說，如果拿銅板一直擲，長期下來，正面出現的相對頻率 (發生次數除以總次數) 會接近二分之一。可是我們很多人會在不知不覺之間，指望在短時間內就看到這個規則，這就是所謂「短期規律性的迷思」。

二、「看起來亂亂的、感覺比較隨機的號碼組合」比較像會中獎，這是另一個迷思。會覺得這種號碼比較會中的人，大約是把一大堆「亂亂的」號碼組合都給歸類成同一「國」了，這一「國」裡面包括許許多多號碼組合，當然就比較容易中了。

三、若教室裡有五十位同學，其中至少有兩人生日同一天的機率，從直覺判斷應該很小；因為一年有三百多天，然而教室裡只有五十人。但實際機率和我們的直觀差很多。

習題

1. 如果擲一顆骰子 10 次，6 點卻出現了 4 次，能否根據這樣的結果說骰子不平衡？理由為何？

2. 如果擲一顆骰子 1000 次，6 點出現了 400 次，根據這個結果、能對這顆骰子做出怎樣的結論？

3. 以下兩組大樂透開獎號碼當中，哪一組中獎機率比較大：
   第 1 組　5　10　15　20　25　30
   第 2 組　8　13　22　27　35　44

4. 計算「特製骰子」例子當中，A 贏 C 的機率。

認識機率模型

chapter 7

問題 1 為什麼統計課裡面總是要教機率，統計和機率究竟有什麼關係呢？

和前面各章的問題比起來，問題 1 顯得嚴肅。本書強調「易懂」和「實用」，之前的內容也都盡量輕鬆、貼近生活，這個問題好像太專業了。然而這部分可說是統計的基礎，如果跳過它，後面很多事情就很難說明清楚了。我們需要用一整節來說明這個問題的答案。如果覺得本章有些內容好像比較難懂，我們還會在下一章藉由模擬、詳細解釋。

01　統計和機率的關係

不少人心目中的統計，就是各種圖表和大堆數字。其實統計是「從數據當中找出有用訊息的科學」，過程包括：規劃如何取得有用的數據、整理數據、分析數據和做結論。一般人對統計的了解，多半侷限在「整理數據」的部分，比如平均數、標準差和長條圖、直方圖等，有人把這部分歸類為敘述統計，它只包括數據的整理和呈現；這些在統計內容裡面，其實只占非常小的一部分。統計的絕大部分內容，屬於「推論統計」。這部分包括從樣本訊息推估整體，或者從目前為止的情況預測未來。前者的例子如民意調查、後者如景氣預估。我們用民調為例來說明。

做民調的目的都是要獲取訊息。比如食安風暴之後，很多人應該有興趣知道，全台灣成年民眾對 GMP 認證存廢的看法。這樣的訊息可以如何取得呢？只能靠抽樣做民意調查，因為母體 (全台灣成年民眾) 太大了，不可能問得到每一個人的意見。一般民調通常訪問多少人呢？多半都只有一千多人。全台灣成年人總數大約是一千六百萬左右，為什麼可以把一千多個人的意見，當作一千多萬人意見的估計，又怎知估計得好不好呢？關鍵在於抽樣方式。用正確的方式抽樣，不僅能得到相當可靠的結果，還能評估誤差大小。而所謂正確的抽樣方式，就是指隨機抽樣。

隨機抽樣的常用方法有好幾種，不同情況適用不同方法，其中最基本也最容易了解的一種，叫做簡單隨機抽樣，所抽出的樣本叫做簡單隨機樣本。大樂透開獎時，是從 49 個號碼球當中隨機抽出 6 個 (不計入特別號)；49 個號碼球的材質、重量、形狀等都盡量做得一模

一樣，使得每個球被抽出的機會均等，也因此使得任意 6 個號碼的組合開出來的機會都一樣。所以每一期開出的 6 個號碼，都可以視為從 1 到 49 的 49 個號碼之母體當中抽出的簡單隨機樣本。

簡單隨機樣本

從一個母體當中抽出包含 n 個個體的樣本，如果抽樣方式使得母體中任一含 n 個個體的組合被抽中的機會都相同，則此抽樣方式稱為簡單隨機抽樣，所抽出的樣本叫做 簡單隨機樣本 (simple random sample)。

隨機抽樣的結果背後會有一個架構。這個意思是說，如果用相同的隨機抽樣方式、重複不斷的抽樣的話 (樣本大小固定)，雖然每次抽樣的結果會變來變去、而且事前無法預測，但若把所有可能的結果放在一起考慮，必定會符合某種機率模型 (將在下一節介紹)；這個模型描述了樣本結果和母體之間的關係，我們就可以據以評估樣本結果的好壞，而且還可以利用機率式子把誤差大小表示出來。所以我們可以說，推論統計的根本就是隨機抽樣，而其理論基礎就是機率。如果胡亂抽樣的話，因為不可能找得出樣本和母體之間的關聯，也就無法評估誤差，所做出的結果則和瞎猜沒兩樣。

問題 1 答案 統計的主要內容是推論統計，而推論統計的理論基礎就是機率。以民調為例說明：民調結果是樣本訊息，而我們想知道的是母體訊息，如果抽樣方式正確 (隨機抽樣)，則可以透過機率，用樣本結果來描述母體訊息。

02　什麼是機率模型

當一個現象的個別結果無法預知，然而在多次重複之後，其結果會出現某種有規則的型態時，我們稱該現象為隨機的。比如若擲一顆均勻骰子，每次擲之前，不可能預知會出現什麼結果，然而因為是均勻的骰子，所以我們知道，重複擲了很多次之後，每個點數出現的比例會接近六分之一，這就是我們所說的規則型態，所以擲均勻骰子的結果屬於隨機現象。如果所擲的骰子製作得不均勻，擲出的結果還是屬於隨機現象；因為個別結果仍然無法預知，多次重複之後，結果還是會出現某種有規則的型態。只不過在經過多次試驗之前，我們無法知道這個規則型態長什麼樣子罷了。

要說明隨機現象的規則型態，通常必須包括兩個要件：可能的結果和各結果發生的機率。例如若同時擲兩個平衡銅板，結果當然屬於隨機現象。每次擲之前，都無法確知會出現幾個正面，但是擲很多次之後，我們知道出現兩個正面的比例會接近四分之一、兩個反面的比例也是接近四分之一，而一正一反的比例則接近二分之一，因為有 (正、反) 和 (反、正) 兩種可能，這就是對於長期下來規則型態的描述：可能結果包括兩個正面、兩個反面和一正一反，而各個結果的發生機率分別是四分之一、四分之一和二分之一。這就是擲兩個平衡銅板的機率模型。

「機率模型」聽起來好像很難，事實上有些機率模型也確實很複雜，但概念其實不難理解，我們再看一個例子。因為少子化愈來愈嚴重，有些私立大學的專任教師可能會擔心工作沒有保障，我們就來關

心大學專任教師的結構。從教育部網站的「大專校園概況」可以得知，大學分為國立、直轄市立和私立三種，如果我們從所有大學專任教師(含助教)裡面隨機抽取一位，並記錄他是在國立、直轄市立或私立大學任教，這就屬於隨機現象，因為事先無法確知結果，而要找出描述此結果的機率模型則非常容易。

「隨機抽取」的意思是說，我們給了每位大學專任教師同樣的入選機會。被選中的這位教師在任何一類大學任教的機率，就是所有大學專任教師(含助教)當中，在各類大學任教的人所占的比例。從教育部網站得知，102學年度大學專任教師(含助教)共有44,973人，其中國立、直轄市立或私立大學分別有18,952人、345人及25,676人，將這些數字分別除以總數44,973就得到在各類大學任教的人所占的比例，也就是隨機抽取一位教師時，他在三類中任一類大學任教的機率，列出如下：

大學類型	國立大學	直轄市立大學	私立大學
機率	0.4214	0.0077	0.5709

所以我們若從所有大學專任教師(含助教)裡面隨機抽取一位，則他在私立大學任教的機率是57.09%。

上面這個表針對隨機抽取一位大學專任教師(含助教)，並記錄他是在國立、直轄市立或私立大學任教，提供了一個機率模型。它告訴我們可能的基本結果有哪些(這裡只有3種)，並給這些結果分配機率。

機率模型

一個隨機現象的**機率模型** (probability model) 描述所有的可能結果,以及任一結果的機率要如何分配。我們通常把一組結果叫做一個**事件** (event)。

> **隨堂練習**
>
> 大學某社團 200 位同學當中,大一、大二、大三、大四分別有 80、60、36、24 人。現在隨機抽出一人,記錄他所屬的年級,其機率模型為何?

機率規則

因為上個例子裡面的機率只是所有大學專任教師 (含助教) 當中,在各類大學任教的人所占的比例,所以會遵循比例的規則。以下是一些所有機率模型都該服從的基本規則:

A. 任何機率都是介於 0 與 1 之間的數。所有的比例都是介於 0 與 1 之間的數,所以所有的機率也都是介於 0 與 1 之間的數。
B. 所有可能的結果合併起來,機率應該是 1。因為每一個隨機現象總會發生某個結果,所以所有可能結果的機率和一定恰好是 1。
C. 一個事件不發生的機率,等於 1 減去該事件發生的機率。
D. 如果兩個事件當中沒有共同的結果,則該兩個事件中至少有一個會發生的機率,是該兩事件個別機率的和。

之前考慮過同時擲兩個平衡銅板的隨機現象,以及描述該現象的

機率模型：可能結果包括兩個正面、兩個反面和一正一反，而各結果的發生機率分別是四分之一、四分之一和二分之一。現在如果考慮擲兩個平衡銅板時出現的正面數、用 X 代表，則我們稱這個 X 為**隨機變數** (random variable)。叫它「變數」因為它的值不固定，可能是 0、1 或 2，「隨機」變數是因為在每次擲銅板之前，無法預知 X 的值。X 的所有可能值和每個值的發生機率，在統計學裡面稱為 X 的**分布** (distribution)，而因為已經有了機率模型，X 的分布很容易找到。$X = 0$ 的機率就是出現兩個反面的機率，所以是四分之一，通常這樣表達：$P(X = 0) = 1/4$，依此類推，X 的分布可以表示如下：

$P(X = 0) = 1/4$、$P(X = 1) = 1/2$、$P(X = 2) = 1/4$

隨機變數的分布

隨機變數的分布指它的所有可能值和每個值的發生機率。

常見隨機變數事實上分兩大類，離散型和連續型；**離散型隨機變數** (discrete random variable) 的值和值之間有間隔。例如擲一個銅板 5 次，考慮正面出現次數，則它的值可能是 0、1、2、3、4、5，值和值之間有間隔，是離散型隨機變數。上述隨機變數分布的定義，適用於離散型隨機變數。

若考慮水庫的可能水位，就不可能用一些間隔開的數字來表示。比如當石門水庫的水位從 200 公尺上升到 210 公尺時，一定必須經過 200 公尺和 210 公尺之間的所有水位，不可能從 200 公尺忽然跳到 201 公尺、再跳到 202 公尺、⋯、等等。水位這個隨機變數的可能值會連起來、沒有間隔，因此不能用一個個單獨的值代表、而必須用區

間表示，這叫做 連續型隨機變數 (continuous random variable)。比如水庫水位的可能值，必須表示成閉區間 [a,b]，其中 a 是最低可能水位、b 是最高可能水位。閉區間 [a,b] 代表 a 和 b 之間所有的實數、兩端點也包括在內。

連續型隨機變數和離散型隨機變數的性質不一樣，描述其分布的方法也差很多。要說明連續型隨機變數的分布應如何表示的話，需要用到比較多的數學，本書主要在介紹概念，較技術性的內容就略過了。還有一些統計裡面經常要用到的重要概念，我們在此簡單介紹。

參數和統計量

參數 (parameter) 是用來描述母體的數字。它是一個固定的數，然而因為母體通常很大，所以它的值通常沒辦法知道。統計量 (statistic) 是用來描述樣本的一個量。它是樣本的函數，一旦樣本抽出之後就可以計算出統計量的值。我們通常用統計量的值來估計未知參數的值。

食安風暴之後，很多人應該有興趣知道成年民眾對 GMP 認證存廢的看法，比如全台灣有多少百分比的成年人會認為，GMP 認證已經無效、所以應該廢除？這個百分比是關於母體 (全台灣成年民眾) 的數字 (我們稱它母體比例)，所以是參數。然而母體太大了，不可能問得到每一個人的意見，這個參數的值根本沒辦法知道。要想獲取相關訊息，只能靠抽樣做民意調查。樣本裡面認為 GMP 認證已經無效、應該廢除的人所占比例是從樣本得到的數字 (稱為樣本比例)，就是統計量。我們常用樣本比例這樣的統計量當作母體比例這個參數的估計。

03　隨機抽樣的機率模型

從母體選取隨機樣本，並計算像樣本比例這樣的統計量，當然是隨機現象。統計量的分布告訴我們，它的可能值有哪些，以及每個值出現的頻率。因為統計量是抽樣得到的結果，所以我們把它的分布叫做抽樣分布。

抽樣分布

一個統計量的抽樣分布 (sampling distribution) 告訴我們，從同一母體重複抽樣時，統計量會有什麼樣的值，以及每個值出現的頻率。

我們用一個簡單例子來說明抽樣分布。假設一個罐子內共有四枚硬幣，分別為 1 元、5 元、10 元、50 元。從罐子內任意取出兩枚硬幣 (同時)，然後計算平均幣值 (這是樣本平均，是一種統計量)，現在考慮它的抽樣分布。因為同時取兩枚硬幣，一定是取到兩種幣值不同的硬幣，而 4 取 2 共有 6 種可能，即

1 元、5 元　　1 元、10 元　　1 元、50 元
5 元、10 元　　5 元、50 元　　10 元、50 元

以上 6 種可能結果的發生機率相同、都是 1/6，而幣值平均分別是

3 元、5.5 元、25.5 元、7.5 元、27.5 元、30 元

所以幣值平均的抽樣分布是

可能值	3元	5.5元	7.5元	25.5元	27.5元	30元
機率	1/6	1/6	1/6	1/6	1/6	1/6

隨堂練習 2 假設某大學某系的系籃球隊先發球員身高如下：178、182、180、178、186 (單位：公分)，若用隨機方式任意抽出其中兩位、計算兩人的平均身高，求此平均身高的抽樣分布。

答 178、181、183、184 分別的發生機率均為 1/10，而 179、180、182 分別的發生機率均為 1/5。

想像有個母體、其中六成的人贊成合法賭博 (如買樂透彩、或到合法賭場賭博)。「六成」是母體中贊成合法賭博的比例，它是參數、我們用 p 表示 (代表 proportion、即比例)。母體參數通常都未知，現在是為了方便說明、才假設它是六成。想要知道未知參數的值時，我們會用合適的統計量估計，而要估計母體比例、樣本比例自然是合適的統計量；它的做法是從母體抽一個隨機樣本，算出樣本中贊成合法賭博的比例 (我們用 $\hat{p}$ 代表樣本比例)，當作我們的估計值。

用 $\hat{p}$ 來估計 p 雖然直觀上就感覺很合適，但是深入探討一下會發現不少問題。首先，樣本比例 $\hat{p}$ 會剛好等於母體比例 p 嗎？當然多半是不會，除非碰巧發生。既然多半不相等，那知不知道 $\hat{p}$ 是會高估還是低估了母體比例 p 呢？這也不知道，因為不知道 p 是多少，所以沒辦法判斷是低估還是高估。如果重新抽一次隨機樣本，所得到的樣本比例會不會改變呢？多半會，因為樣本的組成會和之前的樣本不一

樣。如果再重抽一次樣本的話，樣本比例又可能不一樣。

　　既然樣本比例會變來變去，這下就傷腦筋了。比如說，在合法賭博的例子裡，如果一直重複抽樣，所得到的樣本比例會不會一下子是 0.8、一下子又是 0.5 呢？這樣說來，估計得好不好豈不是得看運氣？幸好從隨機樣本所得到的結果 (例如樣本比例)，雖然會變來變去，但是並非毫無章法、亂變一通，而是會形成一定的「架構」；而這個架構會把母體比例 p 和樣本比例 $\hat{p}$ 之間的關係連結起來。我們用 $\hat{p}$ 來估計 p 時，由於有這個架構，因此可以評估誤差的大小。而只要抽夠大的樣本，就可以將誤差控制在合理的範圍之內。這裡說的架構，就是 $\hat{p}$ 的抽樣分布，在下一章我們還會藉由模擬、更詳細的說明抽樣分布的觀念。

04　取出放回和取出不放回

　　抽樣時的兩種方式：取出放回和取出不放回，在本質上有非常大的差別。取出放回的意思是說，在抽下一個之前、先把已抽出的放回去，所以曾被抽出的有可能再度被抽出；而取出不放回方式則指抽出的都不放回，所以不可能有同一個被抽出兩次的情形。執行取出放回時，前後抽樣結果之間互相獨立，因為每次抽取都是從整個母體裡面抽，所以前面抽出的結果，完全不會對後面有影響；若取出不放回，情況就不同了。我們用一個簡單例子說明。

　　假設一個容器當中有 3 顆紅球、2 顆白球，從中任意抽一顆的話，抽中紅球的機率是 3/5、抽中白球的機率是 2/5。現在分兩種情況，考慮抽第二顆球的情形。如果執行取出放回，則抽第二顆球時，

第一球已放回，容器當中還是有 3 顆紅球、2 顆白球，所以抽中紅球的機率仍然是 3/5，不論第一球是抽出紅球還是白球。也就是說，第二球的機率和第一球的結果無關，前後兩次抽球結果之間互相獨立。如果執行取出不放回，則第二球的機率就要依第一次抽球的結果來決定了。若第一次抽到紅球，容器中剩下紅球、白球各 2 顆，抽中紅球的機率是 1/2；若第一次抽到白球，則容器中剩下紅球 3 顆、白球 1 顆，抽中紅球的機率變成 3/4。前後兩次抽球結果之間不獨立。

再來分別考慮取出放回和取出不放回情況下，兩次抽球的結果。如果取出放回，則兩次都抽出紅球的機率是

$$\frac{3}{5} \cdot \frac{3}{5} = \frac{9}{25} = 0.36$$

如果取出不放回，第一次抽出紅球的機率是 3/5，而已知第一次抽出紅球後、第二次抽出紅球的機率則是 1/2，所以兩次都抽出紅球的機率是

$$\frac{3}{5} \cdot \frac{1}{2} = \frac{3}{10} = 0.3$$

取出放回和不放回情況下，兩次都抽出紅球的機率不同。統計裡面很多性質都建立在「獨立」條件之上。有時雖然嚴格來說事件之間並不符合獨立的條件，但是差別卻很小，此時也可視為獨立狀況來考慮，最合適的例子就是民意調查。

在抽樣做民意調查時，實際執行的過程，應該相當於取出不放回，因為同一個人不會被訪問兩次。嚴格來說，如此狀況並不符合「互相獨立」的條件。但實際上只要母體比樣本大很多，取出不放回和取出放回的差別就非常小，即使執行取出不放回，也可以把前後結

果視為互相獨立，舉例說明如下。

假設有 10,000 個人，其中 60% (即 6000 人) 擁有智慧型手機，現在從 10,000 人母體當中依序抽出三人，則三人都有智慧型手機的機率，是

$$\frac{6000}{10000} \cdot \frac{5999}{9999} \cdot \frac{5998}{9998} = 0.60000 \cdot 0.59996 \cdot 0.59992 = 0.21596$$

這和取出放回的結果，$0.6 \cdot 0.6 \cdot 0.6 = 0.216$，是非常接近的。但是如果總共只有 10 個人，其中 60% (即 6 人) 有智慧型手機，則依序抽出三人，該三人都有智慧型手機的機率會等於

$$\frac{6}{10} \cdot \frac{5}{9} \cdot \frac{4}{8} = 0.60000 \cdot 0.55556 \cdot 0.50000 = 0.16667$$

這就和取出放回的結果，$0.6 \cdot 0.6 \cdot 0.6 = 0.216$，相差很多了。比較一下會發現，癥結在於：分子和分母的數字都很大的時候，例如 $\frac{6000}{10000}$，分子和分母各減掉 1 之後再相除，和原來的結果差別非常小，若是各減掉 2 之後再相除，差別仍然非常小，所以雖然前後結果之間並不獨立，但和獨立的情況很接近 (0.21596 非常接近 0.216)；但是像 $\frac{6}{10}$ 這樣分子和分母的數字都很小的情況，分子和分母再各減 1 或各減 2 之後相除，就和原來的結果有明顯差別。

還有一個會影響結果的因素是：上述例子中相乘的項數是否較多，也就是所抽的樣本是否較大。如果從 10,000 個人當中抽出 1000 個人，而不是 3 個人，再計算 1000 個人都有智慧型手機的機率，則計算式中會有 1000 項相乘，而其中最後一項會等於 $\frac{6000-1000+1}{10000-1000+1} = \frac{5001}{9001} = 0.5556$，和 0.6 就有明顯差距，它的前幾項

只比這項略大一點點 (前一項是 $\frac{5002}{9002}$，再前一項是 $\frac{5003}{9003}$)，也和 0.6 有明顯差距，相乘之後，整體結果就和獨立的結果相當不同了。不過「樣本大不大」其實是相對的、而不是絕對的，比如樣本大小若維持在 1000，但是把母體人數改為 1,000,000，則計算式中的最後一項會等於 $\frac{600000-1000+1}{1000000-1000+1} = \frac{599001}{999001} = 0.59960$，又和 0.6 很接近了。

綜合以上的討論可知，只要母體比樣本大很多的時候，即使樣本是用取出不放回的方式抽取，結果也和取出放回的結果差不多，因此抽取的各次結果之間可視為互相獨立。通常民調針對的母體都非常大，而樣本一、兩千人比母體小很多，所以符合上述要求。

隨堂練習 3 假設一個容器當中有紅球 4 顆、白球 2 顆，從中任意抽出 3 顆。分別考慮 (a) 取出放回，(b) 取出不放回的狀況，求抽出 3 顆紅球的機率，並比較 (a) 和 (b) 的答案。

答 (a) 8/27　(b) 1/5

重點摘要

一、敘述統計只包括數據的整理和呈現。統計的絕大部分內容屬於「推論統計」，這部分包括從樣本訊息推估整體，或者從目前為止的情況預測未來。

二、推論統計的根本就是隨機抽樣，而其理論基礎就是機率。

三、從一個母體當中抽出包含 n 個個體的樣本，如果抽樣方式使得母

體中任一含 n 個個體的組合被抽中的機會都相同,則此抽樣方式稱為簡單隨機抽樣,所抽出的樣本叫做簡單隨機樣本。

四、當一個現象的個別結果無法預知,然而在多次重複之後,其結果會出現某種有規則的型態時,我們稱該現象為隨機的。

五、一個隨機現象的機率模型描述所有的可能結果,以及任一結果的機率要如何分配。我們通常把一組結果叫做一個事件。

六、常見隨機變數分成兩大類,離散型和連續型。離散型隨機變數的值和值之間有間隔,連續型隨機變數的值必須用區間表示。

七、參數是用來描述母體的數字。統計量是用來描述樣本的一個量,它是樣本的函數,一旦樣本抽出之後就可以計算出統計量的值。我們通常用統計量的值來估計未知參數的值。

八、一個統計量的抽樣分布告訴我們,從同一母體重複抽樣時,統計量會有什麼樣的值,以及每個值出現的頻率。

習題

1. 假設某大學的管理學院共有 4 個科系:會計、財金、企管以及保險。已知這所管院有 1/5 的學生屬於會計系、1/3 的學生屬於財金系、1/4 的學生屬於企管系,若從全體管理學院的學生當中任選一人,(a) 他是保險系學生的機率為何?(b) 他不是企管系學生的機率為何?

2. 假設某家燒臘店只賣四種便當,分別是油雞飯 60 元、叉燒飯 60 元、燒鴨飯 70 元和三寶飯 80 元,若隨機任選其中兩種不同的便當,求其平均價格的抽樣分布。

3. (a) 假設 10 位學生當中有一半男生、一半女生。現從中隨機抽出 3 人，考慮取出放回和取出不放回兩種情況，分別計算抽出 3 人均為女生的機率。

(b) 假設 1000 位學生當中有一半男生、一半女生。現從中隨機抽出 3 人，考慮取出放回和取出不放回兩種情況，分別計算抽出 3 人均為女生的機率。

(c) 比較 (a) 和 (b) 的結果，從總共 10 位學生或是總共 1000 位學生當中抽出 3 人，哪一種情況下、取出放回和取出不放回機率的差異比較小？

不會算的機率、可以用模擬方式估計

chapter 8

01　隨機號碼表

　　大家在高中時都學過排列、組合等計算機率的方法，但不少同學覺得這類題目很困難、不知如何下手，或者即使算出答案也沒把握是否正確，現在多了一種算機率的選擇。國高中課本中介紹過隨機號碼表，並用它來抽隨機樣本，接下來將介紹，如何利用隨機號碼表來估計機率。因為我們練習時是用「手動」方式，不方便模擬很多次，對於機率只是粗略估計。了解模擬的步驟之後，如果想要精確的結果，則可以利用程式、叫電腦模擬很多很多次。

　　在學習應用之前，應先了解隨機號碼表的性質，它的主要性質有兩項：

一、表裡面任何一個位置，數字是 0 到 9 當中任何一個數字的機率都等於十分之一。

二、不同位置的數字之間互相獨立，這個意思是說：如果看到某一列某一行的數字是幾，它不會提供關於任何其他位置的數字的任何訊息。

若對以上說明不太了解，可以換個方式考慮。想像隨機號碼表是從容器當中抽號碼球產生的，號碼球共有 10 個，上面分別有 0 到 9 的號碼。混合均勻之後，隨機抽一顆球出來，記錄號碼之後放回，混合均勻以後再抽，一直不斷重複，直到抽出隨機號碼表當中所有的號碼為止。因為執行取出放回，所以各次抽的結果之間會互相獨立，相當於不同位置的號碼之間會互相獨立。而且每次都是從 0 到 9 的十個號碼中隨機抽一顆，每個號碼被抽中的機率都會相等，所以任何一個位置的數字是 0 到 9 當中任何一個的機率都相等，即等於十分之一。

事實上隨機號碼表幾乎都是用電腦程式產生的，而電腦程式已決定了什麼數字會以何種順序出現，所以嚴格來說，程式跑出來的並非隨機數字；然而因為程式寫得很高明，得到的結果非常接近隨機數字的性質，所以我們就把它當作隨機數字來用了。有人會把它叫做「擬」隨機號碼 (pseudorandom numbers)，強調它並非真正的隨機數字這項事實。

本書末附有隨機號碼表 (table of random digits)，以下是其中一部分：

表的最左一行是列的編號、最上一列是行的編號。書末隨機號碼表的列編號從 00 到 54、行編號從 01 到 50，所以總共有 55 × 50 = 2750 個隨機號碼。從隨機號碼表當中任意選一個位置，該位置的數字是 0 到 9 當中任何一個的機率都相等，即等於十分之一，我們把這稱作隨機號碼表有均勻分布的特性。由於這個性質，很容易可以利用它來模擬事件的發生情況，然後根據多次模擬的結果、求出近似機率。

　　從隨機號碼表讀取數字時，應該隨機選一個位置開始，橫著讀或直著讀都無妨 (橫著讀應會比較自然、方便)，但應該事先決定，不要眼睛看著表上數字才臨時決定讀的位置和方向，以免因個人對數字的好惡，改變了隨機號碼的特性 (比如在不自覺間選了自己喜歡的號碼)。如果從號碼表比較後部開始、讀到最後一個數字還不夠時，也可以接回到最前面開始讀。當然在模擬同一個問題時，表內數字不應重複使用，也就是說，利用書末隨機號碼表執行模擬時，需要的隨機數字不應超過 2750 個。模擬的第一步驟是分配數字，而分配數字的原則是要能正確呈現機率架構，我們用例子說明。

　　假設我們想用隨機號碼表模擬擲一枚平衡銅板一次的結果，因為擲銅板的可能結果只有正面和反面兩種，而平衡銅板兩種結果發生機會相同，都是 $\frac{1}{2}$，這就是擲平衡銅板一次的機率模型。如果要分配數字來分別代表正面和反面的話，因為每個數字出現的機率都是 $\frac{1}{10}$，所以只要分配 5 個數字代表正面、另外 5 個數字代表反面，則正、反面出現的機率就都等於 $\frac{5}{10} = \frac{1}{2}$。數字選擇則沒有限制，因此以下三種都是正確答案：

答案一：1、3、5、7、9 代表正面，0、2、4、6、8 代表反面
　　答案二：0、1、2、3、4 代表正面，5、6、7、8、9 代表反面
　　答案三：0、1、4、6、9 代表正面，2、3、5、7、8 代表反面

不過如果要人工執行模擬的話，用答案三的分配方式可能就不方便，因為比較不容易記住。

　　再看一個例子。假設根據某一國長期下來的新生嬰兒出生資料，男嬰和女嬰的比例是 51 比 49。我們如果要用隨機號碼表模擬該國下一個新生嬰兒的性別，則數字應如何分配呢？新生嬰兒的性別只有男嬰和女嬰兩種，而男嬰的機率是 51%、女嬰是 49%。如果只用一個隨機號碼代表嬰兒性別的話，無法分配出 51% 對應 49% 的機率架構，必須用「兩位數」，也就是兩個數字當作一組。這樣的「兩位數」總共有 00、01、02、……、99 共 100 組，每一組的機率都是百分之一，所以只要把其中 51 組分配給男嬰、其餘分配給女嬰即可。

　　答案一：00、01、……、49、50 代表男嬰
　　　　　　51、52、……、98、99 代表女嬰
　　答案二：01、02、……、50、51 代表男嬰
　　　　　　52、53、……、99、00 代表女嬰

隨堂練習 1　根據教育部網站資料，102 學年度大學專任教師 (含助教) 中，公立大學 (包括國立及直轄市立) 占 42.91%、私立大學占 57.09%，四捨五入到整數位，則公立大學占 43%、私立大學占 57%。若要模擬從這些教師中隨機抽一

位，記錄他是在公立或私立大學任教，應如何分配隨機數字？

答 略

02 模擬的步驟

知道怎樣分配數字之後，只要從隨機號碼表重複抽取數字，就可以模擬一些事件的發生情況了。考慮擲一枚平衡銅板 5 次時，會出現至多 2 次正面的機率。這個機率當然可以直接用公式計算，也可以利用隨機號碼表模擬之後、得出機率的估計值。假設我們決定總共模擬 20 回合 (擲 5 次稱作一回合)，步驟如下：

步驟一：分配數字。因為是均勻銅板，正反面機率相同，所以令

0、1、2、3、4 代表正面，5、6、7、8、9 代表反面

步驟二：從隨機號碼表的任意位置開始抽取數字，模擬擲 5 次的結果，並記錄「正面出現至多 2 次」的事件有沒有發生，重複 20 回合。假設我們選擇從列 15 的第 4 行開始，從左往右讀，就會得到以下數字。列 15 數字用完，就接到列 16 繼續。在數字下方，我們用 H 代表正面、T 代表反面 (英文的正面是 head，反面是 tail)，再下一列的 yes 代表「正面出現至多 2 次」有發生，no 則代表沒有發生：

87072	14797	67968	04307
TTHTH	HHTTT	TTTTT	HHHHT
yes	yes	yes	no

7 1 5 4 1	6 9 3 4 1	6 0 2 7 5	3 0 0 6 9
THTHH	TTHHH	THHTT	HHHTT
no	no	yes	no

以上是 8 個回合的結果,其中有 4 個回合符合「正面出現至多 2 次」。依照這個方式繼續下去,總共模擬 20 回合,會發現 20 回合當中,「正面出現至多 2 次」共發生 12 次,所以正面出現至多 2 次的估計機率是 $\frac{12}{20}=0.6$。

估計的機率通常不會等於真正的機率,除非碰巧發生。以上面的例子來說,如果用公式計算「正面出現至多 2 次」的機率,會得到 0.5,我們估計的誤差是 0.1。

當我們能夠算出或查表得出正確機率時,當然不需要去模擬。但是在機率不好計算的時候,模擬就可以提供我們一個得到近似答案的方法。想要得到比較準確的答案時,應該增加模擬的回合數。

比如剛才的模擬如果繼續做下去、總共做 40 回合,就會得到估計機率 $\frac{19}{40}=0.475$,和正確機率的誤差是 0.025。不過這樣的結果並不代表:模擬回合數愈多、誤差必定愈小。比如在上述 40 回合的模擬過程當中,模擬到 22 回合時,估計機率會是 $\frac{14}{22}=0.636$,誤差 0.136,比模擬 20 回合的誤差還要大,這是正常的;模擬的回合數如果比 20 更小,也可能碰巧得到比模擬 20 回合更準確的結果。但模擬非常多回合以後,整體趨勢來說,估計機率就會愈來愈穩定 (變化範圍很小)、愈來愈接近真正機率。當然如果要模擬很多回合的話,人工執行很費時,應該利用電腦來做。

前面例子所提到的事件，機率都可以表示成十分之幾 (例如平衡銅板的正面機率是 $\frac{1}{2}=\frac{5}{10}$) 或百分之幾 (男嬰機率是 $\frac{51}{100}$)，分別可以用一位隨機數字或兩位隨機數字來分配對應的機率。但是有的機率，例如 $\frac{1}{6}$，既不能表示成十分之幾也不能表示成百分之幾，事實上它寫成小數是無窮循環小數。如果把小數某一位之後四捨五入，機率會失真，合適的處理方式是遷就機率結構，但不需要用到所有數字，如以下例子的說明。

假設我們想要模擬擲一顆均勻骰子 20 次，計算擲出 6 點的估計機率。均勻骰子每一面的機率都相等、等於 $\frac{1}{6}$。但因為 $\frac{1}{6}$ 是循環小數，用一位數、二位數或更多位數都沒辦法分配出確實的機率，變通的方式是只用 1、2、3、4、5、6 分別代表 1 點、2 點、3 點、4 點、5 點、6 點，而另外四個數字 7、8、9、0 就捨棄不用，如此 6 個點數的機率都相同，符合原來的機率結構。

假設我們決定從列 10 第 26 行開始，則得到以下數字，其中遇到 7、8、9 或 0 時，就用橫線刪除，直到有 20 個「有效數字」(1 ~ 6) 時停止。

7 7 3 1 7 0 7 3 3 4 8 3 5 8 5 4

3 1 2 4 5 9 8 1 6 0 6 6 7 3 4

20 個「有效數字」代表 20 次擲骰結果，其中 6 點出現 3 次，所以估計機率是 $\frac{3}{20}=0.15$。

分階段模擬

有些機率問題稍微複雜些，內容包括階段、而階段之間彼此不獨立，也就是說，下一階段的機率和前一階段的結果有關。這樣的問題也可以分階段模擬，我們用下面例子解釋。

假設某公司經營從機場載客到城裡旅館的服務。一輛廂型車可載 7 位乘客，而因為常有預約乘客不出現，所以每輛廂型車會接受 9 位乘客預約。根據長時間的資料統計，任意一位預約乘客不出現的機率是 0.25，假設乘客之間互相獨立。公司有備用廂型車，但是這些車還要跑其他地方，在任意時間有備用車可以到機場來載客的機率是 0.6。公司想要知道，有些預約乘客會因為第一輛車已滿，而第二輛車又來不了，因而滯留機場的機率。若這個機率偏大，則公司可能調整預約策略。我們用模擬方式來幫忙估計有旅客滯留機場的機率，總共模擬 10 回合。

我們可以把第一輛車 (不管有沒有客滿) 當做第一階段，而備用車 (不管能不能來) 當做第二階段。如果預約的乘客出現超過 7 位、第一輛車載不下，才需要出動備用車；所以第二階段的狀況和第一階段的結果密切相關。這樣的問題要如何模擬呢？我們可以先模擬乘客出現的情形，如果不超過 7 位則該回合結束、沒有人滯留。如果出現的乘客超過 7 位，第一輛車載不下，則加入第二階段的模擬、看備用車能不能來。10 回合結束後，看其中有幾回合有人滯留，就可以估計出會有乘客滯留的機率。

這題裡面有兩項機率，我們先分配數字。任意一位乘客不出現的機率是 0.25，所以可以令

01、02、03、⋯、25　代表乘客不出現

26、27、⋯、99、00　代表乘客出現

備用車可以到機場載客的機率是 0.6，所以可以令

1、2、⋯、6 代表備用車可以到機場載客

7、8、9、0　代表備用車不能到機場載客

現在可開始模擬，假設我們從列 12 第 5 行開始，先列出 9 個「兩位數」、模擬第一回合的乘客出現情形：

04　39　57　76　27　92　62　26　40

9 人中只有一人 (04) 沒出現，所以必須模擬第二階段，下一個數字是 2，備用車可以到機場載客，所以第一回合無人滯留。

第二回合

95　07　70　59　45　68　88　43　12

只出現 7 位乘客，不須執行第二階段模擬，無人滯留。

第三回合

93　37　54　84　50　78　73　49　30

出現 9 位乘客，下一個數字是 3，備用車可以到機場載客，所以第三回合無人滯留。

繼續模擬完 10 個回合可綜合出以下結果：

10 回合中有 6 次必須叫備用車、其中 5 次備用車可以來載客，所以只有 1 次有乘客滯留，估計滯留機率為 1/10。

Chapter 8 不會算的機率、可以用模擬方式估計

> **隨堂練習 2**　將上個例子中預約乘客不出現的機率改為 0.2、其他都相同，用隨機號碼表模擬會有乘客滯留的機率，模擬 10 個回合。
>
> **答**　略

03 模擬隨機抽樣結果

　　上一章介紹了抽樣分布，現在可以利用模擬方式，「看到」抽樣分布可能長什麼樣子了。假設某個國家當中，六歲以上擁有智慧型手機的人占了六成。這是母體比例，我們用符號 p 表示，所以 $p = 0.6$。接下來我們將模擬從這個母體抽簡單隨機樣本，然後觀察樣本比例會有什麼樣的值、以及這些值出現的頻率，也就是說，觀察樣本比例會有什麼樣的抽樣分布。我們還會說明這個抽樣分布和母體比例有什麼樣的關係。正常情況下母體比例都是未知，但是如果知道樣本比例和母體比例有什麼樣關係的話，就可以從樣本比例推回去、得到關於母體比例的訊息了。

　　現在模擬從上述母體抽樣、樣本大小 10，每抽 10 人就可以算出樣本中擁有智慧型手機的比例，用 $\hat{p}$ 表示。重複抽樣 20 回合 (抽 10 人叫做一回合) 之後，我們將整理出 $\hat{p}$ 的抽樣分布。

步驟 1：分配數字。因為有智慧型手機的人占六成，所以

　　　令　1、2、3、4、5、6　代表有智慧型手機
　　　　　7、8、9、0　　　　代表沒有智慧型手機

步驟 2： 從隨機號碼表任一處開始，比如列 24、第 11 行，從左到右依序讀出隨機數字並記錄下來，每 10 個為一組、代表一次抽樣所得到的簡單隨機樣本：

7 1 2 0 3 4 2 4 7 3

10 個號碼當中，代表擁有智慧型手機的 1、2、3、4、5、6 占了 7 個，所以從這次模擬抽樣結果得到樣本比例 $\hat{p} = 0.7$。

接下來的 10 個數字是

7 6 2 1 5 4 2 6 7 7

這次模擬抽樣結果所得到的樣本比例也是 0.7。依照這樣繼續下去，等到 20 回合抽樣完畢，整理之後會得到 $\hat{p}$ 的抽樣分布如下：

20 組的結果

$\hat{p}$ 的值	0.4	0.5	0.6	0.7	0.8	0.9
機率	0.05	0.2	0.25	0.4	0.05	0.05

觀察之後會注意到以下現象：

一、母體比例等於 0.6 的情況下，隨機抽樣 10 人所得到的樣本比例，多半落在 0.6 附近 (0.5、0.6 和 0.7 三個結果的機率加起來，就已達到 0.85)；而離 0.6 比較遠的樣本比例值，例如 0、0.1、0.2 和 1，則根本沒出現。

二、機率分布出現「丘狀」，中間高、兩頭低。

如果接著剛才的抽樣方式繼續下去，連先前的 20 組在內、總共

抽 50 組，則可整理出以下結果：

50 組的結果

$\hat{p}$ 的值	0.4	0.5	0.6	0.7	0.8	0.9
機率	0.1	0.16	0.32	0.28	0.06	0.08

機率分布還是有出現「丘狀」，中間高、兩頭低；而現在丘狀的頂點移到了 0.6，也就是母體比例。

以上結果當然不是巧合。事實上很早以前就有學者證明：如果從母體抽出簡單隨機樣本，樣本夠大的話，樣本比例的抽樣分布必定會接近某種特定的丘狀分布。統計裡把這叫做常態分布，它的形狀可以用數學式子表示。該常態分布是以母體比例 p 為對稱中心的對稱分布，意思是說，如果把分布以 p 為中心「對摺」的話，左右兩半會完全重合。這就是把樣本比例和母體比例連結起來的重要訊息。上面例子的樣本只有 10 人，當然不符合「夠大的樣本」這個條件，至於多大的樣本才夠大，其實也和母體的分布形狀有關。這部分內容在「正規」統計課裡多半有介紹，不適合在我們這本「入門統計」當中多討論。

如果假設擁有智慧型手機的人占了六成三而不是六成的話，分配數字就需要用到「兩位數」。隨機號碼表當中的兩位數指 00、01、02、…、99，總共 100 組，所以分配號碼時、把其中 63 組分給「有智慧型手機」即可。以下是可能分配方法的其中兩種：

方法一：

令　00、01、02、…、62　　代表有智慧型手機

　　63、64、65、…、99　　代表沒有智慧型手機

方法二：

令 01、02、03、⋯、63　　代表有智慧型手機
　　64、65、66、⋯、99、00　代表沒有智慧型手機

若我們像之前一樣，想要模擬從上述母體抽樣、樣本大小 10 的話，現在必須用「兩位數」才能模擬一個人。假設我們決定採用方法一的分配數字方式，並且從隨機號碼表的表頭 (列 00、行 01) 開始的話，第一回合的 20 個數如下：

12 33 00 45 29 17 81 14 74 60

對照數字分配、其中只有兩個「人」沒有智慧型手機 (81 和 74)，所以第一回合模擬抽樣得到的樣本比例是 $\hat{p} = 0.8$。需要模擬抽樣分布的話，就依照這個方式增加回合數之後、再整理結果即可。

隨堂練習 3　根據教育部網站資料，102 學年度大學專任教師 (含助教) 中，公立大學 (包括國立及直轄市立) 占 42.91%、私立大學占 57.09%，四捨五入到整數位，則公立大學占 43%、私立大學占 57%。模擬從這些教師中隨機抽樣、樣本大小 10，記錄其中在私立大學任教的比例，總共模擬 20 回合，整理出樣本比例的抽樣分布。要先寫出隨機號碼的起始位置 (列和行) 及抽出的隨機號碼。

答　略

Chapter 8　不會算的機率、可以用模擬方式估計

重點摘要

一、隨機號碼表的主要性質有兩項：(1) 表裡面任何一個位置，數字是 0 到 9 當中任何一個數字的機率都等於十分之一。(2) 不同位置的數字之間互相獨立。

二、事實上隨機號碼表幾乎都是用電腦程式產生的，而電腦程式已決定了什麼數字會以何種順序出現，所以嚴格來說，程式跑出來的並非隨機數字；有人會把它叫做「擬」隨機號碼。

三、從隨機號碼表讀取數字時，應該隨機選一個位置開始，橫著讀或直著讀都無妨 (橫著讀應會比較自然、方便)，但應該事先決定。

四、模擬的第一步驟是分配數字，而分配數字的原則是要能正確呈現機率架構。

五、知道怎樣分配數字之後，只要從隨機號碼表重複抽取數字，就可以模擬一些事件的發生情況了。

六、當我們能夠算出或查表得出正確機率時，當然不需要去模擬。但是在機率不好計算的時候，模擬就可以提供我們一個得到近似答案的方法。想要得到比較準確的答案時，應該增加模擬的回合數。

七、隨機號碼表也可以用來模擬隨機抽樣結果的抽樣分布。

習題

1. 假設某校學生對於早餐的喜好是：40% 最愛蛋餅，42% 最愛三明治類 (包括漢堡等)，18% 選擇其他。若要模擬隨機抽出的一位同學對早餐的喜好，數字應怎樣分配？

2. 根據教育部網站資料，102 學年度大學專任教師 (含助教) 中，公立大學 (包括國立及直轄市立) 占 42.91%、私立大學占 57.09%，若四捨五入到小數一位，則公立大學占 42.9%、私立大學占 57.1%。若要模擬從這些教師中隨機抽一位，記錄他是在公立或私立大學任教，應如何分配隨機數字？

3. 用隨機號碼表模擬擲一枚平衡銅板 6 次的情況，並記錄正面次數。總共模擬 20 回合 (擲 6 次為一回合)，估計正面出現至多 2 次的機率。要先寫出隨機號碼的起始位置 (列和行)、數字分配及抽出的隨機號碼。

4. 假設有次小考，老師出了 15 題單選題，每題有 5 個選項。用隨機號碼表模擬每一題都完全瞎猜的狀況，總共模擬 10 個回合，估計至少答對 4 題的機率。要先寫出隨機號碼的起始位置 (列和行)、數字分配及抽出的隨機號碼。

5. 假設某大學通車上學的學生占全校 30%，利用隨機號碼表、模擬從該校學生當中隨機抽 20 人，並記錄樣本中通車上學的比例 $\hat{p}$，如此稱為一回合。執行該模擬 10 回合之後，整理出 $\hat{p}$ 的抽樣分布。要先寫出隨機號碼的起始位置 (列和行)、數字分配及抽出的隨機號碼。

期望值的觀念

chapter 9

問題 1 某大賣場對福利卡集點的規定如下：消費當日單筆發票金額消費每滿 100 元，即贈送紅利點數 3 點，未滿 100 元部分則不贈送紅利點數。紅利點數累積滿 10 點，即可折抵消費金額 1 元，未滿 10 點則不可抵用。如此則消費金額的最後兩位數若在 01(1 元) 到 99 之間，會「浪費」掉、根本沒有換到點數。這樣看來，是否在該賣場購物時，應該盡量把總金額湊成 100 元的倍數，減少「浪費」呢？

討論這個問題會用到期望值的觀念，大家在中學時就學過期望值，所以我們只簡單介紹。

01 簡單的期望值計算

便利商店因週年慶而提供折扣優惠，只要消費滿 88 元就可參加抽獎，從紙盒中抽號碼球來決定折扣比例。假設號碼球共有 12 顆，其中寫著 6 折和 7 折的各有 1 顆、8 折 2 顆、9 折 3 顆、95 折 5 顆，若小胖買了 100 元的東西，我們來計算小胖實際需要付的金額 (元) 之期望值。

我們知道，期望值的計算方法就是把每個數字乘上它發生的機率，然後加總。小胖買了 100 元的東西，如果打 6 折要付 60 元、打 7 折要付 70 元、依此類推。抽到 6 折和 7 折的機率都是 $\frac{1}{12}$，8 折 $\frac{1}{6}$、9 折 $\frac{1}{4}$、95 折 $\frac{5}{12}$，所以小胖實際需要付出金額 (元) 的期望值就是

$$60 \cdot \frac{1}{12} + 70 \cdot \frac{1}{12} + 80 \cdot \frac{1}{6} + 90 \cdot \frac{1}{4} + 95 \cdot \frac{5}{12} = \frac{1035}{12} = \frac{345}{4} = 86.25$$

期望值為 86.25 元的直觀意義大約是這樣：如果小胖重複消費許多許多次，每次都花了 100 元，抽獎之後或許有時要付 70 元，有時要付 95 元，但許多許多次的平均，會接近 86.25 元。

考試考單選題時，如果要讓完全瞎猜的同學沒有「賺頭」，通常就是採用倒扣分數的方式。但是也不要讓瞎猜的同學吃虧，因此所倒扣的分數會剛好讓完全瞎猜的同學分數期望值等於 0。

比如某次小考老師若全部都出單選題，總共 20 題、每題有 5 個選項，答對一題可得 5 分、答錯一題倒扣 1.25 分。這樣的倒扣分數是否「公平」，也就是說，完完全全瞎猜的同學，得分期望值是否為 0？

因為完全瞎猜時，每題猜對的機率是 $\frac{1}{5}$，猜錯的機率是 $\frac{4}{5}$，因此一題得分之期望值等於 $5 \cdot \frac{1}{5} - 1.25 \cdot \frac{4}{5} = 0$，20 題得分的期望值等於 $0 \times 20 = 0$。這是「公平」的倒扣分數。

02 期望值觀念的應用

現在來討論大賣場的福利卡集點問題。因為只有滿百元才能換到點數，消費金額的尾二數會「浪費」掉，為了利用期望值觀念來考慮這個問題，必須做一點假設。一般來說，單筆消費總金額的兩位數尾數，從 00 到 99 都有可能。因為沒有充分理由可假設哪個兩位數比其他兩位數更容易發生，所以可以合理假設 00 到 99 的 100 個兩位數尾數，發生機率都是 1/100。因為 00 代表浪費 0 元、01 代表浪費 1 元、依此類推，「浪費」金額的期望值就等於

$$0 \cdot \frac{1}{100} + 1 \cdot \frac{1}{100} + \cdots + 99 \cdot \frac{1}{100} = \frac{1}{100}(1 + 2 + \cdots + 99) = \frac{1}{100} \cdot \frac{99 \cdot 100}{2} = 49.5$$

除非消費時不斷計算累計金額，刻意想要減少「浪費」沒換到點數的金額，否則長期下來、平均每次消費會「浪費」49.5 元沒換到點數。

問題 1 問的是：在該賣場購物時，是否應該盡量把總金額湊成 100 元的倍數，減少「浪費」呢？以下是我的回答。

問題 1 答案 我們來想想看。如果買到總金額最後兩位數是八十幾或九十幾，刻意再買個小東西來湊足 100 元的話，這樣「賺」到了什麼呢？點數多了 3 點。然而 10 點才抵 1 元，換算下來、3 點還不到 3 毛錢，花這種精神我認為是超級不划算的。

03 模擬也可以用來估計期望值

隨機號碼表除了模擬機率，也可以用來模擬期望值，我們用以下例子說明。假設有次統計學小考，老師出了 10 題單選題，每題有 5 個選項。小翰完全沒讀書，每一題都完全瞎猜。我們用隨機號碼表模擬他答對的題數，總共模擬 10 個回合、並算出 10 個回合答對題數的平均，當作答對題數期望值的估計。

5 個選項的單選題，完全瞎猜時猜對的機率是 $\frac{1}{5}$、猜錯的機率是 $\frac{4}{5}$，所以數字可以這樣分配：

0、1 代表猜對，2、3、4、5、6、7、8、9 代表猜錯。一個數字代表一題的結果，10 個數字代表 10 題的結果、也就是一個回合，總共要模擬 10 個回合。

假設決定從列 26、第 11 行開始，則會得到以下數字及對應之答對題數

6529981437　8129875015　4591381042　4554765179
　1題　　　　　3題　　　　3題　　　　1題
3975949504　3030161942　2442426063　3044475419
　1題　　　　　4題　　　　1題　　　　2題
2411026757　3880233182
　3題　　　　　2題

答對題數期望值的估計等於 $\dfrac{1+3+3+\cdots+2}{10} = \dfrac{21}{10} = 2.1$。

用公式計算期望值會得到 2，我們這次模擬的結果不錯，誤差不大。

重點摘要

一、期望值的計算方法是把每個數字乘上它發生的機率，然後加總。

二、期望值可視為長期下來的一種平均。

三、模擬也可以用來估計期望值。

習題

1. 假設小惠去某家百貨公司購買售價兩百元的福袋，已知 10% 的福袋裡有價值一千兩百元的商品，20% 的福袋裡有價值一千元的商品，30% 的福袋裡有價值八百元的商品，而其餘的福袋裡有價值五百元的商品。求小惠所「賺到」金額的期望值 (即：福袋價值期望值扣掉兩百元成本)。

2. 設有一遊戲規則如下：參加者可擲一平衡硬幣三次，然後可獲得不同金額的獎金，獎金等於正面數的平方再加上 1 (以「元」為單位)，然而每玩一次要先繳 4 元。計算玩此遊戲一次所得獎金之期望值，以判斷此遊戲是否公平。

3. 假設有次小考，老師出了 5 題單選題，每題有 4 個選項。阿華完全沒讀書，每一題都完全瞎猜，用隨機號碼表模擬他答對的題數，總共模擬 10 個回合。

(a) 估計他至少答對 2 題的機率。

(b) 算出 10 個回合答對題數的平均,當作答對題數期望值的估計。

要先寫出隨機號碼的起始位置 (列和行) 及抽出的隨機號碼。

第二部複習習題及報告作業

報告作業是比較長的習題，需要蒐集資訊或生產數據，而且重點是要把做出的結果用一篇短文來說明。其中有些題目適合由一組學生共同來做，題號會用☆標示。

複習習題

1. 同時擲兩顆均勻骰子，求 (a) 點數和 ≥ 10 的機率；(b) 點數和為奇數的機率；(c) 已知點數和 ≥ 10 的條件下、點數和為奇數的機率；(d)「點數和 ≥ 10」和「點數和為奇數」這兩個事件是否互相獨立？

2. 假設一容器中有 8 顆乒乓球、分別標上 1, 2 , …, 8 的號碼，從中任取一球、令其上的號碼為 N，然後擲一個平衡銅板 N 次，觀察正面出現的次數。利用隨機號碼表、執行分階段模擬，總共作 10 個回合、算出 10 回合正面數的平均。(提示：做完第一階段才知道銅板要擲幾次)

報告作業

☆3. 互斥與獨立

兩個事件若不可能同時發生，我們稱該二事件為互斥。例如從一副撲克牌當中任抽一張，則「抽出紅心」和「抽出梅花」這兩個事件互斥。(a) 舉出三個「兩事件互斥」的例子，並討論例子中的互斥事件是否互相獨立。(b) 根據 (a) 小題的結果，對於「互斥事件是否互相獨立」，能否做出適用於一般狀況的結論？

4. 模擬大樂透開獎

   大樂透開獎時是從 49 個號碼當中隨機抽出 6 個 (我們不考慮特別號)。利用隨機號碼表模擬開獎、總共模擬 15 回合 (開獎 15 次)。將每個號碼出現的次數整理出來、列一個表。雖然開獎 15 次已開出 90 個號碼，但有些號碼會重複出現、有些則沒出現過。出現最多的是幾次？哪些號碼還沒出現過？

   用下列方式決定要從隨機數字表的哪裡開始：

   學號最後二碼 ab 在 00~54 之間，從列 ab 第 x 行開始。x = 出生年月日的「日」。

   學號最後二碼 ab 在 55~99 之間，從列 (ab − 50) 第 x 行開始。x = 出生年月日的「日」。例如學號最後二碼是 72，生日是 5 月 18 日，則從列 22 的第 18 行開始。

5. 班佛定律

   有人注意到一件事實：較大的數字表裏面，各個數字的第一碼，會是 1、2、3、4、5、6、7、8、9，這 9 個數字中的哪一個，機率並不見得都一樣。數字 1 出現的機率大約是 0.3，2 出現的機率大約是 0.17 等等。這個事實叫做班佛定律 (Benford's law)，你可以在網路上找到許多相關資訊。

   找出三個有很多數字的表當作例子，裡面的數字應該是由什麼數字開始都可能的。可以選擇數據表，比如很多城市的人口數，或者某支股票每天的成交張數，或者諸如對數表、平方根表等數學表格。當然不應該用隨機數字表。每個例子都應該至少包

含 200 個數，把表裡面每個數的第一碼記錄下來，對三個表都如此做。寫出分布 (用百分比)，比較不同的表產生的結果，並和班佛定律及均勻分布 (1 到 9 每個數字的機率相同) 做比較。

☆**6.** 討論如何可以利用隨機號碼表、模擬擲兩顆均勻骰子的狀況，並且實際執行模擬 50 回合，估計兩顆骰子點數相差至少 2 點的機率。

第三部
兩件事之間的關聯

用圖和數字幫助了解關聯

chapter 10

問題 1　某大學教授所開的一門課有 20 位同學選修，上課時間排在早上頭兩堂，8:10 開始上課。經過一段時間的觀察，老師發現，冬天最冷的一段時間，準時出席上課的同學就很少、大部分要較晚才陸陸續續出現。準時出席的學生人數和冬天的溫度高低之間是不是有某種關聯，要怎樣才能知道答案呢？

01　散佈圖

在我們生活周遭，有許多變數之間是相互有關聯的，例如：個人的身高和體重，學生在大學指考的數學成績和入學後的數學成績，汽

油價格和汽油銷售量，夏天氣溫和用電量等等。如果要考量像上述這些兩個變數之間的關聯，需要蒐集成對的變數資料，比如同一個人的身高和體重，這叫做二維數據；而要呈現二維數據所含的訊息，最常用的圖就是散佈圖 (scatter plot)。

二維數據通常用 (x, y) 的形式代表，比如 x 代表身高、y 代表體重。(x, y) 是有序對、指有順序的一對數字。把 (x, y) 標示在直角座標系統上，就是一個點。如果蒐集了多筆二維數據、全部標示在同一個座標系統上，就得到散佈圖。

假設某高中數學資優班 10 位同學參加指定科目考試之物理和化學成績如下，而老師想要知道，這些同學的物理和化學成績之間是否有關聯。

物理	25	21	30	46	22	67	27	41	45	29
化學	58	38	57	82	56	70	48	53	79	41

直接看這些表列數字，不容易看出物理和化學成績之間有沒有關聯。現在把物理成績當作 x，化學成績當作 y，並且在座標平面上，把十位同學的成績標示出來，就會得到如圖 10.1-1 的散佈圖。

從散佈圖中可以看出：物理分數 (x 座標) 較低的同學、化學分數 (y 座標) 多半偏低，而物理分數較高的同學、化學分數也較高。也就是說，圖中的點若 x 座標比較小、其 y 座標多半也較小；x 座標若較大、則其 y 座標多半也較大。在這種情況下，散佈圖中的點會大致呈現從左下方到右上方的帶狀。

當散佈圖中的點，大致在一條直線的附近、呈現帶狀時，我們稱變數 X (物理分數) 和 Y (化學分數) 為直線相關；若直線的斜率為正

物理和化學成績散佈圖

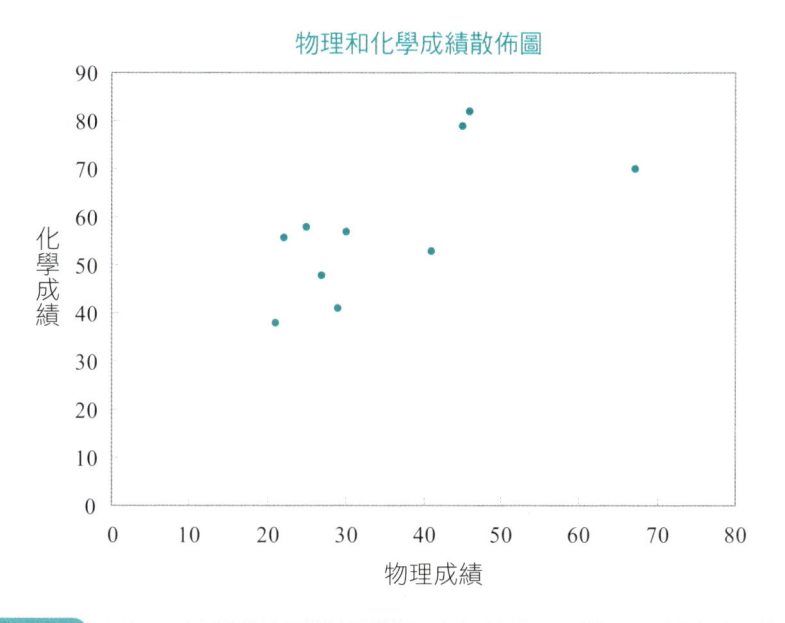

圖 10.1-1　物理和化學成績的散佈圖

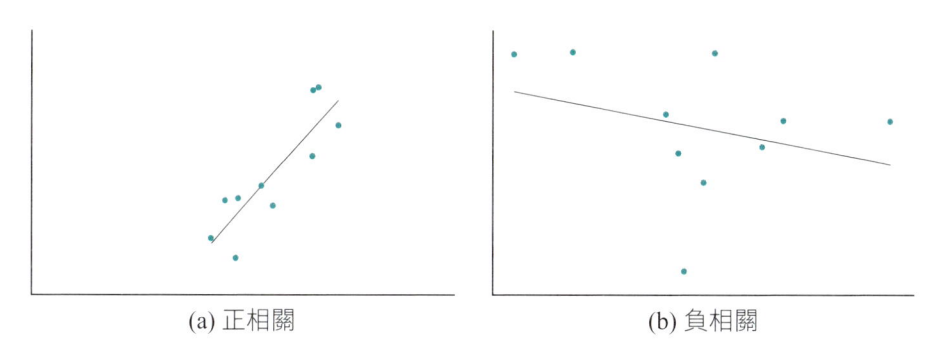

(a) 正相關　　　　　　　(b) 負相關

圖 10.1-2　正相關和負相關

時，稱變數 X 和 Y 為正相關 (圖 10.1-2(a))；直線的斜率為負時，稱變數 X 和 Y 為負相關 (圖 10.1-2(b))。

如果我們在圖 10.1-1 當中穿一條直線過去的話，大致會像圖 10.1-3 這樣，直線斜率為正，因此我們可以說：同學的物理和化學成績之間有正相關。

散佈圖及直線

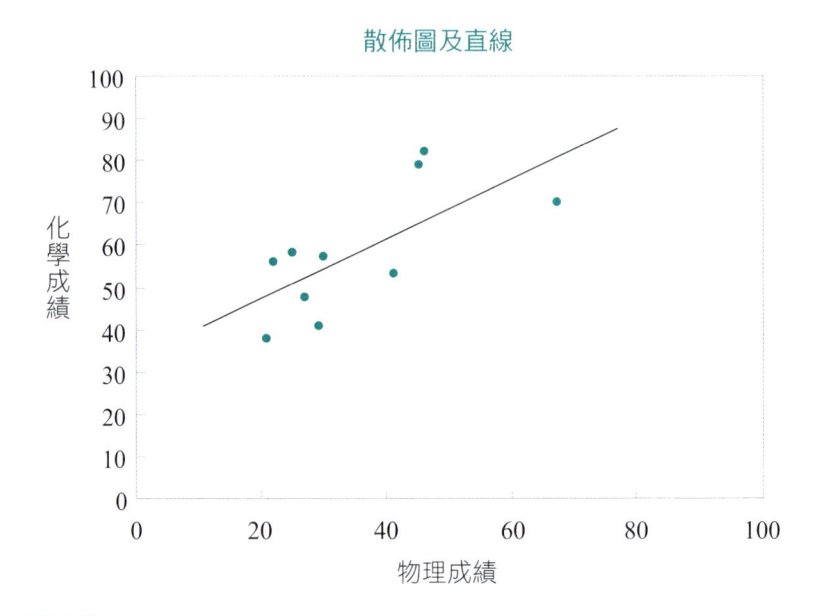

圖 10.1-3 物理和化學成績的散佈圖及直線

　　直線相關有強有弱：點的散佈距離直線很近時，相關性較強；點的散佈距離直線較遠時，相關性較弱。不過強或弱是相對性的，並無絕對的標準，圖 10.1-4 可供參考。如果點的散佈沒有出現任何帶狀的形式，如圖 10.1-5 所示，則代表變數 X 和 Y 沒有直線關聯。

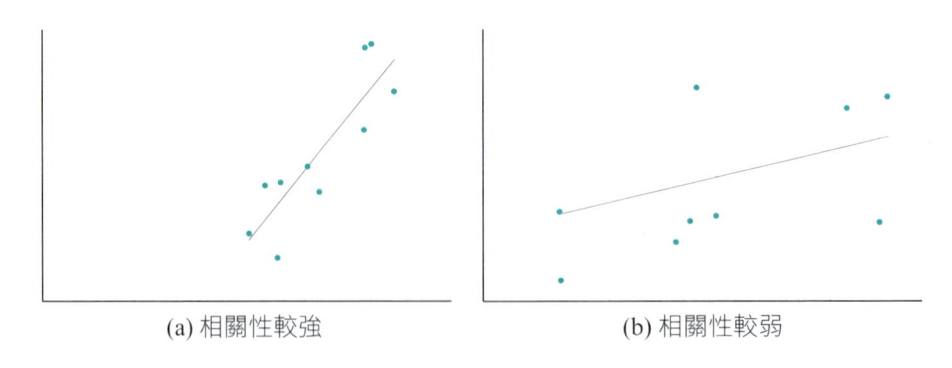

(a) 相關性較強　　　　　　(b) 相關性較弱

圖 10.1-4 相關性之強弱

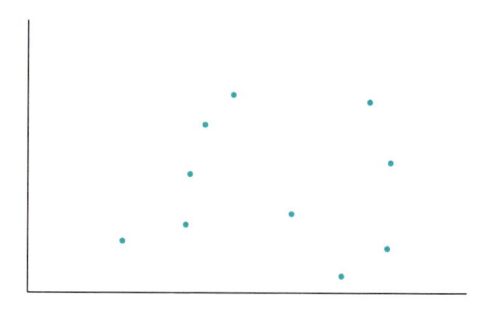

圖 10.1-5 點的散佈看不出直線關聯

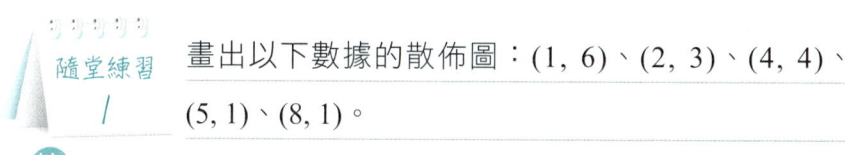

> **隨堂練習** 畫出以下數據的散佈圖：(1, 6)、(2, 3)、(4, 4)、(5, 1)、(8, 1)。
>
> **答** 略

若想要用目測方法根據散布圖來估計變數 X 和 Y 直線相關的強弱程度，很難估計準確，因此需要有一個較客觀的評估方式；最常用的代表數字，就是樣本的線性相關係數 (correlation coefficient)，簡稱相關係數。

02 相關係數

相關係數的觀念並不難，但是如果列出公式，看起來會覺得很複雜，所以我們只用例子說明如何計算、而把公式放在附錄裡面。兩個數量變數 X 和 Y 的相關係數是 -1 到 1 之間的一個數，它的值愈靠近 1 或 -1，就代表 X 和 Y 的直線關聯愈強。

計算相關係數

假設我們隨機抽樣得二變數 (X, Y) 的樣本數據如下：$(1, 6)$、$(2, 3)$、$(4, 4)$、$(5, 1)$、$(8, 1)$，隨堂練習 1 已要求畫出此組數據之散佈圖，現在說明 X 和 Y 相關係數的計算方式：

首先分別算出 x 的平均 $\frac{1+2+4+5+8}{5} = 4$

y 的平均 $\frac{6+3+4+1+1}{5} = 3$

把每個 x 都減去其平均、也把每個 y 都減去其平均，得到

x 減平均：-3、-2、0、1、4

y 減平均：3、0、1、-2、-2

列表可得

x 減平均	-3	-2	0	1	4
y 減平均	3	0	1	-2	-2

把對應位置 (同一行) 的值相乘之後、再全部相加，就得到相關係數的分子：

相關係數分子 $= (-3) \cdot 3 + (-2) \cdot 0 + 0 \cdot 1 + 1 \cdot (-2) + 4 \cdot (-2) = -19$

再來分別計算 x 減平均之後的平方和、及 y 減平均之後的平方和：

x 減平均之後平方和 $= (-3)^2 + (-2)^2 + 0 + 1^2 + 4^2 = 9 + 4 + 1 + 16 = 30$

y 減平均之後平方和 $3^2 + 0^2 + 1^2 + (-2)^2 + (-2)^2 = 9 + 1 + 4 + 4 = 18$

相關係數的分母，等於上述兩平方和分別開根號之後再相乘，所以若用 r 代表相關係數，則可得 $r = \dfrac{-19}{\sqrt{30}\sqrt{18}} = -0.8176$。相關係數為負數、代表兩個變數為負相關。仔細觀察數據會發現，小的 x 多半和大的 y 配對、而大的 x 多半和小的 y 配對，所以相關係數得到負值是可以預料的。

計算相關係數的過程也可以用列表方式呈現出來，這樣會很方便做計算，我們用例子說明。本章開頭的問題 1 當中，有位大學教授想要知道，冬天最冷時早上頭兩堂課準時出席的學生人數和溫度高低之間是不是有某種關聯，假設他蒐集資料後得到以下數據：

溫度 (攝氏)	13	8	14	11	14
人數	5	2	8	3	7

現在來計算溫度 X 和人數 Y 的相關係數。

先求出 5 天溫度的平均 = 12，5 天人數的平均 = 5，接下來的計算過程，列在下表當中：

	x 減平均	y 減平均	兩項相乘	(x 減平均)^2	(y 減平均)^2
	1	0	0	1	0
	−4	−3	12	16	9
	2	3	6	4	9
	−1	−2	2	1	4
	2	2	4	4	4
總和	0	0	24	26	26

將以上數字代入公式,可得相關係數為

$$r = \frac{24}{\sqrt{26}\sqrt{26}} = \frac{12}{13} = 0.923$$

觀察一下會發現,x 減平均的每一項都和其對應的 y 減平均同符號,所以 r 的分子會大於 0、使得 r 值為正 (分母必定會大於 0),現在可以回答問題 1 了。

問題 1 答案 準時出席的學生人數和冬天的溫度高低之間是否有某種關聯,可以先計算相關係數、再根據算出的結果來做大致判斷。因為我們算出的相關係數 $r = 0.923$ 相當接近 1,所以可以做出結論:根據數據判斷,冬天溫度高低和準時出席的學生人數之間有相當強的正向相關;溫度高時人數多、溫度低時人數少。

隨堂練習 2 計算以下數據的相關係數:(1, 8)、(2, 6)、(4, 6)、(6, 2)、(7, 3)。

答 −0.921

解讀相關係數

相關係數的分子決定了它的符號,而它的分母則規範了它的範圍,並使得相關係數變成沒有單位的一個數字,數字的大小有相當清楚的意義:

一、r 的值必介於 −1 和 1 之間,當 $r = 1$ 或 $r = -1$ 時,代表散佈圖中

的點全都在同一條直線上;若 $r=1$,直線斜率為正;若 $r=-1$,直線斜率為負。

二、$r>0$ 代表正相關,$r<0$ 代表負相關。

三、r 的值愈接近 1 或 -1,代表直線相關性愈強;r 的值若接近 0,則代表直線相關性很弱。

四、r 的值所代表的是直線相關的強度,所以 $r=0$ 只代表沒有「直線相關」,並不代表 X 變數和 Y 變數沒有任何關聯。

$r=1$ 或 $r=-1$ 代表散佈圖中的點全都落在同一條直線上,然而這種情況在統計所討論的二維數據中不可能發生。因為這代表 X 變數和 Y 變數有完美的直線關係,只要知道 X 的值、就確定知道 Y 的值了 (請參考本章習題 2),而現實生活中的數據幾乎不可能是這樣的。

03 迴歸及預測

我們從物理和化學成績散佈圖看出兩個變數間有相當明顯的直線關聯,並且在圖 10.1-3 的散佈圖中間穿了一條直線過去,如果這條直線可以合理描述變數 X 和 Y 之間關係的話,我們就可以利用這個關係式,從 X 的值來預測 Y 的值。比如以賣冰品的商家為例,每天材料到底要準備多少呢?準備少了不夠賣、臨時要補充也麻煩,準備太多則占空間、隔天賣又有新鮮度的問題;假設商家感覺到冰品銷售量似乎和當天的溫度有關聯,若能從溫度大致預測銷售量,對於事先決定材料的準備量就很有幫助了。

假設賣冰品的商家注意到:天氣熱時銷售量較大,天氣較涼快

則銷售量較低；也就是說，冰品銷售量似乎會跟著溫度的變化而變化。在討論這類問題時，我們會把溫度叫做自變數 (independent variable)，用 X 表示，銷售量叫做應變數 (dependent variable)，用 Y 表示。任何變數都應該有明確的定義，光是說「溫度」不夠明確，如果令 X 代表一天的最高溫、則意義很清楚，「銷售量」Y 也可定義為當天的銷售金額。

關聯的形式可以有很多種，我們只討論最基本的直線關聯。但即便看出散佈圖當中的點出現帶狀、又應該怎樣穿一條直線過去呢？大家都知道兩個點可以決定一條直線，但是現在狀況不一樣；現在是有許多個點、大致呈現帶狀，而我們想要將一條直線穿過這些點、來代表這些點之間的關係，這樣的直線要如何決定呢？這個問題當然可以根據理論來討論，但我們只從較直觀的角度說明。

廻歸直線的意義

首先，這條直線距離散佈圖當中的點，距離當然應該愈近愈好。接著要考慮的是：「近」要如何定義，用不同的定義會得到不同的直線。通常計算點到直線的距離，都是從點到直線做垂線，再計算點到垂足的距離；但是因為我們要找的這條直線常被用來從 x 值預測 y 值，所以我們所考慮的是各點在垂直 x 軸的方向和直線的「距離」，如圖 10.3-1 所示，我們可稱它為「鉛直距離」。

每一點到直線都有鉛直距離，若在散佈圖中重新穿一條直線，則鉛直距離就會跟著改變。統計領域最常用的直線，是使得上述「鉛直距離」的平方和為最小的直線，稱為「最小平方廻歸直線」，常簡稱廻歸直線。要找出這條直線的方程式，想像中可能覺得很複雜，但其

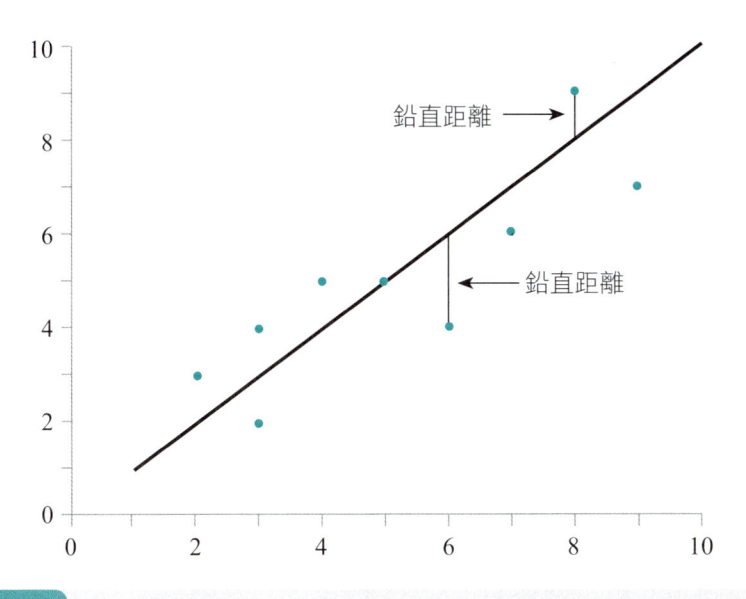

Chapter 10　用圖和數字幫助了解關聯

圖 10.3-1

實只要用微積分就可以搞定了。實際需要應用時，有太多方便的軟體可以幫忙找出直線，我們則需要對相關觀念有所認識，才能了解軟體執行結果的意義、並正確應用。以下例子直接寫出迴歸直線式、並說明如何應用。公式會列在附錄中。

利用迴歸直線做預測

　　回到大學教授的例子。這位教授所開的一門課有 20 位同學選修，上課時間排在早上頭兩堂，8:10 開始上課。老師發現冬天氣溫低時，上課準時出席的同學就很少；為了了解情況，老師在低溫的日子，把早上七點的溫度和開始上課時的學生人數記錄下來，得到以下數據 (攝氏)：

溫度 (攝氏)	13	8	14	11	14
人數	5	2	8	3	7

之前我們已計算過此組數據的相關係數、得到 0.923，所以知道冬天溫度高低和準時出席的學生人數之間有相當強的正向相關；溫度高時人數多、溫度低時人數少。現在假設老師想要根據溫度、估計準時上課的學生人數，則需要先找出迴歸直線。不論是利用公式或統計軟體，都可以從上述數據得出直線公式如下：

$$y = -\frac{79}{13} + \frac{12}{13}x = 0.923x - 6.077$$

若某日早上七點的溫度是 10°C，則老師只要把 $x = 10$ 代入直線公式，所得到的 y 值就是 8:10 開始上課時，教室裡學生人數的估計。$y = 0.923 \cdot 10 - 6.077 = 3.153$，四捨五入之後得到 3，所以估計約有 3 位同學準時到教室上課。

細心的讀者可能已發現，例子當中迴歸直線的斜率和線性相關係數相同，但這並非一般事實。迴歸直線的斜率的確和線性相關係數有密切的關係，但並非相等。在這個例子中是因為 $(x 減平均)^2$ 的總和剛好等於 $(y 減平均)^2$ 的總和，才使得迴歸直線的斜率和相關係數恰巧相同。

隨堂練習 3 在教授估計準時上課人數的例子當中，利用迴歸直線估計，當早上七點的溫度是 12°C 時，會準時上課的人數。

答 5 人

再看一個例子。假設某冰品店老闆注意到每天的冰品銷售金額似乎和當天的最高溫有關聯，於是隨機選了六天，記錄該日最高溫 (攝氏溫度) 和冰品銷售金額 (千元) 如下：

資料編號	1	2	3	4	5	6	平均
最高溫 x	30	34	32	36	33	33	33
冰品銷售金額 y	18	24	25	32	28	23	25

觀察數據之後，老闆認為冰品銷售金額和最高溫之間，似乎有某種關聯。他希望能找到這項關聯並加以利用，但是他沒學過統計，我們來幫他做這件事。首先畫出散佈圖、判斷關聯的形式。

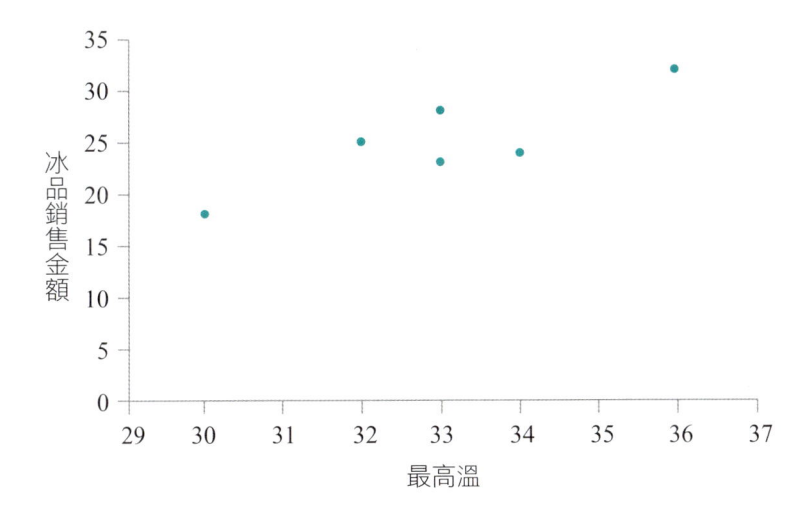

散佈圖中的點相當接近一條直線，冰品銷售金額和最高溫之間看來有直線關聯。再來求廻歸直線。如果把數據輸入合適的軟體，很容易可以得到廻歸直線如下：

$$y = 2.05x - 42.65$$

假如老闆想要估計高溫 35 度時的冰品銷售金額，我們可以利用迴歸直線完成這項任務：只要將 $x = 35$ 代入直線公式、求出 y 值即可。

$$y = 2.05 \cdot 35 - 42.65 = 29.1$$

最高溫攝氏 35 度時，預估銷售金額為 29,100 元。

如果計算這一題的相關係數，會得到大約 0.87，和迴歸直線的斜率不同。

迴歸直線應用須知

一、估計的意義

當我們用 x 值來估計 y 值時，根據的是變數 X 和 Y 之間的關係，但因為不是函數關係，所以同樣的 x 值可能對應許多不同的 y 值。例如最高溫同樣是 35 度的日子、冰品銷售金額仍然不盡相同。當我們代入 $x = 35$ 去估計 y 時，所得到的結果，其實是高溫為 35 度時的平均冰品銷售金額。

二、準確度的估計

用平均數來估計夠不夠準、和數據的散佈情況有密切關係，這是可以用理論來討論的。我們只能講概念，用冰品例子來說明就是：以同樣的最高溫 35 度來說，如果銷售金額的變化範圍很大、則有的銷售金額和平均數的差距會比較大，所以用平均數做估計會不太準。反過來看，如果只要最高溫 35 度時的銷售金額都差不多，則這些金額都會和平均數接近，因此迴歸直線估計出來的結果當然就比較準了。

三、估計的適用範圍

假設我們找到了最小平方迴歸直線，也發現數據多半距離直線不遠，這樣是否可以放心代入 x 去估計 y 了呢？還有一件事要注意，就是所代入的 x 應該不要超出決定迴歸直線的數據點之 x 值範圍太多，否則有可能得到離譜的結論。

以冰品銷售為例，(x, y) 數據為：(30, 18), (34, 24), (32, 25), (36, 32), (33, 28), (33, 23)，x 值的範圍從 30 到 36；如果我們要估計最高溫 20 度時的冰品銷售金額，將 $x = 20$ 代入迴歸直線可得 $y = 2.05 \cdot 20 - 42.65 = -1.65$，估計銷售金額居然是負值、太誇張，當然不合理。

這背後的道理是這樣的，求迴歸直線時所用的數據當中，x 值的範圍是從 30 到 36，我們將 $x = 20$ 代入直線的時候，等於是把直線延伸來使用，但是我們並不知道當 x 值超出 30 到 36 的範圍時，x 和 y 是否還符合同樣的直線關係。若我們考慮兒童的生長資料，就會更清楚了解這層道理了。

假設我們蒐集了 3 歲到 12 歲男童的身高資料，用年齡當作 x、身高當作 y 找出了迴歸直線，我們可以用這條直線來估計男童大學畢業 (假設 22 歲) 時的身高嗎？應該有讀者很快就想到答案了，如此的估計一定會高估。因為 3 歲到 12 歲的男生長得很快，而到高中以後很多人已不太長高了，也就是說，3 歲到 12 歲時的生長模型根本就不適用於 22 歲，一定要用的話，就會得出可笑的答案了。

四、決定 X 和 Y

計算相關係數時，如果把 X 和 Y 交換、答案不會改變；但是求

最小平方廻歸直線時，交換 X 和 Y 則會得到不同的直線。兩個變數當中，應該要令哪一個當作 X、哪一個當作 Y 呢？這點很容易決定，把我們想要預測的變數當作 Y、另一個當作 X 就行了。比如在冰品銷售例子裡，我們是想用最高溫來預測銷售量、而不是用銷售量來預測最高溫，所以要令冰品銷售量為 Y、而最高溫為 X。

五、選擇合適的模型

　　直線是在考慮兩個變數間關聯時最常用的模型，它很簡單好用。但不能因為好用就隨便用，在想用 X 估計 Y 時、不管是否合適都直接配適直線模型。當 X 和 Y 之間並沒有直線關聯時，這樣做的結果可能極糟。在利用軟體做計算時，更必須加倍小心。電腦很「聽話」，如果我們輸入數據、叫它算出廻歸直線，它就會乖乖的算、不會計較 X 和 Y 之間是否有直線關聯。模型合適與否是我們自己要判斷的，這個問題有統計方法可以處理；在我們還沒有學到這些方法之前，最起碼應該先畫散佈圖，看看圖形是否呈現帶狀。如果點的散佈並不接近一條直線，反而出現曲線形狀，我們就應該找合適的曲線去描述模型、而不是硬要找廻歸直線；除了直線形式外，存在各式各樣的模型可以用在其他形式的關聯。

04　雙向表

　　可能有關聯的事情各式各樣：體重和血壓之間可能有關係，冰品銷售量和當天的溫度可能有關聯，不同行業負責人的性別、和行業可能有關係，但這些變數的本質不盡相同。體重、血壓、溫度和冰品銷售量都是數量變數，意思是指這些變數的值是數值的。當我們考慮兩

個數量變數之間是否有關係時，可以畫散佈圖。日常生活遇到的變數其實大部分都屬於這類，特別叫它數量變數、是為了和類別變數做區分。

類別變數在第 4 章就介紹過，它只分類。比如個人的宗教信仰屬於哪一種，這個變數的「值」包括佛教、天主教、基督教、不信教等等，不是用數字表示的。而「性別」和「行業」都屬於類別變數，所以「不同行業負責人的性別和行業有沒有關係」這個問題，屬於兩個類別變數是否相關的問題。既然兩個變數的「值」都不是用數字表示，當然就沒辦法畫散佈圖了。要考慮兩個類別變數之間是否有關係，可以先從雙向表開始。「雙向」指列及行，分別代表我們考慮的兩個變數。它的完整名稱是**雙向列聯表** (two-way contingency table)，簡稱**雙向表** (two-way table)。

不同行業負責人的性別、和行業有沒有關係呢？這個問題也可以換個方式這樣問：女性負責人所占比例，是否在不同行業中有所不同？要討論這類問題，首先要將數據用雙向表呈現。兩個方向中，一個代表負責人性別、一個代表不同行業。以下是經濟部「99 年營運中工廠負責人性別統計分析」的資料 (原始數據以「家」為單位，為了簡化數字，我們將數字四捨五入到百位數，單位改為「百家」)，以雙向表呈現；不同行業用列表示、不同性別用行表示 (行列交換也可以)，格子中的數字代表行和列「交集」的人數，比如民生工業中，負責人為女性的共有 4100 家：

負責人性別

	男性	女性	總數
民生工業	132	41	173
資訊電子工業	83	17	100
總數	215	58	273

如果表列數字是從更大的母體中隨機抽樣而得到的，要判斷負責人性別和行業是否有關的話，可以用卡方檢定來處理。這屬於統計裡面的檢定問題，在第 15 章才會討論到，但我們也可以從直觀角度、初步探討這個問題。

民生工業女性負責人占　　41/173 = 23.7%
資訊電子工業女性負責人占　17/100 = 17%

看來比例有些差距，性別和行業可能有關係。但如果這是抽樣的樣本結果，就必須做適合的檢定才能做出判斷。

隨堂練習 4 假設某國政府為了了解某地區居民對於預定在他們附近建核電廠的態度，責成有關單位隨機抽取了 200 位居民做訪問，其中包括 50 位男性和 150 位女性。假設對於此問題，男性中有 20 人贊成、25 人反對、其他無意見，而女性中有 40 人贊成、75 人反對、其他無意見。畫出雙向表，表中列出所有相關數字。

答 略

再看一個例子。國外有學者為了討論大專院校各種運動教練的年資和性別是否有關聯，抽取了 2225 位男教練的隨機樣本和 1141 位女教練的隨機樣本，將他們的年資分成 1~3 年、4~6 年、7~9 年、10~12 年及 13 年以上 (用 13+ 表示) 5 類、得到以下數據，並且登載在一篇期刊論文當中：

教練經驗年數

	1~3	4~6	7~9	10~12	13+	總數
男性	202	369	482	361	811	2225
女性	230	251	238	164	258	1141

初步觀察就會心裡有譜，有經驗的男教練看來明顯比有經驗的女教練多。如果計算一些百分比、會得到以下數字：

經驗最豐富 (13 年以上) 的男教練在男教練當中占 811/2225 = 36.45%

經驗最豐富 (13 年以上) 的女教練在女教練當中占 258/1141 = 22.61%

經驗其次豐富 (10~12 年) 的男教練在男教練當中占 361/2225 = 16.22%

經驗其次豐富 (10~12 年) 的女教練在女教練當中占 164/1141 = 14.37%

可以看出，經驗豐富的男教練百分比高於女教練。

再看最沒經驗的百分比：

最沒經驗 (1~3 年) 的男教練在男教練當中占 202/2225 = 9.08%

最沒經驗 (1~3 年) 的女教練在女教練當中占 230/1141 = 20.16%

最沒經驗的女教練所占百分比、比起男教練要高很多。

不論經驗最豐富還是最貧乏的百分比，在兩性之間都有明顯差距，最有經驗的男教練百分比明顯高於女教練、而最沒經驗的男教練百分比則明顯低於女教練；看起來可以做結論：大專院校各種運動教練的經驗多寡和性別有關聯。不過做這種直觀判斷的一大缺點是：沒辦法知道支持我們結論的證據有多強。要知道證據有多強，就必須執行合適的統計檢定，而分析雙向表最常用的是卡方檢定，會在第 15 章介紹。

計算百分比雖然觀念簡單，但不小心也會犯錯。比如考慮這個例子時，或許有讀者會這樣想：是否可以比較同樣經驗的教練當中，男女各占多少百分比呢？乍聽之下很有道理，我們來計算看看。

經驗最豐富（13 年以上）的教練當中男性占 $\frac{811}{811+258}$ = 75.87%，那女性當然就只占 1 − 75.87% = 24.13% 了。兩個百分比差距非常大，但這樣比較是否有道理呢？用心的讀者可能很快會發現，男教練共有 2225 位、而女教練只有 1141 位，這樣比較當然不公平。所以在計算百分比之前必須注意，分子和分母的選擇是否合理。

重點摘要

一、假設我們蒐集了兩個變數 X, Y 的 n 筆成對資料，將這 n 個有序對標示在 xy 座標平面上，就構成 X, Y 二變數的散佈圖。

二、當散佈圖中的點，大致在一條直線的附近時，我們稱變數 X 和 Y 為直線相關；當直線的斜率為正時，稱變數 X 和 Y 為正相關；當直線的斜率為負時，稱變數 X 和 Y 為負相關。點的散佈距離直線很近時，相關性較強；點的散佈距離直線較遠時，相關性較弱。

三、若要評估變數 X 和 Y 直線相關的強弱程度，最常用的代表數字，就是樣本的線性相關係數，簡稱相關係數。

四、相關係數 r 的意義：

(1) r 的值必介於 -1 和 1 之間，$-1 \leq r \leq 1$，當 $r = \pm 1$ 時，代表散佈圖中的點全都在一條直線上；若 $r = 1$，直線斜率為正；若 $r = -1$，直線斜率為負。

(2) $r > 0$ 代表正相關，$r < 0$ 代表負相關。

(3) r 的值愈接近 1 或 -1，代表直線相關性愈強；r 的值若接近 0，則代表直線相關性很弱。

(4) r 的值所代表的是直線相關的強度，所以 $r = 0$ 只代表沒有「直線相關」，並不代表 X 變數和 Y 變數沒有任何關聯。

五、兩個變數間若有相當明顯的直線關聯，就可以在散佈圖中穿一條直線過去，如果這條直線可以合理描述變數 X 和 Y 之間關係的話，我們就可以利用這個關係式，從 X 的值來預測 Y 的值。最常用的直線，是使得點距直線「鉛直距離」的平方和為最小的直線，稱為「最小平方迴歸直線」，常簡稱迴歸直線。把 x 值代入直線公式，就可得到對應的 y 值之估計。

六、決定兩個變數當中，何者當作 X、何者當作 Y 的原則：把我們想

要預測的變數當作 Y、另一個當作 X 就行了。

七、利用迴歸直線用 x 估計 y 時，應該盡量不要超出決定迴歸直線的數據點 x 值之範圍。

八、兩個類別變數是否相關的問題，因為變數的「值」都不是用數字表示，所以沒辦法畫散佈圖。要考慮這類問題，可以先畫雙向表。

九、在計算百分比之前必須注意，分子和分母的選擇是否合理。

習題

1. 有一組二維數據如下：

x	−1	0	2	3	6
y	2	4	4	5	10

   (a) 畫出散佈圖。

   (b) 根據散佈圖判斷，X 和 Y 之間是否有直線關聯；若有的話，是正向亦或負向？

   (c) 算出 X 和 Y 的線性相關係數，是否印證 (b) 小題的答案？

2. 考慮以下二維數據，X 變數代表攝氏溫度、Y 變數代表華氏溫度：

x	5	10	15	30	40
y	41	50	59	86	104

   (a) 畫出散佈圖。

   (b) 算出 X 和 Y 的線性相關係數。

3. 假設從某醫院病人中隨機抽出 5 位成年病人的資料，得其年齡 X 及血液中膽固醇 Y 關係的資料如下：

年齡 (歲) x	38	42	50	57	63
膽固醇 (mg/dl) y	168	189	186	240	217

(a) 求 X 和 Y 的線性相關係數。

(b) 若求得廻歸直線方程式為 $y = 85.5 + 2.284x$，用此直線預測 40 歲病人的膽固醇。

(c) 若用該廻歸直線預測 20 歲病人的膽固醇是否合適？理由為何？

4. 以下列出的是某一輛車的速率 (每小時英里數) 及汽油里程 (MPG，每加侖英里數) 的資料：

速率 (X)	20	30	40	50	60
MPG (Y)	24	28	30	28	24

用速率預測 MPG 的最小平方廻歸直線為

MPG = 26.8 + (0 × 速率)

(a) 計算 X 和 Y 的線性相關係數。

(b) 畫出散佈圖。並從散佈圖判斷，X 和 Y 之間有沒有直線關聯？

(c) 如果用迴歸直線來根據速率預測 MPG，是否合適？原因是什麼？

關聯不代表因果關係

chapter 11

問題 1　媒體報導曾出現這樣的標題:「低脂飲食無助防癌救心?」可是醫師和營養專家們一直都叫大家要減低脂肪攝取,因為可以減低心臟病和罹癌風險。這樣的研究應如何看待,結論是否可信呢?

01　關聯如何產生

很多時候我們會看到兩件事之間有關聯。比如很久以前就有醫師發現,抽菸和肺癌死亡率之間似乎有很強的關聯。但是不是抽菸「導致」肺癌呢?如果是的話,我們就稱抽菸和肺癌之間有因果關係;抽

菸是因、罹患肺癌是果,而如果想減低肺癌風險,就應該戒菸。經過多年研究之後,醫師早就確認:抽菸導致肺癌。所以抽菸和肺癌之間的關聯,的確是因為因果關係而產生。但並不是所有的關聯都代表因果關係,我們看下面這個例子。

如果觀察世界各國平均每人電視機數及人民預期壽命,我們會找到很高的正向關聯:有很多電視機的國家、人民預期壽命比較長。這項關聯可能是因果關係造成的嗎?換個方式問:因為人民擁有的電視機多、所以「導致」他們的預期壽命比較長,而落後國家因為電視機少、所以人民預期壽命比較短?當然沒有人會同意這種荒謬的結論。事實上有錢國家的電視機比窮國多,而有錢國家的人民預期壽命也比較長,但這是因為有錢國家人民有較好的營養、乾淨的水以及較佳的醫療資源等等有利條件。電視機和壽命長短之間並沒有因果關係。事實是:國家有錢這項因素,同時造成電視機多以及人民預期壽命長這兩項結果,使得兩項結果看起來有關聯,這叫做共同反應。

還有第三種狀況。有一項關於線上學習的樂觀報導,報告了在美國佛羅里達州羅德岱堡的諾瓦東南大學執行的一項研究。撰寫研究結果的人聲稱,學生在線上修習大學部的課,和在教室裡學習的學生「學得一樣好」。如果把教室裡的課用網站取代,可以替大學省很多經費,所以依照這項研究結果看來,我們應該全部上線。實際情況是如何呢?

要判斷上述結論是否可信,必須知道研究是如何執行的。諾瓦東南大學的研究是由學生自行選擇要在教室上課還是上網,研究中只度量了他們的學習成果,這樣就有問題了。凡是要做比較,首先要考量立足點的公平性,也就是說,選擇上網的學生和選擇教室的學生,是

否原本各方面條件差不多呢？如果條件差不多，經過不同教學方式修習同一門課之後，發現學習效果差不多，這樣才適合做出結論：兩種不同教學方式的學生「學得一樣好」。

比較是否公平

我們來討論兩組學生的條件是否會差不多。因為是讓學生自行選擇要在教室上課還是上網，所以選擇同一種方式的學生是否會有某些共同特質呢？根據常識判斷很有可能。老師在教室的上課進度，通常要照顧大部分同學的需求，對於同學有困難的內容，老師就可能會重複說明。而對程度好的同學來說，一次可能就聽懂了，重複是在浪費時間。所以程度較好的學生可能傾向於選擇上網組，因為可以自己控制上課進度。

在修課之前對於課程相關內容的考試當中，上網學生的平均分數是 40.70，而選擇教室的學生平均分數是 27.64。兩組學生的程度的確很不一樣。在上網學生原本已經大大超前的情況下，很難比較出來教室學習及上網學習的優劣。而這只是可能影響學習效果的因素之一而已。如果課堂上課的時間排在早上 8:10 第一堂的話，說不定懶得早起床的同學就多半選擇上網組了。那程度好的同學和懶起床的同學都在同一組，好壞「效應」會抵消嗎？這哪可能有辦法判斷。何況還有其他可能影響選組的特質，我們不見得能全部考慮到。

上述研究在學生上完課之後所做出的結論：「兩組學習效果差不多」，可信度非常低。因為上網學習以及教室學習的效果，其實已經和一些潛藏在背景裡的因素，無可救藥的混雜在一起了。這可以稱作混合效應。總結起來，在兩個變數間觀察到的關聯，可能來自於直接

因果關係、共同反應或是混合效應。有可能其中兩種因素或全部三種因素都同時存在。

02 怎樣可以判斷因果關係

上述諾瓦東南大學的研究結論不可信，是因為執行方式有問題，導致想要釐清的問題 (上網學習以及教室學習的效果是否沒有差別)，和一些會影響結果的干擾因素 (學生原本程度、學習態度等) 混雜在一起，無法分開。想要盡量消除干擾因素的影響、做出因果關係的結論是有方法的，這在統計裡面屬於「實驗設計」領域，內容包括各式各樣不同的設計、可以處理各種不同形式的問題。這當然是非常專業的領域，需要有適當背景才能了解；但它的基本概念和最基本的設計一點都不難懂，我們只介紹這些。而只要學會這部分，就可以對媒體報導的許多研究結論之可信度做出適度判斷了。

在諾瓦東南大學的研究當中，由學生自行選擇要在教室上課還是上網，研究中只度量了他們的學習成果。這種資料蒐集方式在統計當中稱作觀測研究，因為只有從旁觀測、對於學生未加諸任何干涉。另外一種是用指定方式分組，比如用抽籤或擲銅板方式，隨機指派學生參加哪一組。這樣藉由主動介入、規定學生參加哪一組來蒐集數據的方式，在統計領域稱為實驗。

取得數據的二大方式

做任何研究幾乎都要蒐集數據，而蒐集數據的方式可以分為兩大類：觀測研究 (observational study) 和實驗 (experiment)。觀測研究只

做觀察，但不試圖影響反應；民意調查屬於此類，因為只問受訪者的意見，而不會對他做任何事情來影響他的回答。實驗卻會刻意加上某些做法，並觀察反應。換個方式說：觀測只是被動觀察；實驗則要主動介入，做某些安排，以便取得有用的數據。實驗的目的通常是要研究是否特定做法會使反應改變。比如每天服用少量阿斯匹靈(特定作法)是否會降低心臟病發作的風險(反應改變)；也就是說，實驗的目的是要釐清因果關係。

回到諾瓦東南大學的研究。主持研究者想要知道，上網修課的學生，是不是和在傳統教室修同樣課的學生學得一樣好。若讓學生自己選擇上網還是在教室上課，屬於觀測研究。若是指定一些學生到教室上課，其他學生上網，則是一項實驗。學習效果好壞是在課程結束時，用考試成績來評比。諾瓦東南大學是採用前者，而我們已討論過，選擇同一種上課方式的學生很可能有某些共同特質，而這些特質會影響學習效果的評估，所以諾瓦東南大學的研究結論可信度不高。

若想做出「因果關係」的結論，必須做實驗

上述研究要知道答案最好的方法，是指定一些學生到教室上課，其他學生上網，也就是執行實驗，並採用隨機方式分組。隨機分組方式會將人為分組(不論是學生自己選組、還是由老師決定)可能造成的偏差情況(大部分共同特質的人參加了同一組)減到最低，如此所得的分組結果，通常比較「平衡」，做比較才公平。我們再看一個例子。

曾有媒體標題寫著〈咖啡喝多了對心臟不好〉。健康每個人都想要，所以有關健康的訊息當然不能掉以輕心。然而讀任何研究結果，

絕對不能只看標題；因為從標題看不出研究結論是怎麼得到的，而這些藏在標題背後的訊息，才是我們做判斷的依據。我們來看看〈咖啡喝多了對心臟不好〉這篇報導，內容寫了些什麼。

這篇報告的資料來源是 2004 年的《美國臨床營養期刊》，由博醫網編譯。這些「有名有姓」的期刊，通常會有合理的審核制度。相對於有些業者自己聲稱的「經醫學證實」某某東西多麼有效，期刊論文的內容，值得參考的程度要高許多；因為後者需要清楚交代得到結論的過程，而前者似乎沒什麼規範，頂多因「廣告不實」被罰錢，而罰的金額和賺的金額比起來，通常微不足道。

臨床營養期刊報導說，一個人若每天喝超過一杯以上的咖啡時，則當事人得到心臟病的機會，會比別人高上許多。這是經由希臘某大學的營養學者研究中所得到的結果；「研究人員首先找來了近 3000 名身體健康的成人，這些人原本都沒有心血管方面的疾病，再讓這些人填寫問卷，看看他們每天喝多少咖啡，並同時抽取他們的血液樣品，查看其中的發炎因子含量高低」，結果發現咖啡喝得越多，血液中的發炎因子含量就越高，而「根據目前的研究已知，當發炎因子多時，代表體內的血液循環系統有問題」，因此推論出：咖啡喝得越多，對心臟越不好。

我們來討論看看，這樣子做結論，在邏輯上有沒有問題。在研究當中所發現的事實是：在受訪的人裡面，咖啡喝得多的人，血液中的發炎因子含量就高。也就是說，受訪者喝咖啡的量，和血液中的發炎因子含量有正向的關聯：其中一項數字高的時候，另一項也高。我們已討論過，當觀察到兩件事之間有正向關聯的時候，不能直接做結論說，其中一件「導致」另一件，必須先了解數據的蒐集方式。

報導中說「研究人員首先找來了近 3000 名身體健康的成人，這些人原本都沒有心血管方面的疾病，再讓這些人填寫問卷，看看他們每天喝多少咖啡」，這代表他們是用觀測研究的方式蒐集數據，喝或不喝咖啡都是個人自己的選擇，如此是否會有隱藏因素干擾了研究結果呢？

怎知是因為咖啡喝得多，所以血液中的發炎因子含量高？

比如說，會不會咖啡喝得多的人，有某些共同特質，而這項共同特質，會使得血液中的發炎因子含量偏高呢？這樣就不能說是因為咖啡喝得多，而「導致」血液中的發炎因子含量偏高了。我們來想一想，什麼樣的人比較會大量喝咖啡？需要加班甚至熬夜工作的人，應該機會比較大。而這一類人多半工作壓力大，飲食和睡眠也可能不正常，這些都是會影響健康的因素。對這些人來說，如果他們血液中的發炎因子含量偏高，怎樣會知道是因為咖啡喝多了才造成，而不是因為熬夜、壓力或者飲食不正常才造成的呢？根據本報導內容所說的研究方式來看，其實是根本分辨不出來的。

之前我們說過，知名期刊刊登的論文內容通常值得參考，可是現在卻說《美國臨床營養期刊》的內容不可靠，豈不自相矛盾？事實是這樣的：期刊內容都經過審核，研究經過也會交代清楚，比起廣告上隨便一句「經醫學證實」要可靠得多。研究中所找的 3000 人如果可以代表一般人，則「咖啡喝得多的人，血液中的發炎因子含量會較高」這件事值得參考；然而研究結果能否「延伸解釋」成因果關係，就必須謹慎面對。

為什麼期刊會出現這種疏忽呢？一個可能性是：編輯或許多半是

營養學家，所以統計專業知識有所不足。另一個可能性是：其實期刊文章原本並沒有做出因果結論，而只是敘述所發現的正向關係，甚至還可能明白表示，有可能是多喝咖啡導致血液中的發炎因子增加，也有可能不是，還需做進一步的研究才能做結論。然而媒體在報導這則新聞時，卻只選擇了會引人注意的可能結論放在標題。後面這種可能性相當大，因為類似的事情經常在發生。我們不太可能對每一篇報導，都去找出原始期刊論文來看，所以對於健康研究的報導，目前只要記住兩個要點：

> 要點一：看研究結果不能只看標題，必須讀內文，了解研究是怎樣做的。
> 要點二：兩件事情有正向關聯，不代表兩者之間有因果關係。要判斷因果關係應該做實驗。

若要做實驗，如何執行？

要想確認因果關係，必須做實驗，而喝咖啡是否影響心臟健康這個問題，要怎樣做實驗呢？首先我們必須找到願意參加實驗的人，人數不應太少。假設我們已找到一群健康成年人，心臟都沒發生過問題，在了解此實驗如何進行之後，也都願意參與。接下來要做的，就是用隨機方式，把這些人分成兩組；實驗組的人規定每天要喝一杯以上咖啡，對照組則不可以喝咖啡。然後每隔一段時間就給兩組做檢查，記錄心臟健康狀況。如果經過一段長時間之後，實驗組的人之心臟健康狀況，明顯比對照組的人要差，則可以做結論說，喝咖啡的確影響心臟健康。

敢如此做結論是因為喝不喝咖啡是由研究人員規定的，而且是由隨機分組決定。隨機分組的好處之一是：只要兩組人數夠多的話，分組時會把具有某一共同特質的人大部分分到同一組的機率比較小。也就是說，如此分組通常會得到比較「均勻」的兩組；兩組之間唯一系統性的差別，就是一組喝咖啡、而一組不喝。換句話說：我們是在公平的基礎上，比較兩組的心臟健康，結論自然可信得多。

當然以人作為實驗對象，多少會有困擾產生。比如說，會不會有一些對照組的人，其實有喝咖啡卻不好意思說呢？當然不能排除這種可能性。只要這樣做的人數不多，而兩組的差異又夠大的話，結論還是極具參考價值的。

以上這種做法，在統計裡面叫做隨機化比較實驗 (randomized comparative experiment)，叫這個名稱是因為有做比較，而且是隨機分組。這種方法並不限定於只比較兩組，也可以用來同時比較三組或更多組。針對各種不同的情況，有不同的設計可以處理各式各樣的問題，其中有的非常複雜，而隨機化比較實驗只是最基本的設計之一。

做實驗的現實面

既然有現成的統計方法可以用，想要釐清因果關係的時候，是否只要找對方法就行了？很可惜答案是否定的，因為有太多事情無法執行。規定一些人喝咖啡或吃維他命，基本上問題不嚴重，還有可能執行。可是如果我們想要判斷什麼東西會致癌怎麼辦？總不能把人分兩組後，按時給實驗組疑似致癌物，然後告訴他們：「我們會觀察你很多年，看你會不會長出腫瘤。」所以致癌物的實驗都是用動物來做的。

即使像多喝咖啡是否影響心臟健康這種問題，理論上可以用人做實驗，但也不可能像動物實驗一樣完整執行；因為我們不能把人關起來，然後監督他們喝咖啡。就因為對象是人的實驗多半很難執行，所以審視一下各種健康研究報告後不難發現，以人當做對象的研究，大部分是觀測而非實驗。而用實驗方式做的研究，則對象多半是動物。然而動物到底不等於人，所以動物實驗的結果是否適用於人，其實有一些疑慮存在。比如以劑量來說，為了不要等太久才看到「成果」，給小老鼠的致癌物份量往往很重，換算成人類的份量，常會高得離譜、遠超過任何正常人會攝取的量。所以經由實驗而得的研究結果基本上是可信的，但從動物身上得到的結論，未必可以直接用在人類身上。

有些醫師會建議屬於心臟病高風險群的病人按時服用低劑量阿斯匹靈，以防止心臟病的發作。顯然這些醫師相信，服用阿斯匹靈和降低心臟病風險之間、存在著因果關係。然而剛剛才說過，以人當作實驗對象的研究並不容易執行，這項因果關係是如何確認的呢？原來是用許許多多醫師當作實驗對象所得出的結論。醫師健康研究 (The Physicians' Health Study) 這項大規模、有 22,000 位男醫師加入的醫學實驗，就試圖回答這個問題。其中一組 (隨機抽出的) 大約 11,000 位醫師每隔一天吃一顆阿斯匹靈 (實驗組)，其他人 (對照組) 吃安慰劑。安慰劑的外觀及味道和阿斯匹靈沒差別，但是並沒任何有效成分。

「安慰劑」是一種假的治療，沒有實質效用。為什麼要多此一舉，給對照組吃安慰劑呢？原因是醫師早已發現，許多病人對任何治療都有正面反應，即使只是安慰劑。這種對假治療的反應，就稱為安

慰劑效應 (placebo effect)。安慰劑效應可能是一種心理作用，起因於對醫生有信心以及預期病會治好。為了避免安慰劑效應影響研究結果，醫學研究常給實驗組真正的治療而給對照組安慰劑，並且不讓參與研究的人知道他自己屬於哪一組。

數年之後該研究發現，阿斯匹靈組的心臟病發作次數，比安慰劑組的少得多。因為是用恰當執行的實驗所得出的結論，所以可信度就相當高。不過這並不代表每個人都應該按時服用阿斯匹靈、以減低心臟病發作的風險。原因有三個：

一、此研究的對象都是醫師而非一般人，醫師和一般人不大一樣，比如他們的健康知識就豐富許多，所以把結論推到其他行業的人未必恰當。
二、研究對象全是男性，結論可能不適合推廣到女性。
三、有些人長期服用阿斯匹靈可能會有不良副作用。

03 健康研究實例探討

本章開頭的問題 1 提到，媒體報導曾出現〈低脂飲食無助防癌救心？〉的標題，和我們的長期認知不同。現在我們已有判斷因果關係的基礎知識，可以來討論看看，為什麼會出現這樣的標題，以及它的結論是否可信。首先當然應該了解一下研究的內容。

〈低脂飲食無助防癌救心？〉這篇報導於 2006 年 2 月出現在媒體，一篇綜合外電報導的文章說：「一項規模空前的研究發現，低脂飲食對婦女預防癌症及心臟病沒有幫助。斥資四億一千五百萬美元(約台幣一百卅一億元)，針對四萬九千名五十到七十九歲婦女追蹤近

八年的聯邦研究顯示，實驗組與對照組的乳癌、腸癌、心臟病及中風風險沒什麼差別。」報導中還說，一位未參與研究的柏克萊加州大學統計學家佛利曼說，這項研究結果和傳統上認為低脂飲食有助於預防女性三大疾病的假設背道而馳，可是卻沒提佛利曼如何從統計角度看待這項研究。

報導裡面還說，「不過，研究人員一致認定，這項顛覆性的發現，不足以改變目前有關低脂飲食可降低心臟病與癌症風險的建議。」這樣說還真叫人有點摸不著頭腦。會發生這種狀況，是因為媒體報導的研究結果，常常是「綜合外電報導」，也就是經過剪輯而得，由於篇幅的限制，內容不可能巨細靡遺。即使是外電報導本身，也不大可能包括所有重要細節，更何況媒體人眼中的「重要」，和學者的看法也會有差距。所以要弄清楚來龍去脈，只能去讀原始的期刊論文。

這項研究是美國國家衛生研究院「婦女健康促進計畫」的一部分，研究結果刊登於 2006 年 2 月 8 日出版的《美國醫學會期刊》。感謝數位時代的來臨，現在坐在電腦面前就可以看到論文內容；而且即使並非《美國醫學會期刊》的訂戶，只要上該網站登記一下資料，就可以讀到大部分期刊文章的全文，還可以下載列印。只有新出刊的期刊才會設限，只提供文章摘要，要等半年之後才能閱讀全文。

找到刊登該篇研究結果的期刊之後發現，和媒體報導提到的研究結果相關的論文其實有三篇，分別報告低脂飲食和乳癌、結腸直腸癌以及心血管疾病的關係，其中兩篇長達 12 頁、一篇 14 頁。媒體報導通常只有短短一篇，在期刊論文裡面敘述甚詳的研究方法和過程，大部分都會被略過。然而要判斷任何根據數據所做出的結論，必須先知

道數據是怎樣得到的。媒體的報導中寫著：「針對四萬九千名五十到七十九歲婦女追蹤近八年的聯邦研究顯示，實驗組與對照組的乳癌、腸癌、心臟病及中風風險沒什麼差別。」

研究如何執行

將近五萬名婦女參與，規模當然夠大，但是我們來探究一下，「追蹤近八年」是怎樣執行的。參與研究的共有 48,835 位婦女，她們被隨機分為兩組：實驗組 (19,541 人) 及對照組 (29,294 人)。研究者對實驗組設定的目標是要改變她們的飲食習慣，最終達到攝取的總熱量中只有 20% 來自脂肪的目標 (結果這項目標並未達成)，並且增加蔬菜水果和穀類的攝取量，對於對照組則未提出任何要求。研究是怎樣進行的呢？婦女又不是白老鼠，不可能把她們關起來，限制她們的食物，所以只能「道德勸說」。實驗組婦女被分成小組，每組 8 到 15 人，由一位受過訓練的營養專家給她們「上課」，教導她們如何改變飲食習慣，第一年共上課 18 次，此後每年 4 次。對照組只有收到一本《營養和健康：美國人之飲食指南》以及其他有關健康的資料，然後就被放牛吃草，「自生自滅」。

雖然研究對象有分成實驗組和對照組，但這還是一項觀測研究而非實驗，因為只有勸說實驗組怎麼吃、並沒有強制限制她們的飲食。既然是觀測，要做出因果關係的結論、過程必定有漏洞。因為相關的研究細節太多了，我們就來專注關心一個顯而易見的重要問題。既然參與研究的兩組婦女都沒被關集中營，可以自由自在的過日子，那要怎樣才知道她們都吃了些什麼東西呢？論文裡面有告訴我們，是用填問卷的方式。先在研究開始之初要求大家填問卷，一年之後大家再填

一次，其後用輪流的方式，每年約有三分之一的人需要填問卷。研究人員就是根據這些問卷，分別估計出實驗組和對照組平均每日攝取之總熱量、蔬果的量、穀類的量等等。

他們發現在第六年結束時，和研究剛開始時比較起來，雖然實驗組所攝取的脂肪占總熱量的百分比，在六年間減少的量明顯高出對照組，然而在乳癌、腸癌和心血管疾病的發生率方面，卻沒多少差別。為什麼會出現這種和許多專家的認知相左的結果呢？論文當中當然有討論，比如他們認為用問卷來記錄所攝取食物的方式或許可改進，或者追蹤的時間還不夠長、效果尚未顯現，或者對於實驗組設定的目標，還應該加入生活方式的改進等等。專業角度就留給專家去考慮，但我們即使沒有專業背景，還是可以從很直覺的角度，用生活經驗來做一些判斷。

怎知自己吃下的食物量是多少？

假設我們是對照組成員，平時正常過日子，參與此研究唯一的「任務」，只是要幫忙填問卷。因為沒看到問卷內容，我們不清楚填問卷時是要提供多少天的飲食內容。讓我們把問題簡化，假設只要報告前一天吃了些什麼即可。但是即便我們想全心配合，會有辦法把前一天所吃下肚的所有食物的份量說得清清楚楚嗎？比如我喜歡吃洋芋片好了，難道我還要一邊吃一邊數吃了幾片嗎？洋芋片還算比較好數，花生怎麼辦，先抓一把秤重再吃？不可能這麼勤快，問卷就只能大概填填。和朋友出去吃飯就更麻煩了。如果吃的是義大利麵，每家做法差很多，難道要跑進廚房問大廚：「請問您總共用了多少油，脂肪含量是多少？」

再來想想實驗組的成員會怎樣。她們因為常常上課，應該會學到比較有效的記錄食物方式。可是雖然她們被賦予「減低脂肪攝取」之重任，然而人的飲食習慣不是很容易改的。除非生了什麼病，醫師說再不確實控制飲食就會很嚴重，一般人才會好好聽話。否則的話，只是常常上課、聽專家說應該怎樣吃，雖然多少還是會聽一些，但是對於原來愛吃的高脂食物，免不了三不五時就要「偷吃」吧。研究總共要做八年，實在太久、強人所難，八個禮拜還可以努力節制一下。這一來等到要填問卷的時候，成員會毫不保留的「自首」嗎？老師每次上課苦口婆心、循循善誘，在不好意思實話實說的狀況下，對於不該多吃的東西，恐怕只能七折八扣之後才填進問卷了。

實驗組在研究期間，減少脂肪占總熱量百分比的量勝過了對照組，會不會是受到了部分組員「報喜不報憂」的影響呢？從人性的角度來看，答案很可能是肯定的。專家會想不到這點嗎？應該想得到的。但是他們只能盡量做，沒辦法完全防堵，否則難不成要一邊填問卷一邊測謊嗎？人家肯參與研究就很幫忙了。就因為人不是白老鼠，所以以人當作對象的研究，常會碰到類似的困擾。單一研究的結果只能當作參考，如果許多嚴謹的研究都指向同一個結果，參考價值就大得多。現在可以回答問題 1 了。

問題 1 答案 這項研究不屬於實驗，過程不夠嚴謹，結論又違背大家的長期認知，所以可信度不高。

我們在上一節學到了解讀健康研究的兩個要點，從這一節學到了什麼呢？通常我們只看到簡短的媒體報導，看不到研究細節，所以剛

才說的填問卷什麼的我們不見得會知道,這樣能夠做任何判斷嗎?還是可以的,用一點邏輯和生活經驗就行了。既然研究主題和食物攝取密切相關,只要想一想,怎樣能夠準確知道,將近五萬名婦女在八年當中吃了些什麼,就會開始持保留態度了。除非這些婦女被關起來、比如說在監獄服刑,但報導中並未如此說,而且要找五萬名五十歲以上、還要被關至少八年的婦女,恐怕也是不可能的任務吧。所以我們新學到的解讀健康研究要點是:

> 要點三:當一項研究所需之數據,必須依賴參與研究者自己提供時,其正確性值得審慎考量。

「吸菸會致癌」有做實驗?

談到這裡不能不提一個重要的例子。吸菸會致癌這件事,似乎是醫界共識;而且警語都已印在香菸包裝上面了,不可能沒有充分證據。然而「吸菸致癌」是一種因果關係,難道有經過實驗證實嗎?我們來想想看,如果要做實驗應該怎樣處理。首先要找來一群願意參加實驗的人,然後隨機分兩組。被分到實驗組的人必須每天「做功課」:吸若干支香菸,而對照組不准吸菸。由於吸菸致癌是長期所造成,所以實驗組的人要吸許多年的菸,然後主持實驗的人會記錄並比較兩組的肺部健康情況。這哪有可能執行呢?事實上,這個結論是由觀測得到的。

醫師早就觀察到,大部分肺癌病患是吸菸者。將吸煙者和「類似的」不吸菸者利用觀測研究做比較的結果,顯示吸菸和死於肺癌之間有很強的關聯。許許多多國家所做的多項研究,都把吸菸和肺癌連結

起來。本來有關聯不代表有因果關係，可是吸菸致癌這件事，還有太多「輔助證據」都指向同一項結論。

比如吸菸量較大或者吸菸歷史較久的人更常得肺癌，而戒菸的人風險就降低。死於肺癌的男性人數在吸菸人口普遍之後上升，時間差距約有 30 年；在女性開始吸菸之前，很少女性得肺癌，後來女性肺癌患者的人數也隨著吸菸人口的增加而增加，中間的差距也是 30 年。加上動物實驗的結果顯示 (又是可憐的動物代我們受苦)，吸菸產生的焦油的確會致癌，種種結果加起來，使得吸菸致癌的證據，在非實驗的證據當中，已是強到不能再強了。根據觀測的結果，卻敢非常確定的做出因果關係的結論，這可能是唯一例外。

只能觀測時應怎麼做

按時去教堂會使人壽命較長嗎？一邊開車一邊講行動電話，會增加出車禍的機率嗎？這些都是因果問題，如果想做出判斷，應該要用我們喜愛的招式：隨機化比較實驗。但我們不能隨機指派某些人去教堂，某些人不去，因為去不去參加宗教活動是個人信仰問題；也不能隨機指定某些駕駛人一邊開車一邊用行動電話，因為邊講電話邊開車可能比較危險。

對於以上這些問題以及許多其他因果問題，因為無法做實驗，所以我們能得到的最好數據，是從觀測研究得來的。觀測是次於實驗的第二選擇，而所得結果比實驗結果弱得多，但是好的觀測研究絕不是一無用處。怎樣的觀測研究才算好的呢？

首先，好的研究不管是不是實驗，都一定要做比較。我們可以從固定去教堂的人和沒有固定去教堂的人當中，各抽隨機樣本出來比

較。也可以比較同一個人在開車時講行動電話和不講電話時的狀況。我們常常可以藉著同時運用比較和適配 (matching)，而創造出對照組。

比較並不能消除隱藏因素的影響。按時去教堂或猶太會堂或清真寺的人，可能比不去的人更會照顧自己。他們當中較少人抽菸，較多人運動，也比較少人超重。適配可以縮小某些差距，但不是所有差距。如果把去教堂的人和不去教堂的人去世時的年齡直接做比較，就會把宗教的影響和良好生活習慣的影響混雜在一起。所以好的比較研究，必須能夠度量並且調整會影響結果的變數。如果我們度量體重、抽菸習慣、運動習慣，就可以用統計技巧來減少這些變數對壽命的影響，而只剩下 (我們希望如此) 宗教的影響。

隨堂練習 1

發表於美國《神經醫學》期刊的研究指出，六十五歲以上女性若每天喝咖啡或茶，可減緩思考與記憶能力退化，每天喝三杯以上，效果比只喝一杯以下顯著。

「美國廣播公司」報導，這項由法國流行病學專家凱倫·瑞齊所領導的研究，以四年時間追蹤七千多名六十五歲以上女性飲用咖啡與記憶力退化的關係。多數受測者都有每天喝咖啡的習慣，觀察重點在於他們每天攝取的咖啡因量。研究發現，每天喝大量咖啡的人不僅記憶力衰退速度較慢，且年紀越大效果越顯著。每天喝四杯或更多咖啡的八十歲以上女性，記憶衰退速率可減緩百分之七十。

試討論以上這項因果關係 (喝咖啡可防失智) 的可信度。

答 略

Chapter 11　關聯不代表因果關係

重點摘要

一、在兩個變數間觀察到的關聯，可能來自於直接因果關係、共同反應或是混合效應。有可能其中兩種因素或全部三種因素都同時存在。

二、蒐集數據的方式可以分為兩大類：觀測研究和實驗。觀測研究只做觀察，但不試圖影響反應；民意調查屬於此類。實驗卻會刻意加上某些做法，並觀察反應。

三、想要做出「因果關係」的結論，必須做實驗。

四、看研究結果不能只看標題，必須讀內文，了解研究是怎樣做的。

五、當一項研究所需之數據，必須依賴參與研究者自己提供時，其正確性值得審慎考量。

六、好的研究不管是不是實驗，都一定要做比較。只能觀測時，必須能夠度量並且調整會影響結果的變數，然後利用統計技巧來減少這些變數對結果的影響。

習題

對以下媒體報導中的研究 (a) 判斷該研究屬於觀測研究或是實驗，要說明理由。(b) 討論研究結論 (粗體字) 的可信度如何。

1. 研究指出：**肥胖會造成大腦退化**。

　　很多人知道肥胖會增加患糖尿病、心臟病的危險。美國科學家最新發現，肥胖還會加速大腦退化，這意味著肥胖人群罹患老人癡呆的機率較高。這是科學家首次發現肥胖會對大腦造成損害。

新華網報導，美國加州大學洛杉磯分校神經學家選擇九十四名七十歲以上老人作為研究對象。這些老人身體健康，不存在認知水平下降問題。

研究人員以「身體質量指數」(BMI) 為標準，將這些人分成正常體重、超重和肥胖 3 組，再透過掃描實驗對象大腦發現，體重超出正常範圍越多，腦組織退化越嚴重，肥胖人群的腦組織比體重正常者平均少 8%。認知能力也因此受到影響。研究人員說，**肥胖加劇了大腦的老化速度**，「肥胖人群的大腦看起來比精瘦者老 16 年，而超重者則老 8 年。」

2. 媒體報導：**每天食用一份綠花椰菜芽，有助抑制幽門螺旋桿菌，甚至預防胃癌。**

這項研究由美國約翰‧霍普金斯大學研究人員傑德‧費伊主持。他率領的一支國際團隊在日本對五十名受試者進行的研究發現，每天吃二‧五盎司 (約七十一克) 綠花椰菜芽，連續吃兩個月，可保護胃部組織。綠花椰菜芽含「蘿蔔硫素」。以前有研究顯示，蘿蔔硫素會啟動體內 Nrf2 蛋白質，進而製造抗氧化及解毒酵素，達到保護組織細胞不受損害的效果。

研究人員把接受試驗的五十人分為兩組，一組每天吃一份綠花椰菜芽，另一組每天吃不含「蘿蔔硫素」的苜蓿芽。兩個月後，檢測兩組的「幽門螺旋桿菌糞便抗原」(HpSA)，評估療效。結果發現，食用綠花椰菜芽組的數值降低 40% 以上，另一組的數值沒有變化。

他們也發現，受試者停止食用綠花椰菜芽八週後，HpSA 值

又回到治療前的水準，顯示綠花椰菜芽雖可抑制幽門螺旋桿菌，改善感染狀況，但不能完全消滅這些細菌。

第三部複習習題及報告作業

報告作業是比較長的習題,需要蒐集資訊或生產數據,而且重點是要把做出的結果用一篇短文來說明。其中有些題目適合由一組學生共同來做,題號會用☆標示。

複習習題

1. 考慮以下幾對變數,你認為兩者間會有明顯的負相關、明顯的正相關還是接近 0 的相關係數?
   (a) 成年男性的身高和體重
   (b) 成年男性的身高和 IQ
   (c) 二手車的車齡和車價
   (d) 新車的重量和汽油里程 (每公升公里數)
   (e) 學生花在打電動的時間和他的成績

2. 求下列數據的相關係數

x	1	5	7	11
y	2	4	5	5

報告作業

3. 蒐集並分析二維資料

   自己選擇兩個你認為有大致直線關聯的數量變數。針對這個兩個變數蒐集數據 ($n \geq 8$) 並做統計分析:畫散布圖,找出相關係數及迴歸直線 (用計算機或統計軟體),並把直線畫在散布圖上。若

還不會用計算機或電腦軟體找迴歸直線、則只要用目測方式大概畫一條直線即可。然後把結果寫份簡單報告。以下是一些可以考慮的變數之例子：

(a) 人的身高和兩臂伸展的張距。

(b) 人的身高和步距。

(c) 學生每週花在上網的時間和每週花在讀書或做功課的時間。

4. 中年發胖老年易失智

美國國家衛生研究院資助的一項長期研究，發現 40 多歲時發福的人，罹患老年失智症的機率愈高。報導這項發現的最新一期 [英國醫學期刊] 說，這是迄今關於肥胖有害大腦的最可信研究。研究由加州凱撒醫學基金會主持，以 1 萬零 276 名志願者為對象，從 1960 年代中期至 1970 年代初期開始，追蹤他們 27 年。研究開始時，這些志願者都是 40 歲出頭。

研究人員使用兩種測量尺度，一個是身體質量指數 (BMI)，一個是肩胛骨下方與腋下皮下脂肪層的厚薄。使用身體質量指數時，發現過胖者以後出現失智症的機率比常人高 35%，肥胖患者則是 74%。BMI 是把身高 (公尺) 平方，再以體重 (公斤) 除以這個平方數，所以得到商數高於 25 是過胖，30 是肥胖症。

女性肥胖之害大於男性，肥胖症女性罹患失智症的機率是體重正常女性的兩倍。以皮下脂肪層為尺度，男女沒差異。用鑷子夾肩胛骨下方與腋下的皮脂，夾起的皮脂偏厚者，出現失智症的機率比較薄者多出 70%，愈厚機率愈高。

研究人員尚未研判出過胖如何增加失智症機率，只試提數項理論，其中一項是已知事實，就是肥胖細胞會產生造成發炎的化合物，進入並傷害大腦。另外一說是飲食品質有所欠缺，也就是健康脂肪酸攝取太少。

寫一份報告，探討此篇報導的可信度高低。要先判斷此研究是觀測研究或是實驗。

5. 骨質疏鬆會遺傳？

2014 年 10 月媒體報導：國外研究發現，父母若骨質密度低，子女骨質密度偏低的機率是一般人的八倍以上。

骨質疏鬆學會理事長陳芳萍昨天表示，根據近十年發表於國際期刊研究，遺傳也是骨鬆重要危險因子；父母任一人骨密度過低，子女骨質密度也低的風險為一般人的四點三倍；父母兩者的骨密度都過低，子女風險更高達八點六倍，其中女兒的風險又高於兒子，可能達一般人的卅四點四倍。

寫一份報告，探討「骨質疏鬆會遺傳」的可信度高低，內容包括

(a) 判斷此研究是觀測研究或是實驗

(b) 除了遺傳，還有哪些因素可能同時影響父母和子女，使得他們都有骨質疏鬆問題？

6. 每天 3~5 杯咖啡 不傷健康

2015 年 4 月媒體報導：美國官方報告指出，每天喝 3 到 5 杯咖啡，不會傷健康。40 多年來，建議飲食準則的一個美國政府委

員會，從未提到咖啡，直到今年 2 月，委員會首次表示，在審視所有科學證據後，委員會認為，一天喝 3 杯到 5 杯咖啡，對健康不會產生負面影響。

這個名叫「飲食準則建議委員會」的委員會，每五年會向美國衛生福利部或農業部提出報告，建議美國民眾應該怎麼吃才健康，上一次報告在 2010 年提出，2015 年的報告，在今年 2 月提出。委員會委員、塔芙茨大學教授米莉安・尼爾森表示，每天喝一杯以上的咖啡，對健康有益。她指出，每天喝三到五杯咖啡，算是分量溫和，不但無礙健康，而且可降低心臟病、第二型糖尿病、帕金森氏症、甚至癌症的風險。所謂分量溫和，等於每天攝取最多 500 毫克的咖啡因。目前還不確定衛生福利部或農業部是否會採納委員會的意見，把有關咖啡的建議納入今年將更新的官方飲食準則，政府部門很少漠視委員會的建議。

上述報導只說委員會「在審視所有科學證據後」認為，一天喝 3 杯到 5 杯咖啡，對健康不會產生負面影響，完全未提到該委員會的建議是根據什麼作出來的。

　　寫一份報告說明，如果希望證明：一天喝 3 杯到 5 杯咖啡，的確對健康不會產生負面影響，研究應該要怎樣做，才能對結論有信心？

第四部

統計的重要功能：從樣本推論母體

樣本和母體

chapter 12

問題 1 媒體報導某網路民調結果，標題是：

3 成女性願年花 10 萬美容

這是樣本結果，它代表怎樣的母體呢？

01 母體是什麼

統計裡面所說的母體 (population)，指的是我們想要尋求資訊的「標的」，它的組成份子各種可能性都有：人、事、物 (生物或非生物)，我們將用「個體」作為統稱。母體通常很大，要掌握母體資訊不容易、或不可能。樣本 (sample) 是母體的一部分；抽取樣本的目

的，是想取得有關母體的資訊。比如政府若想要知道，台灣成年民眾當中，會用電腦的人所占百分比，因此做了抽樣調查，訪問到 1083 位成年人。這裡所考慮的母體和樣本分別為：

母體：所有的台灣成年民眾

樣本：訪問到的 1,083 位成年人

訪問的目的，當然是要從樣本結果推估，台灣成年民眾當中會用電腦的人所占百分比。

生產某零件的工廠想要知道，一條新生產線所出產零件的瑕疵品比例是否符合標準，因此由品管工程師從整批零件中抽出一部分來檢查。對品管工程師來說，母體是整批零件，樣本則是被抽出檢查的那些零件。

通常要定義母體並不困難，只要釐清想要找的是怎樣的資訊，則我們所求取資訊的標的對象就構成母體。比如政府若想要知道，青少年的家長對電視遊戲的分級意見如何，則母體自然就是「所有青少年的家長」。一般的狀況應該都是先有了明確的母體之後，才去找樣本。但有的時候我們會直接看到「樣本結果」，而母體並不明確，這時對於樣本結果的解讀就要很小心了。

網路民調怎麼看

問題 1 提到了網路民調的案例。該項關於美容的報導內容說：根據一項針對國內最大美容網站 Fashion Guide 的網路民調，受訪者約一千零三十二人次，其中約有三分之一女性每年願意編列十萬元以上的預算在醫學美容，有三分之一的女性只願意花三萬元以下。根據這

項民調結果，我們是否有信心可以說：「國內女性約有三分之一，願意每年花十萬元以上在醫學美容上面。」也就是說，該項網路民調的結果，可以推廣到「國內女性」這個母體嗎？

隨便想想就知道答案應該是否定的，因為這是美容網站做的網路民調，國內許多女性應該從未造訪過這個網站。退而求其次，民調結果可以推廣到「國內所有曾造訪該美容網站的女性網友」嗎？這也多半不行，除非受訪的人是抽自該網站所有女性網友的隨機樣本；可是這應該很難執行。而且報導中所說的「受訪者約一千零三十二人次」就洩底了，隨機抽訪不應該同一個人訪問兩次，所以會出現「人次」，就不像是隨機抽訪的結果。

網路民調通常是把問卷題目放上網頁，由網民自己決定要不要點進去填寫，參加填寫問卷的人就構成了這次調查的樣本，而這樣的樣本無法代表任何母體。現在可以回答問題 1 了。

問題 1 答案 只要網路民調是由上網的人自行決定是否填寫，民調對象並非抽自任何母體的隨機樣本，該調查結果就只能看成是樣本結果，無法推廣到任何合適的母體。我們可合理判斷，Fashion Guide 的網路民調應適用上述結論。

02 好樣本和壞樣本

既然抽取樣本的目的，是想取得有關母體的資訊，則樣本好壞就關係重大。以民意調查來說，樣本常常只包括一、兩千人，結果是否可靠、完全要看樣本是否有代表性。而想得到具代表性的好樣本，則

必須用正確的抽樣方式。我們先看看有哪些方式可以抽樣。

淡江大學在不久之前，把退學條件從累計兩次二分之一學分不及格，改成連續兩次二分之一學分不及格。換句話說，標準更鬆了。同學可以一學期「耍廢」(「混」的意思，據說年輕人已不說「混」了)，下一學期稍稍上緊發條，接下來再耍廢，只要別連續「廢」兩學期，永遠都不會因雙二一退學。壓根沒有學習意願的同學應該會歡迎這種新政策，但認真的同學不知看法如何。假設我想要知道所有大學部同學當中、贊同學校新退學政策的人占多少百分比，於是我把它當作統計學的報告題目，請同學想辦法找答案。這裡的母體就是淡江大學的所有大學部同學。

假設小凱決定對他手機通訊錄裡面的所有同校同學發出簡訊，請他們表示意見，然後根據大家的答案，得到一個認同的百分比，這樣所得到的樣本結果，能夠代表全校同學的意見嗎？答案應該很明顯：手機通訊錄裡面全是小凱認識、會互通訊息的人，很可能同質性太高，很難視為全校同學的「縮影」，若用這個樣本結果來估計母體比例，誤差多半很大。

如果小胖考慮到不應該只找認識的人問，於是決定在校園內找個定點、訪問同學，這樣子得到的樣本，品質又如何呢？和通訊錄名單比起來，這種方式當然要客觀許多，但是它的代表性仍然有許多探討的空間。例如：如果站在文學院門口訪問同學，則樣本裡面文學院同學的比例會過高，而如果在非考試期間站在圖書館門口訪問同學，則樣本當中又會包括較多用功的同學了；文學院的退學比例通常遠低於理、工學院，而用功的同學多半不用擔心被退學的問題，當然兩者都缺乏全校一般同學的代表性了。

上述兩種抽樣方式都只顧執行的方便性，我們稱得到的樣本為<u>方便樣本</u> (convenience sample)。兩個方便樣本都「偏袒」了一部分人，減少、甚至排除了其他人被選進樣本的機會，當然不具代表性。

當網路民調把問卷題目放上網頁，由網民自己決定要不要點進去填寫，參加填寫問卷的人就構成了這次調查的樣本。這樣的樣本叫做<u>自發性回應樣本</u> (voluntary response sample)，因為填問卷的人是自己決定要加入樣本、而非被抽到的。上一節已討論過，這樣的樣本無法代表任何母體。再來看一個例子。

美國專欄作家藍德絲 (Ann Landers) 有一次問她的讀者：「如果可以重來一次，你還要孩子嗎？」藍德絲接到接近 1 萬份答覆，其中將近 70% 說：「不要！」難道說 70% 的父母都後悔有了孩子嗎？當然不是這樣。這是個自發性回應樣本。通常對某一議題有強烈感覺的人，尤其是負面感覺的，比較會不嫌麻煩的去回應。我如果覺得有孩子還不錯，或者感覺平平，大概不會去回應。而對於被孩子搞得快發瘋的父母，回答「不要」成了抒發情緒的管道，回應的意願當然高很多。藍德絲的結果是有高度偏差的：她的樣本中寧願不要孩子的父母百分比，遠大於全體父母中寧願不要孩子的百分比。

自發性回應樣本，是由人們自行決定要不要回應；而方便樣本則是由訪談者決定的。在這兩種情形當中，都是由於人為因素而造成偏差。統計學家的補救方法，是利用不牽涉人為選擇的隨機方式來選取樣本。如此選出的樣本，既不會受取樣者的偏好所影響，也不會有回應者的自行加入。這樣的選擇方式是藉由給每個個體有同樣的機會中選，來消除偏差，我們稱這種樣本為隨機樣本。綜合以上討論，我們所介紹的幾種抽樣方式可作以下分類：

壞樣本的例子：方便樣本、自發性回應樣本。

好樣本的例子：隨機樣本。

> **隨堂討論題** 有些領域的研究為了蒐集數據，會發出許多問卷，然後根據回收問卷的調查結果來做某些判斷。大部分人不喜歡填問卷，所以通常回收比例都相當低。請問這樣得到的樣本最接近哪種樣本、代表性如何？

隨機樣本的常用抽樣方式有好幾種，不同情況下有不同的適用方式，但這部分已非常專業，本書只介紹最直觀易懂的簡單隨機抽樣。在第七章討論統計和機率的關係時，我們已定義了簡單隨機樣本。它的概念很簡單，就是要給母體中每個個體同樣的被抽中機會；大樂透開獎時開出的 6 個號碼 (不計入特別號) 就是從 49 個號碼的母體抽出的簡單隨機樣本。

簡單隨機樣本的概念雖然簡單，但是實際上要抽取樣本時，執行起來其實沒那麼容易。大樂透只有 49 個號碼球，要從這樣小的「母體」抽出簡單隨機樣本，當然沒問題；然而通常我們感興趣的母體都比這要大非常多，事情可就沒這麼好辦。我們回到之前提到的例子來考慮這個問題：假設我們要求小凱和小胖各做一份報告，客觀評估淡江大學的大學部同學當中，贊成學校的新退學政策的人占多少百分比，並且規定他們要抽取樣本大小為 500 的簡單隨機樣本。

抽簡單隨機樣本常不易執行

要抽取簡單隨機樣本之前，首先要有明確的母體。假設我們只將

日間部的學生列入考慮，則母體就是淡江大學所有的日間部大學生，人數大約在 20,000 人左右。為簡化問題，假設教務處願意把學生名單提供給小凱和小胖，則他們可以將 20,000 位同學編號，然後利用電腦，從所有編號當中隨機抽出 500 個來，這樣就得到所需要的簡單隨機樣本了。樣本雖然抽出來了，問題才剛開始。如何想辦法聯絡上這 500 位同學、詢問他們對退學政策的意見，將會是件非常艱苦的任務。

　　由 20,000 名大學生構成的母體，而且還有名單可以利用，這和一般的抽樣調查相比，已是極為簡單的情況了。真實人生中的抽樣調查，母體往往非常大，若要抽取簡單隨機樣本，幾乎不可能執行。以全台灣成年民眾來說，人數在一千六百萬附近，即便有辦法抽出兩千人的簡單隨機樣本，要連絡上這兩千人，就不知需要花費多少人力和時間了。美國約有兩億成年人，要想抽取簡單隨機樣本，更幾乎是不可能的任務。因此專業的民調機構會發展出較易執行的抽樣方式，可能分階段抽樣，並且混合使用好幾種不同的隨機抽樣方式。

　　以台灣的媒體民調來看，最常見的就是隨機抽電話號碼，因為這是最容易執行的方式。然而仔細想想，不難發現問題。如果訪問時隨機抽的是市話號碼，接觸到的人可能很有侷限性。比如大學生和研究生很多不住在家裡，即使在家可能也不接電話，因為年輕人已很少用市話當作聯絡工具。而常加班的上班族在家的時間很短，所以最容易接到市話的人，大概就是老年人和家庭主婦了。負責任的民調機構了解這樣的調查結果會有偏差，也會依照人口結構作調整。至於調整方式是否夠嚴謹，就不得而知。最近已看到有民調結果的調查對象是經由隨機抽手機號碼得到的，顯然已有人認為抽市話號碼過時了。

利用隨機號碼表抽簡單隨機樣本

母體不大時，我們可以利用在第八章介紹的隨機號碼表，幫我們抽出簡單隨機樣本，其步驟如下：

步驟 1： 編代碼

對母體中每一個個體，指定一個數字代碼。要確定每個代碼都是同樣的位數。

步驟 2： 用隨機號碼表

利用隨機數字來隨機選取代碼。

假設老師有三張某活動門票想送給同學；班上同學有五十位，為了公平起見，決定從班上抽出三位同學的簡單隨機樣本。老師當然可以把每位同學的姓名或者座號寫在同樣大小的紙片上，將所有紙片丟入容器混勻，然後再從裡面抽出三張。這樣很公平，但還需要製作紙片很麻煩，如果利用隨機號碼表，就可以取代紙片了，方法如下：

步驟 1： 先給每位學生編代碼。因為有座號，直接用座號當代碼即可，不過每個代碼必須是同樣的位數，所以 1 到 9 號的座號都必須在前面補上 0、變成 01、02、03、…、09，如此班上每位同學都有「二位數」代碼。

步驟 2： 從隨機號碼表任何地方開始，讀出三個不同的「有效二位數」就停止。「有效二位數」指 01、02、03、…、50，因為只有這些號碼有對應到同學。

假設我們選了列 12 第 11 行當作起始點，就會得到

Chapter 12　樣本和母體

76　27　92　62　26　40

座號 27、26 和 40 號的同學就中獎了。如此的抽獎方式讓每位同學被抽中的機率相同，所以抽出的三人構成簡單隨機樣本。

　　只要了解用隨機號碼表抽樣本的意義，還可以靈活調整作法。剛才如果不巧，選了列 19 第 1 行開始，會得到

53　66　94　59　40　84　22　71　37

要抽出 9 個「二位數」才完成任務，「浪費」好多號碼。如果改成分配每位同學兩個「二位數」的話，就完全不會浪費了。比如把 01 和 51 分給座號 1 號同學，02 和 52 分給座號 2 號同學，依此類推。如果我們還是用列 19 第 1 行當作起始點的話，前三個二位數是 53、66、94，則代表座號 3 號、16 號和 44 號的同學中獎了，號碼完全沒有浪費。

隨堂練習 1　某選修課老師教得很爛，同學們決定要派代表向系主任反應。因為大家都不是很想接這份差事，於是決定要利用隨機號碼表、抽出五人的隨機樣本當代表。以下是學生名單：

欣雯	弘均	力倫	孜銀	伯彥	廷芳	仁偉	少宣	哲緯	棠均
怡婷	凱儀	梓豪	奕彤	旭廷	皓成	里敬	永翔	忠彥	耀威
秉怡	瑜涵	靜翰

先給每位同學編代碼，再利用隨機號碼表、抽出五人的簡單隨機樣本。要寫出 (a) 每位同學的代碼，(b) 隨機號碼表的起始位

置，(c) 所有抽出的號碼，並在用不到或者重複的號碼上畫條斜線、代表刪除，(d) 抽出之五人名單。

重點摘要

一、母體是指我們想要尋求資訊的「標的」。

二、若網路民調是由網民自行決定是否填寫，民調對象並非抽自任何母體的隨機樣本，則該調查結果就只能看成是樣本結果，無法推廣到任何合適的母體。

三、方便樣本、自發性回應樣本是壞樣本，隨機樣本是好樣本。

四、簡單隨機樣本的概念簡單，但是實際上要抽取樣本時，如果母體很大、執行起來通常很困難。

五、隨機樣本的抽樣方式有好幾種，不同情況下有不同的適用方式。

習題

1. 若學校想要知道全校學生當中支持校方某新政策的占多少百分比，於是製作了問卷供學生填答，以下哪種抽樣方式最能得到具代表性的結論？理由是什麼？

   (a) 在學校各定點放置問卷讓學生自由填寫。

   (b) 由全校每班的班代填寫問卷。

   (c) 從全校學生名單中抽出隨機樣本，再找抽中的學生填寫問卷。

2. 「聯合國的總部，是否應該繼續設在美國？」有個美國電視節目對此議題邀請觀眾打電話進來表示意見，一共接到 186,000 通電話，其中 67% 說「不應該」。

從全國抽的一個 500 個成人的隨機樣本中，卻有 72% 的人對同樣的問題回答「應該」。

若要知道所有美國人是怎麼想的，這 500 個隨機選擇的人的意見，和 186,000 個自動打電話的人 (次) 的意見比起來，何者較為可靠？為什麼？

3. 假設我們想要從編號 1 到 260 的 260 人當中，抽出 8 人的簡單隨機樣本。(a) 說明如何編代碼。(b) 利用隨機號碼表、抽出 8 人的簡單隨機樣本。要寫出隨機號碼表的起始位置、所有抽出的號碼 (並在用不到或者重複的號碼上畫條斜線、代表刪除) 及抽出之 8 人編號。

從樣本推論母體的依據

chapter 13

問題 1 2012 年 8 月 16 日中廣新聞網報導：為使消費者安心飲用冰品冷飲，宜蘭縣政府衛生局今年執行「茶飲專案」，自 5 月起至 7 月底，針對市售 (現調飲料連鎖店) 進行抽驗，共計 108 件，8 件不合格，不合格率約百分之七。

「約百分之七」只是抽驗 108 件的樣本結果，而宜蘭縣現調飲料連鎖店全部冰品冷飲的不合格率是母體比例。從樣本比例可以得到關於母體比例的訊息嗎？

01　正確抽樣的重要性

　　我們用問題 1 當例子來討論。事實上 8/108 = 0.074，所以更精確的不合格率是 7.4%。這個百分比是抽驗的結果、也就是樣本比例，並不是宜蘭縣所有現調飲料連鎖店冰品冷飲的不合格比例 (母體比例)。我們常想知道母體比例的值，但是因為母體通常都太大了，不太可能蒐集所有的值，所以只能退而求其次、抽取樣本，用樣本比例來當作母體比例的估計；只要抽樣方式正確，這是合理的估計方式。

　　怎樣才是正確的抽樣方式呢？我們已討論過了，當然是要隨機抽樣。理論上來說，宜蘭縣可以把該縣所有現調飲料連鎖店所賣的冰品列表，編代碼之後用隨機號碼表抽出簡單隨機樣本，然後再檢驗樣本中的冰品是否合格就可以了。觀念很簡單，但實際執行的時候會很麻煩。為了方便執行，有其他更合適的隨機抽樣方式可以選擇；不過本書只介紹最直觀易懂的簡單隨機抽樣，所以我們就假設冰品是用這種方式抽樣。

　　假設宜蘭縣的確用了隨機抽樣的正確方式，然而 7.4% 畢竟是樣本結果 (我們稱它為樣本比例)，怎知母體比例 (宜蘭縣所有現調飲料連鎖店冰品冷飲的不合格比例) 會不會和它差很多呢？而且樣本比例的值由樣本決定，因此會隨著所抽的樣本而改變；如果重新抽同樣大小的樣本作調查，多半會得到不同的樣本比例值，因為樣本的組成和之前的樣本不同了。想像我們一直不斷重新抽樣本，就會得到許許多多不同的樣本比例值，而我們所得到的估計值、比如上述例子的 7.4%，只是許多可能結果之一罷了。這樣看來，問題好像很複雜。用樣本比例來估計母體比例的準確程度，到底有沒有辦法可以評估

呢？答案是肯定的，但需要一些背景知識，首先必須知道：樣本比例的值會有怎樣的變化，它們和母體比例又有什麼樣的關係；這些都是本章要討論的主題。

為什麼必須抽隨機樣本，答案在於：從隨機樣本所得到的結果(例如樣本比例)，雖然會變來變去，但是並非毫無章法、亂變一通，而是會形成一定的「架構」；而這個架構會把母體比例 p 和樣本比例 $\hat{p}$ 之間的關係連結起來。我們用 $\hat{p}$ 來估計 p 時，由於有這個架構，因此可以評估誤差的大小；對照起來，若不用隨機方式抽樣，則沒有架構可以掌握，對於估計結果的好壞，則完全沒有辦法評估。

所謂「架構」指的是什麼，我們在第八章第三節曾簡單介紹過。現在用冰品例子來說明。假設宜蘭縣所有現調飲料連鎖店冰品冷飲的不合格比例是 p，但是冰品太多了，除非一一檢驗，否則不可能知道 p 是多少，衛生相關單位抽了 108 件的隨機樣本，得到樣本比例 $\hat{p} = 0.074$，當作母體比例 p 的估計。如果重新抽一次 108 件的簡單隨機樣本，所得到的樣本比例值可能會改變。

不斷重複抽樣本的話，可以得到許許多多的 $\hat{p}$ 值，「所有可能得到的 $\hat{p}$ 值以及這些值出現的機率」，就是我們所說的「架構」，其實就是 $\hat{p}$ 的機率分布。這個分布可以根據理論導出，我們不必實際去抽樣就可以掌握，而該分布和母體比例 p 有很密切的關係。樣本比例是一種統計量 (統計量是樣本的函數，抽樣之後就可以算出它的值)，統計量的機率分布因為是不斷抽樣的結果，另一個名稱是「抽樣分布」(請參考第 7 章第 3 節)。現在可以回答問題 1 了。

> 問題 1 答案 宜蘭縣現調飲料連鎖店全部冰品冷飲的不合格率是母體比例,「約百分之七」是樣本當中不合格的比例,確實的數字是 0.074。假設抽驗時是執行簡單隨機抽樣,而我們不斷重複抽樣本、每次都抽 108 件的話,可以得到許許多多的 $\hat{p}$ 值,0.074 只是其中之一。然而所有可能得到的 $\hat{p}$ 值以及這些值出現的機率 (即 $\hat{p}$ 的機率分布) 可以根據理論導出,而該分布和母體比例 p 有很密切的關係,因此我們可以從樣本比例推出有關母體比例的訊息。如果沒有執行隨機抽樣,則無法從樣本比例推出有關母體比例的訊息。

02　樣本比例和母體比例

　　我們已知用樣本比例來估計母體比例時,結果好不好主要是看樣本取得好不好;而要取得適當的樣本,必須用正確的抽樣方式,也就是隨機抽樣。隨機抽樣可以避免人為因素,選出客觀、有代表性的樣本。本書將針對簡單隨機抽樣做討論。

　　正常情況都是母體比例未知,需要用樣本比例來估計。現在為了方便說明,我們假設母體比例已知,然後觀察樣本比例的變化狀況。一旦了解母體比例和樣本比例之間有怎樣的關聯之後,就可以利用樣本比例,倒回來推出關於母體比例的訊息了。而要了解樣本比例的變化狀況,用隨機號碼表模擬抽樣即可。

　　假設日本全國 20 歲以上的民眾當中,會想來台灣觀光的比例 p 等於 0.6 (外交部曾委託美國蓋洛普公司日本分公司對這問題做過民調,0.6 很接近該民調的結果)。我們利用隨機號碼表模擬抽樣調查的結果,一次抽 20 人 (一回合),算出樣本當中會想來台灣觀光的比例

Chapter 13　從樣本推論母體的依據

$\hat{p}$，並重複 10 個回合。

首先要分配數字，因為假設 p 等於 0.6，所以可以這樣分配：

0、1、2、3、4、5　代表想來台灣觀光
6、7、8、9　　　　代表沒有想來台灣觀光

因為每個數字被抽到的機率都是十分之一，「想來台灣觀光」對應 6 個數字，所以機率就是 $\frac{6}{10}$ = 0.6。其次要從隨機號碼表讀出數字，假設我們決定從隨機號碼表的列 30 第 1 行開始，20 個數字為一回合，○代表想來台灣觀光、×代表沒有想來台灣觀光：

2　2　4　8　1　6　9　5　7　2　9　5　4　1　7　2　2　9　7　3
○　○　○　×　○　×　×　○　×　○　×　○　○　○　×　○　○　×　×　○

第一回合模擬抽樣結果，得到 $\hat{p}$ 等於 12/20 = 0.6。

接下來第二回合數字如下：

9　6　8　6　8　0　2　9　3　4　9　7　1　4　2　8　7　0　4　4

20 個數字當中，代表想來台灣觀光的共有 10 個，所以第二回合模擬抽樣結果為 $\hat{p}$ = 10/20 = 0.5。

繼續這樣抽號碼，接下來的三個回合模擬，樣本比例分別等於 0.6、0.7 和 0.55。

多次模擬抽樣調查的結果

從上述結果可以看出，當母體比例等於 0.6 時，從樣本大小為 n = 20 的簡單隨機樣本所得到的樣本比例，其值會隨著樣本變動，5 回

合抽樣中最小的 $\hat{p}$ 等於 0.5、最大的等於 0.7，都在 0.6 的附近。當然如果繼續抽樣下去，我們可以預期會出現距離 0.6 比較遠些的值。為了看到更多有關 $\hat{p}$ 分布狀況的訊息，如果我們總共做 500 回合的話 (當然要靠電腦幫忙)，將 500 個 $\hat{p}$ 值畫成直方圖，可能呈現以下結果：

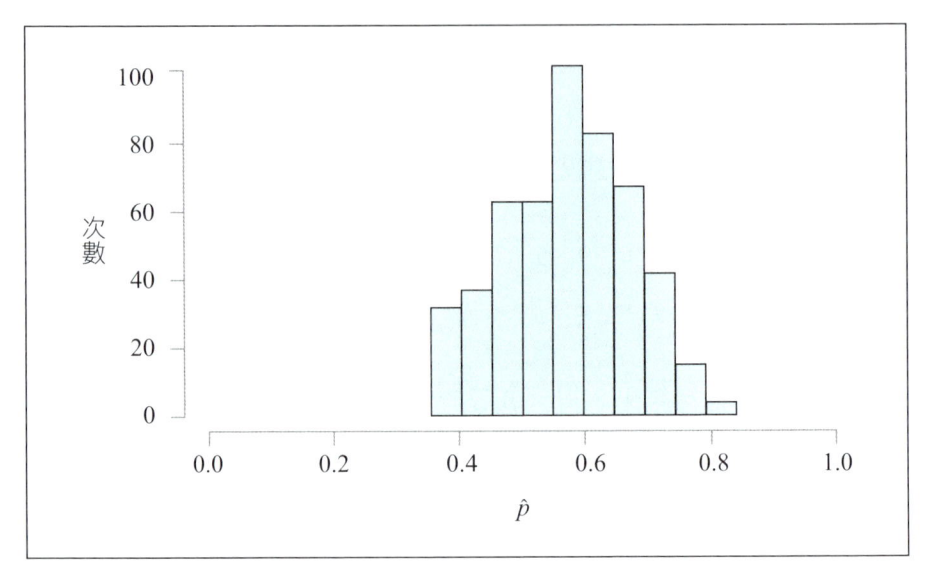

🌐 n = 20 的 $\hat{p}$ 直方圖

從圖裡看到的訊息包括：

一、500 個 $\hat{p}$ 值大致以母體比例 0.6 為中心、還算對稱的分布在其左右。

二、看起來 500 個 $\hat{p}$ 值都落在 0.35 和 0.85 之間，而靠近 0.6 的值比較集中、直方圖的長方形比較高，兩邊外側的長方形則較低，這種中間高、兩頭低的形狀，我們稱之為丘型。

因為這是模擬結果，如果重新做 500 回合，直方圖又會有不一樣的面貌，但仍然會出現大致以 0.6 為中心的丘型。而若把樣本加大的話，直方圖的形狀則會愈來愈穩定，並且可以看出較明確的訊息。以樣本大小 $n = 100$ 為例，500 個 $\hat{p}$ 值的直方圖可能像下面這樣：

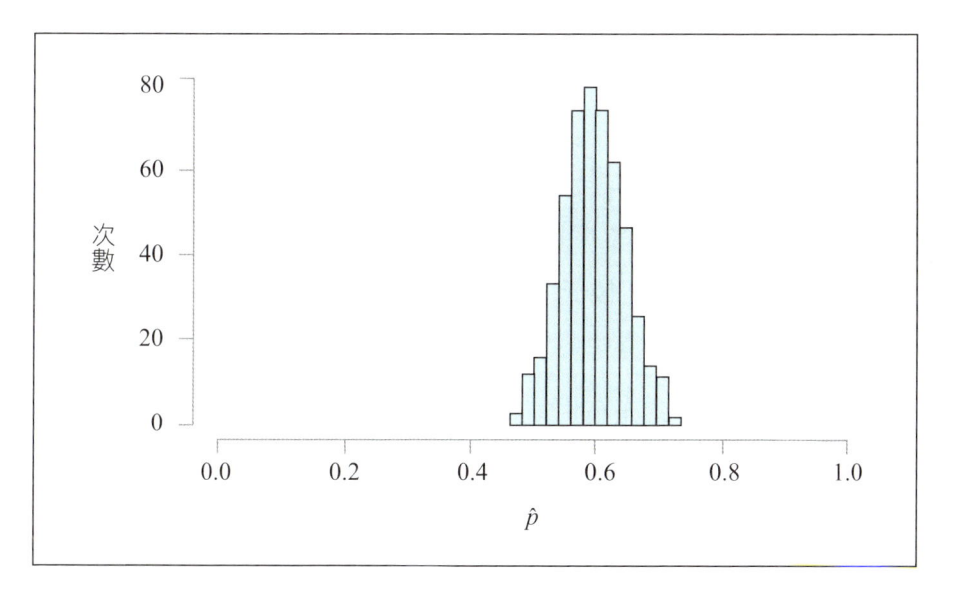

🌐 $n = 100$ 的 $\hat{p}$ 直方圖

把從直方圖裡看到的抽樣結果整理一下，可以得到以下訊息：

一、如果日本全國 20 歲以上的民眾當中，會想來台灣觀光的比例 p 等於 0.6 的話，我們若從這些 20 歲以上民眾當中抽出隨機樣本、樣本大小為 $n = 100$，則樣本當中會想來台灣觀光的比例 $\hat{p}$ 的值，都會落在 0.6 的附近。更明確一點說，直方圖中的 500 個 $\hat{p}$ 值，看起來都落在 0.45 到 0.75 之間。將 $\hat{p}$ 和 p 的差距稱為抽樣誤差的話，這 500 次估計結果的抽樣誤差都不超過 0.15。

二、正常情況下我們不會知道 p 的值，也不會重複抽樣許多次。但是因為 500 個 $\hat{p}$ 值的最大誤差只有 0.15，所以當我們抽隨機樣本、用一個樣本比例 $\hat{p}$ 的值來估計母體比例 p 時，不論我們得到的 $\hat{p}$ 值是多少，都可以相當有信心，誤差不會很大。

如果把 n 再加大，狀況會怎樣呢？讓我們先把 $n = 20$ 和 $n = 100$ 的兩個直方圖比較一下看看：

一、$n = 100$ 的 $\hat{p}$ 值比較集中，$n = 20$ 的 $\hat{p}$ 值則比較分散。具體來說，$n = 20$ 的 $\hat{p}$ 值有比 0.4 小的、也有比 0.8 大的，代表變異數較大，估計的準確性較低，而 $n = 100$ 的 $\hat{p}$ 值，看來都在 0.45 到 0.75 之間。

二、$n = 100$ 的直方圖左右相當對稱、而且看來是以 0.6 (母體比例) 為中心；$n = 20$ 直方圖的對稱性則比較不明顯。

如果 n 再加大的話，直方圖的形狀仍然會是以 0.6 為中心、左右對稱的丘型，然而 $\hat{p}$ 值的變化範圍會更小，也就是用 $\hat{p}$ 估計 p 的誤差會更小。我們在此觀察到的現象，其實都可以用一個定理印證、叫做中央極限定理 (central limit theorem)。但是定理太專業了，當然不適合出現在這本書當中，我們只說明定理背後的概念。

中央極限定理有不同的版本，其中用在樣本比例的最基礎版本意思是說：n 夠大的話，用很多 $\hat{p}$ 所畫出直方圖的形狀，必定會接近某一個特定的分布，該分布以母體比例 p 為中心，形狀為左右對稱的丘型、也可稱鐘型 (有點像教堂的鐘)。而且 n 愈大、分布就愈集中。這個分布叫做常態分布 (normal distribution)，可以用數學式子表示。把

這個常態分布的曲線畫在 $n = 100$ 的 $\hat{p}$ 直方圖上，會出現以下結果：

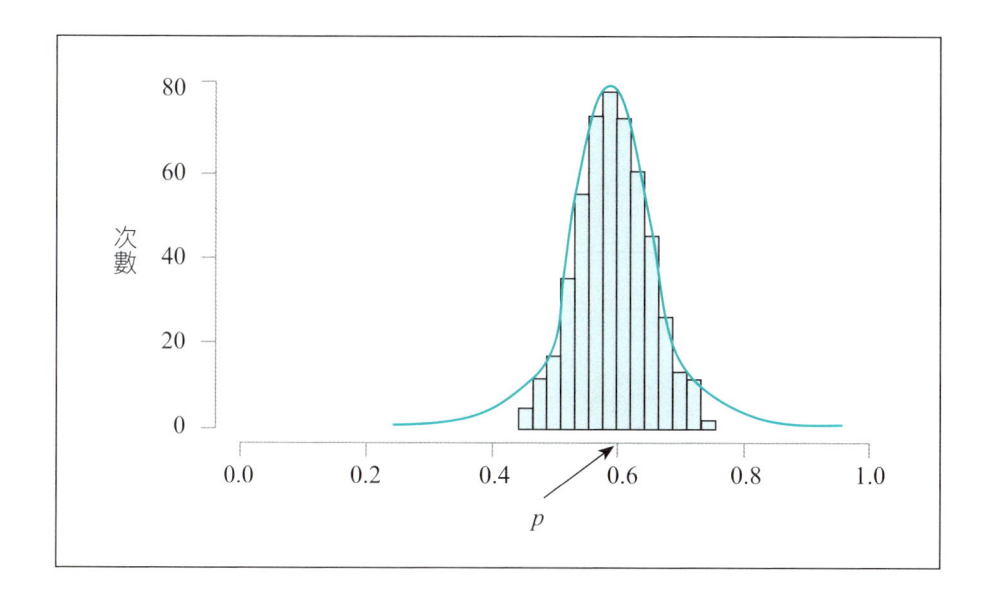

從上圖可以看出，除了曲線的尾巴部分之外，直方圖和常態曲線相當吻合。直方圖一般來說都是不規則圖形，我們若再抽 100 人的樣本、算出樣本比例 $\hat{p}$ 的值，一直重複抽樣、總共得到 500 個 $\hat{p}$ 值，然後再畫出直方圖的話，它的圖形不會和上面的直方圖一樣。不規則且沒有固定形狀的直方圖很難分析，現在可以用一條分布曲線近似描繪我們的直方圖，則可以利用該分布曲線的相關性質，得到關於 $\hat{p}$ 分布的近似結果了。從直方圖看到 $\hat{p}$ 的分布似乎都以 p 為中心，這的確是事實。再根據常態曲線的性質，還可以評估用樣本比例來估計母體比例的準確程度，這將在下一章討論。常態分布的式子會列在附錄，它的重要性質則簡單介紹如下。

　　常態分布的可能值包含了所有實數，它的圖形是對稱、單峰及鐘型的，尾部下降得相當快，很快就貼近 x 軸，代表它出現極端值的機

率很小。因為常態分布是對稱的，所以平均數和中位數都落在曲線的中間位置，這也是它的高峰所在。其圖形的形狀是由兩個參數所決定的：平均數 μ 以及標準差 σ，中心位置就在 μ，而它的分散程度則是由標準差 σ 的大小所決定。我們用符號 $N(\mu, \sigma^2)$ 代表平均數為 μ、標準差為 σ（變異數為 σ^2）的常態分布。

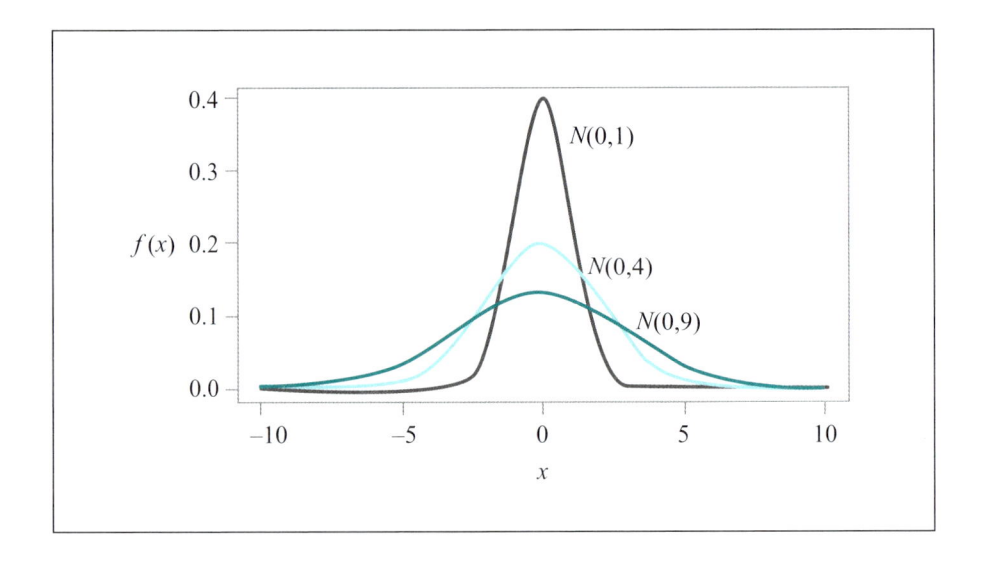

上圖裡的三條曲線代表的是 μ 皆為 0，但 σ 不同的常態分布函數，σ 分別等於 1、2、3。由圖中我們可以看出當 μ 相同時，這些函數的中心位置是一樣的，而當 σ 愈大時，其分布範圍就愈廣、曲線也從「陡」而慢慢變「平」。下圖裡的兩條曲線代表的是 σ 同樣為 1，但 μ 不同的常態分布之函數，μ 分別等於 0 和 2。由圖中我們可以看出，當 μ 改變而 σ 不變時，只會影響到函數的中心位置而不會影響形狀。

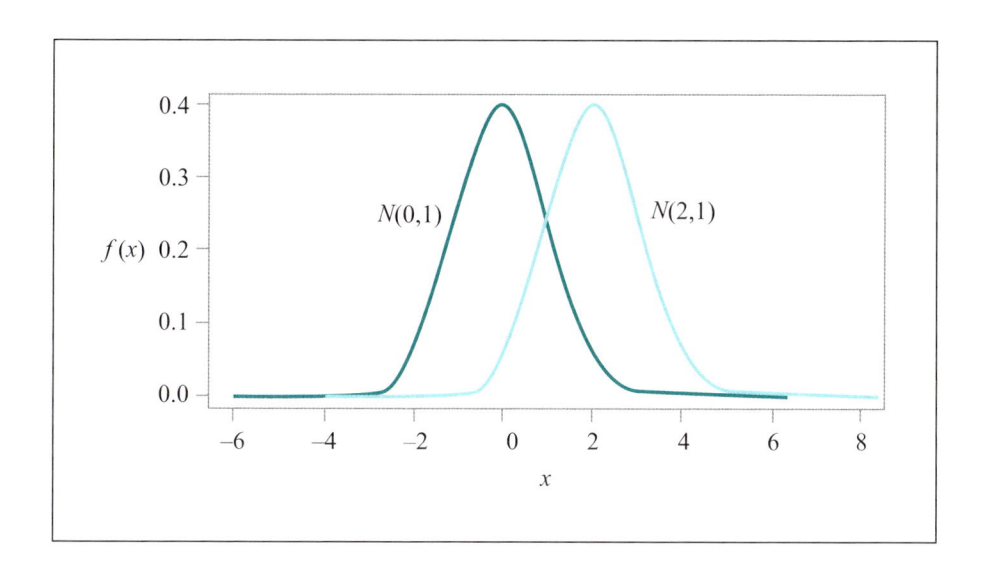

[圖：兩條常態分布曲線 N(0,1) 與 N(2,1)]

對於某些真實數據的分布，用常態曲線可以做很好的描述。比如說當我們重複度量同一個量時，可能每次的結果都有些微差距，也就是和正確數字有誤差；通常誤差會有正有負，而且小的誤差會較多、大的誤差則較少。如果將許許多多的誤差用直方圖表示出來的話，形狀常會接近常態曲線。

綜合以上討論，對於用樣本推論母體，有以下事實：

一、要從樣本推論母體，一定要用正確的抽樣方式，也就是隨機抽樣。

二、以估計母體比例為例，從隨機樣本所得到的結果 (即樣本比例)，雖然會變來變去、重新抽樣就可能得到不同結果，但是若把許許多多的樣本比例放在一起考慮，它的分布會形成一定的「架構」。

三、當樣本夠大時，上述架構可以用叫做常態分布的特定曲線描述，而根據常態曲線的性質，我們可以把母體比例 p 和樣本比例 $\hat{p}$ 之

間的關係連結起來。用 $\hat{p}$ 來估計 p 時，由於有上述連結，因此可以評估誤差的大小。本書只簡單介紹常態分布，但會在下一章說明用 $\hat{p}$ 來估計 p 時應如何評估誤差。

四、常態分布的可能值包含了所有實數，它的圖形是對稱、單峰及鐘型的，尾部下降得相當快，代表它出現極端值的機率很小。

五、常態分布圖形的形狀是由兩個參數所決定的：平均數 μ 以及標準差 σ，中心位置就在 μ，而它的分散程度則是由標準差 σ 的大小所決定。

六、對於某些真實數據的分布，用常態曲線可以做很好的描述。比如說當我們重複度量同一個量時，可能每次的結果都有些微差距，也就是和正確數字有誤差；如果將許許多多的誤差用直方圖表示出來的話，形狀常會接近常態曲線。

重點摘要

一、要從樣本推論母體，一定要用正確的抽樣方式，也就是隨機抽樣。

二、如果母體比例是 p，考慮從該母體抽隨機樣本並計算樣本比例、重複許多次，則樣本比例 $\hat{p}$ 所構成的直方圖，會出現大致以 p 為中心的丘型。而若把樣本加大的話，直方圖的形狀則會愈來愈穩定，可以用一條曲線描述。該曲線叫做常態曲線。

三、根據常態曲線的性質，可以評估用 $\hat{p}$ 來估計 p 時的誤差大小。

習題

1. 利用隨機號碼表模擬從母體比例為 0.2 的母體抽樣。樣本大小為 (a) $n = 5$，(b) $n = 10$，分別做 10 回合。要寫出數字分配、隨機號碼表起始位置、算出樣本比例的值、並比較 (a) 和 (b) 的結果。

民調結果應怎樣解讀

chapter 14

問題 1 民調結果說甲候選人支持率 41%、乙候選人支持率 38%，這樣代表甲贏乙嗎？

01　怎樣看待民調結果的百分比

　　我們經常需要依賴民調結果來取得訊息。比如幾年前健保局想要了解有多少民眾知道健保財務短絀，又有多少民眾支持「月入 3、4 萬民眾每月多繳一個便當錢」；因為不可能訪問到每一位成年民眾，於是在 2009 年底對台灣地區 20 歲以上民眾進行了一次電話調查。在有效樣本人數 1,109 人中，對上述問題得到下列結果 (發佈日期：

2010 年 1 月 28 日)：84% 民眾知道健保財務短絀，而 55% 民眾支持月入 3、4 萬民眾每月多繳一個便當錢。再看一個例子。

外交部想要知道，日本民眾有多少百分比會想要來台觀光，於是委託美國蓋洛普公司日本分公司，在 2009 年 4 月 10 日至 19 日、針對日本全國 20 歲以上的 1,000 名男女，以電話隨機撥號方式訪問、做了一項民調。結果顯示，61% 的民眾表示，會想要來台灣觀光。

上述例子提到的數字，像多少百分比民眾支持「月入 3、4 萬民眾每月多繳一個便當錢」，以及多少百分比的日本民眾會想要來台觀光，都是母體數字，叫做母體比例。

母體是我們尋求訊息的對象全體。而民調得到的百分比：55% 民眾支持月入 3、4 萬民眾每月多繳一個便當錢，以及 61% 的日本成年民眾表示會想要來台灣觀光，則都是從樣本得到的數字，也就是樣本比例。

兩個樣本比例都是對於母體比例的估計，而樣本比例多半不等於母體比例，如此則我們應該問以下問題：用樣本比例當作母體比例的估計，背後的依據是什麼？民調結果又應該如何解讀？在上一章當中我們已說明，用隨機方式抽樣時，只要樣本大小 n 夠大，則母體比例 p 和樣本比例 $\hat{p}$ 之間會有某種特定關係，這就是用樣本比例當作母體比例估計的背後依據；而根據這層特定關係，我們就可以根據隨機抽樣得到的樣本比例 $\hat{p}$ 的值，正確解讀有關母體比例 p 的訊息。

如何解讀民調結果

假設抽樣方式正確，民調結果應該如何解讀，我們用以下例子說明。媒體報導說：外交部委託美國蓋洛普公司日本分公司的一項民調

顯示，61% 的民眾表示，會想要來台灣觀光。這項民調是自 2009 年 4 月 10 日至 19 日、針對日本全國 20 歲以上的 1,000 名男女，以電話隨機撥號方式訪問得到的結果。61% 是從被訪問到的 1,000 個人得到的答案，也就是樣本比例。

媒體對於上述結果，通常會這樣報導：民調顯示，61% 的日本成年民眾表示會想要來台灣觀光，在 95% 的信心水準下，此次調查的抽樣誤差在正負三個百分點之內。我們已討論過，重新抽樣本的話，61% 的數字多半會改變。所以我們不能只看這個數字。要解讀這項結果時，只要把民調得到的百分比 (61%)，分別減去及加上抽樣誤差 (3%)，就可以得到一個區間，我們稱它為信賴區間 (confidence interval)。因為信心水準是 95%，我們稱 (58%, 64%) 為母體比例 (日本全國 20 歲以上的民眾、想來台灣觀光的比例) 的 95% 信賴區間。用不太嚴謹的方式，可以這樣說明以上信賴區間：我們相當有信心 (95% 的把握)，真正的母體比例會落在 (58%, 64%) 範圍內，也就是說，日本全國 20 歲以上的民眾、想來台灣觀光的比例在 58% 和 64% 之間。

信賴區間的正確意義

現在用嚴謹的方式說明信賴區間的意義。樣本比例是一個變數，61% 只是這次抽樣得到的結果，是樣本比例的可能值之一。信賴區間的左右端點既然是用樣本比例分別加減一個數得來的，當然也是變數、而不是固定的數，每抽一次樣本就可能改變一次。例如當我們隨機抽了 1,000 人，得到樣本比例 0.55 時，信賴區間會等於 (0.52, 0.58)。如果重新抽樣 1,000 人，等於 0.64，則信賴區間會是 (0.61,

0.67)，而若樣本比例等於 0.58，則信賴區間會變成 (0.55, 0.61)。

想像這樣一直從母體抽隨機樣本，樣本大小維持 1,000，每抽一次樣本就會得到一個樣本比例，然後可以算出一個信賴區間。在所有這些可能得到的信賴區間當中，有 95% 會把真正的母體比例包含在當中，而有 5% 不會。這就是 95% 信賴區間的意義。

這裡為了方便說明，有把狀況稍微簡化。事實上抽樣誤差 (這個例子當中的 3%) 會隨著樣本比例而變，但是在樣本大小固定的情況之下，差別並不大。例如此例當中樣本比例為 0.61 時，抽樣誤差為 0.0302，而當樣本比例為 0.58 時，抽樣誤差為 0.0306。如果四捨五入到小數二位，都會等於 0.03，所以我們就用 0.03 當代表。其實媒體所用的「抽樣誤差」和有些統計教科書中提到的「抽樣誤差」(sampling error) 意思不太一樣，我們會把這部分的說明和抽樣誤差公式會放在本書附錄。現在介紹一個簡單好用的速算公式。

抽樣誤差速算公式

假設我們是在用大小為 n 的一個簡單隨機樣本的樣本比例 $\hat{p}$，來估計未知的母體比例 p。對應 95% 信心的抽樣誤差，大致等於 $\frac{1}{\sqrt{n}}$。此速算法算出的抽樣誤差，會比實際誤差稍大一點。和附錄中的正確公式比起來，在 $\hat{p}$ 靠近 0 或 1 時，差別會最大。

在來台觀光的例子當中，媒體報導的抽樣誤差是 0.03。如果用附錄的正確公式計算會得到 0.0302，媒體報導的 0.03 有可能是四捨五入到小數二位的結果。如果用速算公式，則會得到 $\frac{1}{\sqrt{1,000}} = 0.0316$，差別不大。

這次的信賴區間有包含母體比例嗎？

大家一定想知道，這次調查所得到的信賴區間，即 (58%, 64%)，有沒有包含真正的母體比例呢？可惜答案是：只有天知道。因為我們不知道這個信賴區間是屬於有包含母體比例的那 95%，還是屬於沒有包含母體比例的那 5%。如果屬於沒有包含母體比例的那5% 的話，則母體比例 p 就沒有落在 0.58 和 0.64 之間。這時候它有可能大於 0.64，也有可能小於 0.58。

這樣說來，好像結果很不確定，信賴區間似乎沒什麼用處，事實當然並非如此。我們藉由上一章的直方圖來做說明。以下是當母體比例等於 0.6 時，從其中抽簡單隨機樣本，總共抽 500 個隨機樣本，每個隨機樣本的樣本大小 $n = 100$，所得到 500 個 $\hat{p}$ 值構成的直方圖：

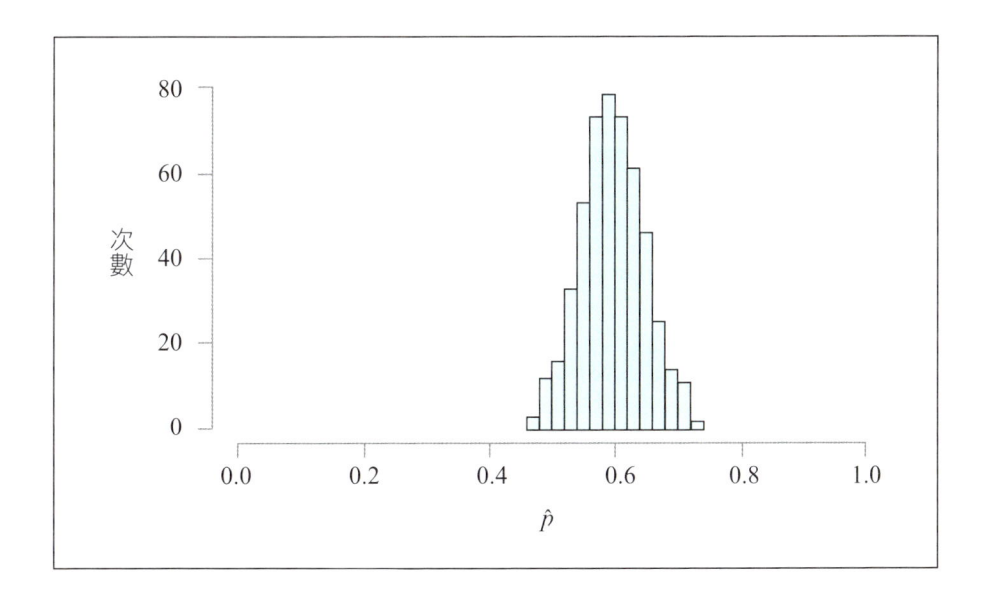

從圖中可以看出，500 個 $\hat{p}$ 值都分布在 0.45 到 0.75 之間，每個 $\hat{p}$

值代表執行一次隨機抽樣、樣本大小 $n = 100$ 的結果。當 $n = 100$ 時，95% 信心水準對應的抽樣誤差大約是 0.10，我們來檢視看看，直方圖當中這些抽樣結果對應怎樣的信賴區間。

考慮 $\hat{p} = 0.51$，分別減或加 0.10 之後，得到 (0.41, 0.61) 的 95% 信賴區間。我們知道母體比例是 0.6，所以這個區間有包含母體比例。若 $\hat{p} = 0.69$，分別減或加 0.10 之後，得到 (0.59, 0.79) 的 95% 信賴區間，也包含了母體比例。現在已很明顯可看出，如果 $\hat{p}$ 介於 0.51 和 0.69 之間，則所造出的信賴區間都會包含母體比例。

再來看直方圖當中比較靠近兩端的值。考慮 $\hat{p} = 0.46$，分別減或加 0.10 之後，得到 (0.36, 0.56) 的 95% 信賴區間，這回就錯過母體比例了。若 $\hat{p} = 0.75$，95% 信賴區間為 (0.65, 0.85)，也不包含母體比例。$\hat{p} = 0.46$ 和 $\hat{p} = 0.75$ 已是執行 500 次抽樣調查所得樣本比例當中幾乎最「極端」的結果了，而即便區間 (0.36, 0.56) 和 (0.65, 0.85) 都未包含 0.6，卻仍有一個端點 (0.56 和 0.65) 距離 0.6 不遠。母體比例是 0.6 時，卻做出信賴區間 (0.36, 0.56) 的話，當然不算是好的結果，但我們不要忘記，現在正在考慮的樣本大小只是 $n = 100$ 而已。大部分民調的樣本大小通常在一千以上，結果當然會好得多。

怎樣看待信賴區間可能沒有包含母體比例這件事？

雖然信賴區間不一定包含母體比例，讓人覺得這個方法好像不夠理想，可是如果想要知道日本全國 20 歲以上的民眾當中，會想來台灣觀光的比例是多少，不做民調的話，要怎麼辦呢？母體很大，不可能取得正確資訊，似乎只能隨便瞎猜。大家猜的數字都不一樣，還可能相差很多，要怎樣做結論呢？取平均、還是多數決？當然都沒道

理。即便做了某種結論，因為是隨便猜的數字，也完全沒有辦法評估誤差。

然而做了民調之後，結果就有很大的不同了。在未做抽樣調查之前，對於母體比例 p 是多少，幾乎沒有任何具體的概念。然而一旦用正確的方式 (即隨機抽樣) 抽出樣本來調查之後，就可以知道 p 的大概範圍了。因為我們的信賴區間 (0.58, 0.64) 很可能包含 p，即使沒有包含 p 的話，通常 p 距離 (0.58, 0.64) 的兩個端點 0.58 或 0.64 之一也不會很遠。也就是說，原本完全不知道 p 大概是多少，但是抽樣調查之後，就知道它大約在五成多到六成多之間；相對於母體來說，樣本只抽了 1,000 人其實非常非常少，卻可以得到有高度參考價值的訊息，所以正確執行的抽樣調查，是非常厲害、非常有用的工具。

可以提高信心水準嗎？

一般民調幾乎都採用 95% 信心水準，樣本如果在一千人附近，則抽樣誤差會相當接近 3%。對於更重要的事情，當然應該要求更準確的結果。比如可以要求更高的信心水準，也可以要求較小的抽樣誤差。這些都可以做到，但是都要付出代價。

比如若希望把 95% 的信心提高到 99%，樣本大小維持不變，則代價是抽樣誤差會變大些。抽樣誤差較大則信賴區間長度會增加，從邏輯角度來看這應該不難理解。95% 信心水準時，不斷抽樣所得的信賴區間當中有 95% 會包含母體比例，現在在同樣樣本大小的條件之下，希望有 99% 的信賴區間包含母體比例的話，當然要區間加長才有可能。

區間變長有什麼壞處呢？因為信賴區間代表母體比例的可能範

圍，區間長度變長、則母體比例的可能值範圍變大，訊息比較不明確。如果想要提高信心水準、卻不希望抽樣誤差變大，這也可以做到，就是要用大一點的樣本。樣本夠大，誤差就會夠小；樣本大到和母體一樣大，則誤差就會變成 0。當然樣本加大、抽樣成本就會增加，願意花多少成本、可以視問題的重要性來決定。以下列出樣本大小和抽樣誤差的關係：

樣本大小和抽樣誤差的關係

95% 信心水準		99% 信心水準	
n	抽樣誤差	n	抽樣誤差
1000	0.031	1000	0.041
2000	0.022	2000	0.029
3000	0.018	3000	0.024
4000	0.015	4000	0.020
5000	0.014	5000	0.018

隨堂練習 1 假設母體比例為 0.4，利用隨機號碼表模擬抽樣，樣本大小 $n = 25$，(a) 算出樣本比例，(b) 利用速算公式算出抽樣誤差，並根據 (a) 小題的答案造出 95% 信賴區間。(c) 你的信賴區間有沒有包含母體比例？

補充說明：

本來隨機數字表可以從任何地方開始讀，但為了錯開大家的答案，可以用下列方式決定要從隨機數字表的哪裡開始：

學號最後二碼 ab 在 00~54 之間，從列 ab 第 x 行開始。$x =$ 出生年月日的「日」。

學號最後二碼 ab 在 55~99 之間，從列 $(ab - 50)$ 第 x 行開始。$x =$ 出生年月日的「日」。例如學號最後二碼是 72，生日是 5 月 18 日，則從列 22 第 18 行開始。

現在來討論問題 1。如果民調結果告訴我們：有 41% 選民支持甲候選人，38% 支持乙候選人，這樣代表甲贏乙嗎？我們知道民調結果不能只看百分比，這項報導還告訴我們「在 95% 信心水準下，誤差為正負 3.8%」，所以可以計算信賴區間：

甲支持度的 95% 信賴區間：$(.41 - .038, .41 + .038) = (.372, .448)$
乙支持度的 95% 信賴區間：$(.38 - .038, .38 + .038) = (.342, .418)$

兩個信賴區間有重疊，所以不能說「甲贏乙」。若這兩個區間都分別包括母體比例 (真正支持率) 的話，甲的支持度有可能是 38%、而乙的支持度有可能是 40%。有人會說這種情況是「在誤差範圍內」，而不會說「甲贏乙」。

如果樣本很大，使得抽樣誤差縮小到 1.5%，重新計算信賴區間，可得

甲支持度的 95% 信賴區間：$(.41 - .015, .41 + .015) = (.395, .425)$
乙支持度的 95% 信賴區間：$(.38 - .015, .38 + .015) = (.365, .395)$

現在區間沒有重疊了。當然我們知道還是有這樣的可能：甲的實際支持度落在信賴區間之外、而且是在 $(.395, .425)$ 左側，也就是說支持度低於 .395；乙的實際支持度也落在信賴區間之外、但是反而高

於 .395。但這兩件事同時發生的機率實在很低，所以此時說「甲贏乙」，正確的機會就很大。

要把抽樣誤差縮小到 1.5%，樣本的人數大約要等於四千。這是在 95% 信心水準下考慮，若希望將信心水準提高到 99%，樣本還需要更大。如果民調結果關係重大，這種成本似乎不應該省。

問題 1 答案

甲支持度的 95% 信賴區間：$(.41 - .038, .41 + .038) = (.372, .448)$
乙支持度的 95% 信賴區間：$(.38 - .038, .38 + .038) = (.342, .418)$
兩個信賴區間有重疊，所以不能說「甲贏乙」。

02 民調實例解讀

有人認為：「丈夫是一家之主，妻子應該盡量聽從丈夫」，以前很多人有這想法，尤其是男性。現在還有多少比例的人同意這樣的說法，怎樣才能知道呢？真正的比例不可能知道，但可以用抽樣調查的方式得到估計值。

行政院研考會網站有以下民調資料：

「民眾對性別平等相關議題的看法」民意調查
訪問日期：100 年 8 月 1 日～2 日
有效樣本：1,102 人
抽樣誤差：在 95% 的信心水準下，約 ±2.95 個百分點
訪問地區：台灣地區

Chapter 14　民調結果應怎樣解讀

訪問對象：20 歲以上的民眾

抽樣架構：台灣地區住宅電話簿 (尾數 2 位隨機)

加權處理：調查結果已針對受訪者性別、年齡、教育程度及地區進行加權處理及樣本代表性檢定。

執行單位：行政院研究發展考核委員會委託「艾普羅民意調查股份有限公司」辦理

民調其中一個問題是：

有人認為：「丈夫是一家之主，妻子應該盡量聽從丈夫」，請問您同不同意這樣的說法？

結果如下：

非常同意	還算同意	不太同意	非常不同意	無明確反應	合計
4.5	14.0	44.4	32.4	4.7	100.0

不太同意和非常不同意合計 76.8%，現在來找 95% 信賴區間。民調中 2.95 個百分點的抽樣誤差不清楚是如何算出，如果我們用附錄中的公式則可得抽樣誤差為大約 2.5%。因為該民調有說明「調查結果已針對受訪者性別、年齡、教育程度及地區進行加權處理」，所以可確定民調結果所根據的樣本並非簡單隨機樣本，它的抽樣誤差和簡單隨機樣本的抽樣誤差有些差距是正常的。

將 76.8% 分別減和加 2.95%，可以得到信賴區間 (73.85%, 79.75%)，所以我們可以做結論：根據行政院研考會網站的民調資料，我們有95% 信心，台灣介於 73.85% 和 79.75% 之間的成年民眾，不同意「丈夫是一家之主，妻子應該盡量聽從丈夫」這種觀念。

重點摘要

一、解讀民調結果時，不能只看樣本比例一個數字，必須要把信心水準和抽樣誤差一併列入考慮，得到信賴區間，才能夠做出比較具體的解讀。

二、把民調得到的百分比分別減去及加上抽樣誤差，就可以得到一個區間，我們稱它為信賴區間。若信心水準是 95%，我們稱該區間為母體比例的 95% 信賴區間。

三、用不太嚴謹的方式，可以這樣說明 95% 信賴區間：我們相當有信心 (95% 的把握)，真正的母體比例會落在信賴區間範圍內。

四、95% 信賴區間的意義：想像一直重複從母體抽隨機樣本，樣本大小維持不變，每抽一次樣本就會得到一個樣本比例，然後可以算出一個信賴區間。在所有這些可能得到的信賴區間當中，有 95% 會把真正的母體比例包含在當中，而有 5% 不會。

五、抽樣誤差速算公式：假設我們是在用大小為 n 的一個簡單隨機樣本的樣本比例 $\hat{p}$，來估計未知的母體比例 p。對應 95% 信心的抽誤差，大致等於 $\frac{1}{\sqrt{n}}$。

六、若希望把 95% 的信心提高到 99%，樣本大小維持不變，則代價是抽樣誤差會變大些；抽樣誤差較大則信賴區間長度會增加。

七、如果想要提高信心水準、卻不希望抽樣誤差變大，就要用大一點的樣本。樣本夠大，誤差就會夠小。

習題

1. 假設某家生產素食產品的廠商想要了解台灣居民吃素人口的比例，於是委託某民調公司做了一個調查。民調公司隨機抽樣了 1,000 位台灣成年居民，其中有 195 位說他們吃素。
   (a) 寫出此問題當中的母體比例。
   (b) 求母體比例的 95% 信賴區間。
   (c) 求母體比例的 99% 信賴區間。(提示：抽樣誤差可從第 2 節表列的樣本大小和抽樣誤差的關係中查到)

2. 從全體選民中隨機選出 200 人訪問，其中有 120 人贊成某議題。
   (a) 用速算公式計算抽樣誤差，求全體選民中支持該議題比例之 95% 信賴區間。
   (b) 若我們希望有 95% 信心，抽樣誤差不超過 0.02，用速算公式計算，樣本至少應該抽多少人？

3. 假設我們隨機抽樣了某校 500 位學生並詢問該生是否通車上學，而其中有 110 位回答「是」。
   (a) 用速算公式計算抽樣誤差，並建構出該校學生通車上學比例之 95% 信賴區間。
   (b) 該信賴區間是否包含該校學生通車上學之比例？請說明。

判斷兩件事中哪一件對：檢定概念

chapter 15

問題 1 阿傑號稱他有超能力。他說如果你從一副撲克牌當中抽出一張、不給他看，他可以說出抽出的牌是什麼花色。對這種事我們當然可以懷疑，會要求他證明給我們看，也就是要做實際測試。怎樣的測試結果，才會讓我們相信他的確有某種程度的超能力，背後的依據又是什麼呢？

問題 2 一顆骰子是否均勻、即六個面出現機會均等，要怎樣測試？

01 什麼是統計中的檢定問題

正式的網球比賽，通常由裁判擲銅板，由球員猜測哪一面朝上來決定哪個球員可以先發球 (對大多數職業網球員來說，發球是一種優勢)。有一位裁判習慣用同一枚銅板，假設經過一段時間之後，他感覺那枚銅板似乎出現正面的次數比較多些。因為想到銅板兩面的圖案設計其實並不相同，嚴格來說並非完全平衡，所以正、反面出現的機率的確有可能不相等，於是這位裁判先生決定要測試這枚銅板。他想要判斷：銅板的正面機率是二分之一、還是大於二分之一。

假設根據長期觀察，某工廠某產品的瑕疵品比例是 5%，而工廠老闆想要降低這個數字。經過工程師調整製程之後，工廠老闆想要了解瑕疵品比例是否降低了，也就是說他想要判斷，瑕疵品比例仍然是 5%，還是低於 5%。

現實生活當中常常要做各種判斷，判斷兩種可能性當中，哪一個才是正確的。例如：網球裁判的銅板，是否出現正面的機率較高？工廠調整製程之後，瑕疵品比例是否降低了。這些問題裡面都出現了「是否」的字眼，而我們必須判斷：「是」和「否」當中，哪一個是正確的。

原始假設和對立假設

如果要用統計方法來解決疑問，首先要做的，是把所考慮的問題「翻譯」成統計問題。這屬於統計的檢定問題，而大部分的檢定問題，都和母體參數有關。例如網球裁判的銅板問題裡，如果用 p 代表該銅板的正面機率，則我們想要判斷的是：究竟 $p = 0.5$，

Chapter 15　判斷兩件事中哪一件對：檢定概念

還是 $p > 0.5$？一般來說，大部分銅板的正面機率都約等於 0.5，如果想要說某枚銅板不符合這種假設，總要有證據才能推翻它。在檢定問題裡，我們會把想要否定的事情 (或者說是現況) 當作原始假設 (null hypothesis)，用 H_0 表示，而把想要證明的事情當作對立假設 (alternative hypothesis)，用 H_1 表示 (也有許多教科書用 H_a 表示)，所以網球裁判的銅板之檢定問題就會寫成這樣：

$H_0 : p = 0.5$

$H_1 : p > 0.5$

原始假設也有教科書稱為「虛無假設」，這應是很早以前從原文直譯過來、而許多人沿用的結果。然而從字面上看來，「虛無假設」有點像是「不存在的假設」，而「原始假設」則應該比較接近它所要代表的意義；以銅板例子來看，$p = 0.5$ 就是原本對一般銅板的假設，叫做「原始假設」相當合理。

　　工廠例子中，如果令 p 代表製程經過調整之後的瑕疵品比例，則我們想要判斷的檢定問題可以寫成這樣：

$H_0 : p = 0.05$ (瑕疵品比例並未降低)

$H_1 : p < 0.05$ (瑕疵品比例降低了)

而我們要判斷兩種可能性當中，何者正確。上述兩個例子當中的問題，在統計領域當中叫做假設檢定 (hypotheses testing)。

　　像上述兩個例子當中，H_1 的參數都只有一個「方向」，大於某數或者小於某數，這類檢定叫做單尾檢定。如果檢測某銅板是否平衡，p 代表正面機率的話，我們要檢定的假設就是

$H_0: p = 0.5$

$H_1: p \neq 0.5$

p 有可能大於 0.5、也有可能小於 0.5，這就屬於雙尾檢定問題。本書針對單尾問題討論。

第一型錯誤和第二型錯誤

既然要從兩種假設當中選一個，就有可能判斷錯誤，而錯誤的方式有兩種可能性：一是原始假設正確我們卻否定它，二是原始假設錯誤我們卻沒有否定它，這兩種錯誤分別叫做第一型錯誤 (type I error) 及第二型錯誤 (type II error)，可以用下面的表列方式清楚表達。

		母體的真實狀況 (未知)	
		H_0 正確	H_0 錯誤
檢定結果	不否定 H_0	正確結論	第二型錯誤
	否定 H_0	第一型錯誤	正確結論

兩型錯誤當中、哪一種造成的損失會比較大呢？這點視問題而異。但因為原始假設通常代表現狀，如果現狀沒變我們卻做出它有改變的結論 (第一型錯誤)，通常這樣的損失可能比較大。以工廠的例子來看，第一型錯誤指瑕疵品比例事實上並未降低，執行檢定的人卻做出它已降低的判斷。此時可能決定全面調整製程，然而瑕疵品比例卻沒降，則工廠就會蒙受較大損失。第二型錯誤指瑕疵品比例實際降低了，做檢定的結論卻說它沒有降低。這樣當然錯失了調整製程、降低瑕疵品比例的機會；但若這種情形之下工廠只是會繼續調整製程、然

後再做檢定，則第二型錯誤造成的損失或許沒有第一型錯誤的大。

> **隨堂練習 1**
>
> 在網球裁判的銅板問題裡面，原始假設和對立假設如下，其中 p 代表銅板的正面機率：
>
> $H_0 : p = 0.5$
>
> $H_1 : p > 0.5$
>
> 用一般語言說明，這個檢定問題的第一型錯誤和第二型錯誤各指什麼。

犯錯的機率當然是愈小愈好，可惜在檢定問題當中，兩型錯誤發生的背景有點「互補」：如果希望減低第一型錯誤的發生機率，對於否定 H_0 的規則就應該採取保守態度，也就是除非證據夠強，否則不應否定 H_0。然而這等於把否定 H_0 的標準提高，會連帶使得應該要否定 H_0 時，也比較不容易否定它，於是增加了第二型錯誤的發生機率。

在無法兩全其美、同時降低兩型錯誤的發生機率之情況下，通常的處理方式是：將第一型錯誤的發生機率限制於某個範圍的條件下 (例如 ≤ 5%)，再盡量降低第二型錯誤的發生機率。當我們對第一型錯誤的發生機率設定上限時，這個上限叫做顯著水準 (significance level)，通常用希臘字母 α (唸做 alpha) 代表。

怎樣在上述條件之下找到好的檢定規則，已有一些定理可以應用，不過定理的相關內容當然不包括在本書範圍內，本書只介紹檢定的觀念和少數簡單的檢定規則，而本章內容就是在討論這類問題要如何做判斷。檢定問題的參數還可能是母體平均數及母體變異數等等；

這些都屬於一樣本檢定問題。如果要判斷兩個母體平均是否相等，則屬於二樣本檢定問題。這些問題背後的基本概念相通，我們只針對一樣本母體比例做討論。

02 做判斷的邏輯

問題 1 當中，阿傑號稱自己有超能力，如果要我們相信他說的話，當然需要做實際測試。假設測試了很多次，每次我們都從整副牌當中隨意抽一張，要他猜花色；怎麼樣的測試結果，才會讓我們覺得他可能真的有某種超能力呢？很直觀的答案是：如果他說中的次數相當多，多到不像是靠瞎猜猜中的，我們才會偏向相信他的話。在繼續討論之前，我們先把這問題用統計的檢定問題方式呈現。

檢定問題首先要有檢定的對象，也就是未知的母體參數。針對這個問題，我們關心的母體參數應該是阿傑能夠說出正確花色的比例，用 p 來代表。如果他並沒有超能力，每次其實都在瞎猜，那麼他說出正確花色的機率應該是四分之一；反過來說，如果他有某種程度的超能力，則說出正確花色的比例應該超過四分之一。我們知道必須證明的事情要放在對立假設，所以這個問題的原始假設和對立假設分別設定如下：

$$H_0: p = \frac{1}{4} \qquad 對應 \qquad H_1: p > \frac{1}{4}$$

要判斷兩種假設當中哪一個正確，就得要做實際測試了。假設測試了很多次，每次我們都從整副牌當中隨意抽一張，要他猜花色；怎麼樣的測試結果，才會讓我們覺得他可能真的有某種超能力呢？當然

他說中的次數必須夠多。什麼叫做夠多，標準在哪裡呢？即便阿傑是瞎猜 (事實上 $p=\frac{1}{4}$)，也有可能碰巧矇對很多次，讓我們誤以為他有超能力 (因為他說對的比例夠高)，所以我們必須有具體的判斷依據。

在檢定問題裡面，若阿傑實際沒有超能力 ($p=\frac{1}{4}$)、我們卻誤判他有超能力，這就是第一型錯誤，處理的方式是：我們藉著設定顯著水準 α 的值，限制這種第一型錯誤的發生機率；而在符合 α 值的標準下，測試結果的正確比例 (即樣本比例 $\hat{p}$) 值夠高的話，就是否定 H_0 而相信阿傑有超能力的證據了。是否夠高的界限，要由樣本比例 $\hat{p}$ 的抽樣分布決定。把這個檢定問題的判別依據用白話來說明就是：如果阿傑說中花色的比例夠高，高到不像是靠瞎猜猜中的，則我們就偏向於相信他的確有某種程度的超能力了。

假設我們對阿傑測試了 60 次，每次我們都從整副牌當中隨意抽出一張，要他猜花色；而在 60 次當中，他說對了 24 次，樣本比例 $\hat{p}=\frac{24}{60}=0.4$。這樣的樣本比例看來比瞎猜的結果好，但它算是夠高、讓我們願意相信阿傑有某種程度的超能力嗎？會出現這樣的結果有兩種可能性：

一、阿傑的確有超能力，$p>\frac{1}{4}$，所以他能夠在 60 次測試當中說對 24 次。

二、阿傑沒有超能力，事實上 $p=\frac{1}{4}$，但是他瞎猜碰巧猜對了 24 次。

要判斷以上哪一個正確、不能依賴直覺，必須有客觀的依據。在不談

理論的情況下，模擬抽樣又是幫助我們了解觀念的好用工具。等了解觀念和判斷的規則之後，我們再來為這題做結論。

03 用模擬說明檢定概念

假設國外某廠商開發出一種新的大型塑膠垃圾桶，非常耐用。為了搶占市場並強調他們的垃圾桶可以用很多年，公司準備在出售該產品時附上保證書，保證期限六年；但事先必須做測試以便判斷，該產品能夠用上六年而不壞的比例是否達到九成。如果比例不到九成，則準備下修保證書的保證期限。如果令 p 代表該產品中、壽命至少達到六年的比例，則此檢定問題為

$H_0 : p = 0.9$　　對應　　$H_1 : p < 0.9$

接下來要實際測試。他們決定用 20 件產品做加速壽命試驗 (這樣比較快有結果，否則要等好多年)，結果其中有 14 件通過測試、樣本比例 14/20 = 0.7。要不要下修保證書的保證期限，我們等模擬結束才來決定。假設這 20 件產品可以視為抽自全部產品的簡單隨機樣本，現在我們利用隨機號碼表，分別模擬 $p = 0.9$ 和 $p < 0.9$ 情況下，樣本比例的值會有怎樣的變化。

我們首先模擬 $p = 0.9$、$n = 20$ 的狀況，總共做 20 回合。$p = 0.9$ 代表九成產品的壽命會達到六年，所以數字要這樣分配：

令 1、2、⋯9　代表產品壽命至少達到六年
　　0　　　　　代表產品壽命不到六年

Chapter 15　判斷兩件事中哪一件對：檢定概念

如果從隨機號碼表的列 02 第 1 行開始、連續讀出 20 個數字會得到

4 3 1 6 0 5 1 9 7 3 5 8 1 4 1 8 2 8 1 0

其中有兩個 0，代表 20 件產品中，18 件產品的壽命有達到 6 年，樣本比例為 18/20 = 0.9。接下來 20 個數字是

6 7 6 0 6 9 7 2 0 8 8 3 0 1 7 4 7 3 5 0

其中 16 件產品的壽命有達到 6 年，樣本比例為 16/20 = 0.8。依照這樣繼續下去，總共做 20 回合，連同剛才的兩次結果，共得到 20 個樣本比例如下：

0.9　0.8　1.0　0.95　0.9　0.9　0.85　0.85　0.9　0.9
0.75　0.9　0.95　0.9　0.95　0.9　0.9　0.75　0.9　0.95

如果做非常多回合、整理出結果，就可大致看到樣本比例的分布狀況。現在雖然只有 20 個樣本比例值，還是可以看出些訊息，就是在 $p = 0.9$ 的情況下，樣本比例值都在 0.9 附近，最小的值是 0.75、最大的值是 1.0。公司測試得到的樣本比例 0.7，在這 20 回合模擬當中一次也沒出現。當然多模擬幾次應會出現，但已大致看出，似乎當母體比例 $p = 0.9$ 時，樣本比例出現 0.7 或更小值的機會不大。

事實上，$n = 20$、$p = 0.9$ 時，樣本比例 ≤ 0.7 的確實機率是 0.0113，這可以在二項分布表裡查到。二項分布高三上學期講過，在第 5 節我們會複習它的相關概念。

再來模擬 $p = 0.8$ 的情況。現在令

2、3、⋯、9　代表產品壽命至少達到六年

0、1　　　　　代表產品壽命不到六年

如果從隨機號碼表的列 30 第 1 行開始、連續讀出 20 個數字會得到

2 2 4 8 1 6 9 5 7 2 9 5 4 1 7 2 2 9 7 3

沒有 0、有兩個 1，其中 18 件產品的壽命有達到 6 年，樣本比例為 18/20 = 0.9。總共做 20 回合，會得到以下樣本比例：

0.9　　0.85　0.9　　0.65　0.95　0.85　0.75　0.65　0.85　0.85

0.85　0.8　　1.0　　0.8　　0.75　0.65　0.9　　0.95　0.6　　0.85

$p = 0.8$ 的情況下，比較小的樣本比例值就出現了，比如小於或等於 0.7 (0.7 為測試結果) 的樣本比例值，在 20 個當中共有 4 個。

再模擬 $p = 0.7$ 情況的話，發現樣本比例值 ≤ 0.7 的情況，在 20 個當中出現 7 個。這些只是模擬結果、模擬次數也不夠多，所以不能證明任何事情。但我們看到的現象的確是一般事實，即：當 $p = 0.9$ 時，樣本比例會等於 0.7 甚至更小值的機率相當小。$p < 0.9$ 時，比如 $p = 0.8$ 或 $p = 0.7$ 時，樣本比例會等於 0.7 甚至更小值的機率則比較大。現在已看到檢定結果是 $\hat{p} = 0.7$，則有兩種可能性：

(一) $p = 0.9$ 是正確的，然而 $\hat{p} = 0.7$ 這種比較稀奇、不容易發生的結果卻碰巧發生了。

(二) $p < 0.9$ 是正確的，所以出現 $\hat{p} = 0.7$ 這種結果相當正常。

如果當 $p = 0.9$ 正確時，樣本比例會等於 0.7 甚至更小值的機率夠小的

Chapter 15 判斷兩件事中哪一件對：檢定概念

話，雖然 (一) 還是有可能發生，但機率太小了，所以我們應該相當有信心 (二) 才是正確的，該公司應該考慮下修保證書的保證期限。

回到阿傑的例子。他號稱自己有超能力，我們想知道他的話是否可信，於是對阿傑測試了 60 次，每次我們都從整副牌當中隨意抽出一張，要他猜花色。在 60 次測試當中，他說對了 24 次，樣本比例 $\hat{p} = \dfrac{24}{60} = 0.4$。我們用 p 來代表阿傑能夠說出正確花色的比例，則此檢定問題的原始假設和對立假設分別如下：

$$H_0 : p = \frac{1}{4} \text{ 對應 } H_1 : p > \frac{1}{4}$$

60 的四分之一是 15，能夠答對 24 次似乎是不錯的表現。現在有兩種可能性：

(一) $p = \dfrac{1}{4}$ 正確，也就是說阿傑沒有超能力，但他純粹靠運氣，60 次當中猜中 24 次。

(二) $p > \dfrac{1}{4}$ 正確，也就是說阿傑有某種程度的超能力，所以能答對 24 題這麼多。

依照剛才的討論，接下來應該考慮 (一) 的可能性。答對 24 次、也就是 4 成是不錯表現的話，答對更高比例就是更好的表現，處理統計檢定問題時會這樣考慮：如果 $p = \dfrac{1}{4}$ 正確，阿傑會答對 4 成或更高比例的機率是多少，如果機率很小，則我們相信 (二) 才是正確的。當 $p = \dfrac{1}{4}$ 時，60 題當中阿傑答對 4 成或更高比例的機率，可以算出大

約是 0.0037，也就是千分之 3.7。機率這樣小的事情很難得發生，所以我們相信 (二) 是正確的，阿傑有某種程度的超能力。

統計檢定的 P 值

上面算出的 0.0037 在統計領域叫做 P 值，是非常重要的觀念，我們列出定義如下：統計檢定的 P 值 (P-value) 是在 H_0 正確的假設下，所得到的樣本結果會像實際觀測 (或測試) 結果那麼極端、或更極端的機率。P 值愈小，能夠否定 H_0 的證據就愈強。如果有設定第一型錯誤發生機率上限 α 的話，只要 P 值 $\leq \alpha$，就可以否定 H_0。

上述的「極端」是由檢定問題的形式決定的，比如上個例子當中，原始假設和對立假設分別是 $H_0: p = \frac{1}{4}$ 和 $H_1: p > \frac{1}{4}$。樣本比例太大時，我們傾向於否定 H_0，此時的極端就是指「大」的方向。所以 P 值就是「H_0 正確時，60 題當中阿傑答對 4 成或者更高比例的機率」，因為「4 成」就是實際測試結果。

現在可以回答本章開頭的問題 1 了。問題 1 問的是：怎樣的測試結果，才會讓我們相信阿傑的確有某種程度的超能力，背後的依據又是什麼。

> **問題 1 答案** 測試時在 60 題當中，阿傑答對了 4 成。如果阿傑沒有超能力、純粹瞎猜的話，依賴運氣答對 4 成或更高比例的機率，大約是 0.0037，也就是千分之 3.7；機率這樣小的事情很難得發生。所以我們相信阿傑有某種程度的超能力，才能在測試時答對 4 成這麼多。

> **隨堂練習 2**
> 假設阿傑沒有超能力，答對比例 $p=\frac{1}{4}$，用隨機號碼表模擬他猜花色的狀況，模擬 20 題。他總共答對幾題、占 20 題的多少百分比？

04 卡方檢定

在第 10 章第 4 節我們簡單討論了兩個類別變數是否相關的問題。類別變數的「值」不是用數字表示，所以沒辦法畫散布圖，更不能考慮迴歸直線。要考慮兩個類別變數之間是否有關係，可以先從雙向表開始。「雙向」指列及行，分別代表我們考慮的兩個變數。

我們介紹的例子是經濟部「99 年營運中工廠負責人性別統計分析」的資料 (原始數據以「家」為單位，為了簡化數字，我們將數字四捨五入到百位數，單位改為「百家」)，以雙向表呈現；不同行業用列表示、不同性別用行表示，格子中的數字代表行和列「交集」的人數，比如民生工業負責人為女性的共有 4100 家：

負責人性別

	男性	女性	總數
民生工業	132	41	173
資訊電子工業	83	17	100
總數	215	58	273

如果表列數字是從更大的母體中隨機抽樣而得到的，要判斷負責人性別和行業是否有關的話，我們之前提到可以用卡方檢定來處理，現在

就來介紹卡方檢定。因為上面例子的數字比較「不漂亮」，用來計算卡方檢定統計量，過程會出現小數點後面很多位的數字，看起來會好像很複雜，所以先用一個好算的例子來討論，數字當然是人工製造的。

假設某國政府為了了解某地區居民對於預定在他們附近建核電廠的態度，責成有關單位隨機抽取了 200 位居民做訪問，其中包括 50 位男性和 150 位女性。假設對於此問題，男性中有 20 人贊成、25 人反對、其他無意見，而女性中有 40 人贊成、75 人反對、其他無意見。我們想要知道，不同性別對於建核電廠的態度是否有差別。首先我們畫出雙向表，表中列出所有相關數字。

性別有兩類，對於建核電廠的態度分成贊成、反對和無意見三類，雖然題目裡面沒有給無意見的人數，但可以從總數扣除贊成和反對的人數而得到；若令性別為列變數，態度為行變數，則雙向表如下：

	贊成	反對	無意見	總和
男性	20	25	5	50
女性	40	75	35	150
總和	60	100	40	200

從雙向表當中能不能看出，不同的性別對於建核電廠的態度是否不一樣呢？我們先從直觀的角度討論一下可能的判斷方式。如果兩種性別的態度差異不大的話，那麼男性當中贊成、反對和無意見的比例，應該接近女性當中贊成、反對和無意見的比例才對，現在來計算這些比例，並比較看看：

男性 50 人當中，贊成、反對和無意見的比例分別為 40%、50%、10%

女性 150 人當中，贊成、反對和無意見的比例分別為 26.7%、50%、23.3%

兩種性別的反對比例是相同的，贊成和無意見的比例就有差別了。這樣的差別是否足夠我們做出結論：不同性別對於建核電廠的態度不一樣？還是說男性、女性的態度其實差不多，數據顯示的差別只是因為隨機抽樣碰巧造成的結果？這種判斷就需要依賴統計檢定來幫忙了。

這樣的問題可稱為列聯表的「齊一性」問題，意思是說男性的贊成、反對和無意見的比例和女性的相同。從另一個角度看，兩種性別的比例都相同的話，也代表對於建核電廠的態度似乎和性別無關，也就是列變數和行變數之間互相獨立，這樣又可把它歸類為列聯表的「獨立性」問題了。其實列聯表的問題應該叫做「齊一性」問題、還是「獨立性」問題，不見得有明顯的區分界線，幸好不論歸類為哪一個，檢定的過程完全一樣。

之前我們的檢定問題都是關於母體參數，原始假設和對立假設都藉由母體參數表示出來；但現在的問題若要把原始假設用母體參數表示，會有一點複雜，所以我們用敘述方式表達就可以了。這裡採用的是「獨立性」問題的表達方式。

H_0：性別和對於建核電廠的態度無關　對應

H_1：性別和對於建核電廠的態度有關

要判斷兩個假設中哪一個正確，我們會把雙向表中已觀察到的

計數和預期計數做比較。預期計數是當 H_0 為真時，我們會預期的計數，也就是期望值。如果 H_0 正確，觀察到的計數 (觀測值) 和預期計數 (期望值) 應該比較接近，所以如果它們相差很大，就是不利於 H_0 的證據。

計算每一格的期望值

卡方檢定統計量的計算方式，是把列聯表中每一個格子 (總和除外) 的觀測值減去該格子在 H_0 正確假設下的期望值，平方之後再除以該期望值，然後對所有格子加總。我們先說明期望值怎樣計算：

H_0 為真時，雙向表中任一格的期望值 (預期計數) 為：

$$期望值 = \frac{列總和 \times 行總和}{表總和}$$

列總和指格子所在那列的和，行總和指格子所在那行的和，表總和則指表中所有數字的和，也就是列聯表右下角的數字。以核電廠例子列聯表當中的第 1 列第 1 行格子為例，其觀測值是 20，而期望值是

$$\frac{列總和 \times 行總和}{表總和} = \frac{50 \cdot 60}{200} = 15$$

第 1 列第 1 行格子的位置用 (1, 1) 表示的話，該格子的觀測值可表示為 $O_{1,1}$，期望值可表示為 $E_{1,1}$，依此類推，可得以下期望值：

$$E_{1,2} = \frac{50 \cdot 100}{200} = 25 \text{，} E_{1,3} = \frac{50 \cdot 40}{200} = 10$$

$$E_{2,1} = \frac{150 \cdot 60}{200} = 45 \text{，} E_{2,2} = \frac{150 \cdot 100}{200} = 75 \text{，} E_{2,3} = \frac{150 \cdot 40}{200} = 30$$

我們可以把期望值寫進表裡面觀測值的旁邊，用括弧括起來，像

下面這樣：

	贊成	反對	無意見	總和
男性	20 (15)	25 (25)	5 (10)	50
女性	40 (45)	75 (75)	35 (30)	150
總和	60	100	40	200

接下來就可以計算卡方統計量的值了。

卡方統計量
$$= \frac{(20-15)^2}{15} + \frac{(25-25)^2}{25} + \frac{(5-10)^2}{10} + \frac{(40-45)^2}{45} + \frac{(75-75)^2}{75} + \frac{(35-30)^2}{30}$$
$$= 5.556$$

剛才已討論過，如果 H_0 正確，觀測值和期望值應該比較接近，此時卡方統計量的值會偏小。所以當卡方統計量的值大到某個標準時，就可以否定原始假設，而這個「標準」，由卡方統計量在原始假設下的抽樣分布和 α 值 (我們可以容忍犯第一型錯誤的機率) 決定。

H_0 正確時、卡方統計量的抽樣分布叫做卡方分布，它不方便用隨機號碼表模擬。我們直接列出一部分卡方分布的值 (稱作臨界值，超過表列的值就可以在對應的 α 標準下否定原始假設，最常用的 α 值是 0.05、0.025 和 0.01 等；數字愈小標準愈嚴，愈不容易否定原始假設)。卡方分布有一個參數叫做自由度，我們的卡方統計量的自由度等於 (列數－1) × (行數－1)。

卡方分布臨界值

自由度	α			
	0.10	0.05	0.025	0.01
1	2.706	3.841	5.024	6.635
2	4.605	5.991	7.378	9.210
3	6.251	7.815	9.348	11.345
4	7.779	9.488	11.143	13.277
5	9.236	11.070	12.833	15.086
6	10.645	12.592	14.449	16.812

回到核電廠例子，我們的卡方檢定統計量值是 5.556。自由度是 (2－1)(3－1) = 2，若令 α = 0.05，對應的臨界值是 5.991，5.556 不夠大、不能否定原始假設。如果願意忍受較大的第一型錯誤機率，令 α = 0.1，則因 5.556 > 4.605、可以否定原始假設。綜合起來可這樣做結論：看來有些證據顯示，性別和對於建核電廠的態度有關，但是證據不強。

回到經濟部的例子。在經濟部「99 年營運中工廠負責人性別統計分析」中有以下資料 (原始數據以「家」為單位，為了簡化數字，我們將數字四捨五入到百位數，單位改為「百家」)：

負責人性別

	男性	女性	總數
民生工業	132	41	173
資訊電子工業	83	17	100
總數	215	58	273

假設這是隨機樣本的結果，我們要在 $\alpha = 0.05$ 標準下，判斷負責人性別和行業是否有關。

要檢定的假設是：

H_0：負責人性別和行業無關　　對應

H_1：負責人性別和行業有關

首先計算當 H_0 為真時，每個格子的期望值：

第 1 列第 1 行 $E_{11} = \dfrac{173 \cdot 215}{273} = 136.2$

第 1 列第 2 行 $E_{12} = \dfrac{173 \cdot 58}{273} = 36.8$

依此類推可得所有格子的期望值，如下表括弧裡所列：

負責人性別

	男性	女性	總數
民生工業	132(136.2)	41(36.8)	173
資訊電子工業	83(78.8)	17(21.2)	100
總數	215	58	273

卡方統計量

$$= \frac{(132-136.2)^2}{136.2} + \frac{(41-36.8)^2}{36.8} + \frac{(83-78.8)^2}{78.8} + \frac{(17-21.2)^2}{21.2} = 1.66$$

自由度是 (2 − 1)(2 − 1) = 1，$\alpha = 0.05$，查表得臨界值 3.841，1.66 < 3.841，所以不能否定原始假設，結論：沒有足夠證據可以說，負責人性別和行業有關。

卡方檢定用在模型適合度的判斷

卡方檢定還可以用在模型適合度的檢定，這部分有些問題處理起來相當複雜，我們只討論一個簡單的例子。

假設我們要玩擲骰子遊戲，通常我們都假設骰子很均勻、平衡，所以擲出 6 個點數中的任一點的機率都相同、都是 $\frac{1}{6}$，這是我們假設的機率模型。事實上是否所有骰子都符合這個模型呢？嚴格來說未必如此。比如有的骰子上的「點」是用挖掉一部分材質的方式製造出來的，而每個點數挖掉的體積又不相同，從物理角度來看，這樣的骰子並非完全平衡、所以 6 個點數出現的機率未必相同；嚴謹製造的骰子是會把每個表面填平的。現在假設我們想判斷某一顆骰子是否完全平衡，也就是 6 個點數的出現機率是否都相同，於是把它擲了很多次，下面的例子說明了如何用卡方檢定作判斷。

假設我們擲一顆骰子 600 次，得到以下結果，用卡方檢定判斷骰子是否均勻，$\alpha = 0.05$。

點數	1	2	3	4	5	6	總數
次數	88	96	108	89	121	98	600

原始假設可以這樣設定：

H_0：骰子各面出現機率均為 $\frac{1}{6}$

對立假設就是「原始假設不成立」，所以可以這樣表示：

H_1：骰子各面出現機率不全相等

或者

H_1：骰子至少有一面的出現機率不等於 $\frac{1}{6}$

雖然表達方式不同，但以上兩種對立假設的意思完全相同。

卡方統計量的計算公式是和之前一樣的，也就是把表中每一個格子 (總和除外) 的觀測值減去該格子在 H_0 正確假設下的期望值，平方之後再除以該期望值，然後對所有格子加總。現在有 $k = 6$ 個格子，所以總共有 6 項相加，而像這樣只有一列的自由度是 $k - 1 = 6 - 1 = 5$。

期望值要怎樣計算呢？其實從直觀角度就可猜到。期望值就是「預期次數」，是指原始假設正確時，我們預期看到出現的次數，而當原始假設正確時，每一個點數出現的機率相同，所以總共擲 600 次時，預期每個點數出現多少次呢？當然是 100 次了。用公式表示的話，每一格的期望值都等於 $600 \cdot \frac{1}{6} = 100$。現在可以計算檢定統計量了：

卡方統計量
$$= \frac{(88-100)^2}{100} + \frac{(96-100)^2}{100} + \frac{(108-100)^2}{100} + \frac{(89-100)^2}{100} + \frac{(121-100)^2}{100} + \frac{(98-100)^2}{100}$$
$$= \frac{144+16+64+121+441+4}{100} = 7.9$$

自由度 5、$\alpha = 0.05$，查表可得臨界值 11.070，而 7.9 < 11.070，所以不能否定 H_0，結論為：在 $\alpha = 0.05$ 標準下，沒有足夠證據顯示骰子是不均勻的。這已回答了本章開頭的問題 2 了。

問題 2 答案 一顆骰子是否均勻，可以利用卡方檢定做測試、

應用卡方檢定注意事項

卡方檢定用了一些近似結果，我們的觀測值愈多，結果就愈精確。以下是何時適合用此檢定的大致規則 (不同的教科書可能有不同的建議)：

當期望值小於 5 的格子所占比例不超過 20%，而且每一格的期望值都至少是 1 時，就可安心使用卡方檢定。

05 簡易且直觀的檢定方法

九位體重相近的女生相約一起參加減重計畫，其中四位吃 A 減重餐、五位吃 B 減重餐，一段時間之後檢驗，九人所減的磅數如下：

減重餐	所減重量 (磅)
A	5, 1, −1, 4
B	7, 6, 2, 9, 3

如果把以上數字從小到大排序，並註明是哪種減重餐，會得到以下結果：

−1(A)　1(A)　2(B)　3(B)　4(A)　5(A)　6(B)　7(B)　9(B)

大致看來，似乎 B 減重餐的效果較好，因為若只看 A 餐和 B 餐

Chapter 15　判斷兩件事中哪一件對：檢定概念

的排序位置的話，B 比較偏右邊、而 A 比較偏左邊。有沒有統計方法是從這樣直觀易懂的角度處理問題的呢？有的，**無母數統計** (nonparametric statistics) 領域裡面就有。這個領域當然也包括很複雜的方法和理論，但是我們只討論其中兩種最基本的方法。這兩種方法不僅直觀、好應用，背後的理論也不複雜；雖然好像不屬於「主流」統計，但統計課本若不包含這部分的話，其實很可惜。

「無母數統計」這個名稱其實很容易產生誤導，因為「母數」其實就是**參數** (parameter) 的另一種翻譯，所以表面看來，「無母數統計」好像是不牽涉到任何參數的統計方法，實際上的意思和這有出入。但是這名稱已沿用了很久很久，要改很困難，我們就跟著用了。

所有的統計方法都建立在某些假設上面，比如母體要符合特定分布。有一種常用的 t 檢定，樣本就必須抽自常態分布的母體。很多母體並不符合常態分布，只要統計方法需要用到這項假設的時候，就不適用該方法了。樣本如果夠大，會有替代的方法可以得到近似結果。若存在某些統計方法不需要假設樣本抽自常態分布或任何特定分布，也不需要樣本夠大，可以應用的範圍豈不是會大很多？事實的確如此，而無母數統計方法就符合這樣的描述。我們大致可以這樣說：不需要假設樣本抽自特定分布母體、且不限定大樣本才可使用的統計方法，就屬於無母數統計的範圍。

當然任何檢定背後一定有一些假設、符合假設才能使用，無母數檢定也不例外。但和一般統計課本中的檢定比起來，無母數方法背後的假定比較不嚴格，所以比較容易符合。

符號檢定

最古老又最簡單的無母數方法就是符號檢定 (sign test) 了，叫這個名稱是因為它只利用「＋」或「－」的符號作判斷。聽起來雖然簡單，但是它可以應用在幾種看起來完全不同型態的問題上面。首先介紹何種情況下適合用這個檢定，以及檢定統計量如何定義。

當隨機樣本裡的每一點可以根據某個標準、用「＋」、「－」或 0 表示時，就適合用符號檢定。檢定統計量的定義方式如下：把 0 丟棄之後，調整樣本大小，新的樣本大小等於「＋」的個數和「－」的個數之和 (也等於原來的樣本大小扣除 0 之後的個數)；而檢定統計量 S 的值就是「＋」的總個數。(定義成「－」的總個數其實也可以，之後會說明。) 我們只考慮單尾檢定，而單尾檢定的原始假設和對立假設可分兩類：

A. 單尾檢定

$H_0 : P(+) = P(-)$
$H_1 : P(+) > P(-)$

B. 單尾檢定

$H_0 : P(+) = P(-)$
$H_1 : P(+) < P(-)$

從直觀的角度就很容易判斷，怎樣的情況下應支持對立假設而否定原始假設。以單尾檢定 A 來說，原始假定成立時，「＋」和「－」的機率相等，此時樣本中「＋」和「－」的個數不應差太多。如果對立假設成立，「＋」的機率比「－」大，則樣本中應出現較多的

「+」。所以當「+」的個數多到某個標準時，我們就相信對立假設正確。而這個「標準」如同之前討論過的，是由檢定統計量在原始假設下的抽樣分布以及 α 值 (我們可以容忍犯第一型錯誤的機率) 決定。

在 H_0 之下，檢定統計量 S 的抽樣分布是<u>二項分布</u> (binomial distribution)，可以用符號 $B(n, \frac{1}{2})$ 表示，其中 n 為調整後的樣本大小，$\frac{1}{2}$ 則是當 H_0 正確時，「+」的機率。二項分布在高三上的數學課本中已介紹過，現在簡單複習一下。

二項分布

當我們擲骰子或銅板時，沒有人能夠事先確知結果是什麼，我們稱這類不確定的結果為隨機現象，而「擲骰子」或「擲銅板」的行為可稱為隨機試驗。當隨機試驗符合以下條件時，我們就可以定義二項隨機變數和二項分布了。

1. 同一隨機試驗重複做 n 次。
2. 每一次試驗的結果只有兩種可能：用成功 (S) 或失敗 (F) 代表。
3. 每一次試驗的成功機率相同，用 p 代表。
4. 各次試驗之間互相獨立。
5. X 等於 n 次試驗的成功總次數。

隨機變數 X 若符合以上描述，即稱為<u>二項隨機變數</u> (binomial random variable)，其分布稱為<u>二項分布</u> (binomial distribution)，用符號 $X \sim B(n, p)$ 表示，n 及 p 叫做參數。此外，符合以上第 1 項到第 4

項描述的試驗，則叫做二項隨機試驗 (binomial random experiment)。

考慮連續擲同一枚平衡銅板 10 次，每次的結果只有正面和反面兩種可能。若稱正面為成功，則成功機率 $p = \frac{1}{2}$。擲銅板各次之間通常不影響，所以可視為互相獨立。所以上述條件的 1～4 都符合，如果令 X 代表 10 次中正面出現的總次數，則 X 就是二項隨機變數，它的分布就是二項分布，可以用符號表示：$X \sim B(10, \frac{1}{2})$。

假如令 Y 代表 10 次中反面出現的總次數，則 Y 也符合二項隨機變數的條件，平衡銅板出現反面的機率也是 $\frac{1}{2}$，所以 $Y \sim B(10, \frac{1}{2})$。X 和 Y 當然不是相同的隨機變數，事實上 Y = 10 – X，X 和 Y 有點「相反」，X 值愈大、Y 值就愈小，然而 X 和 Y 卻有著相同的分布。因此我們可以做結論：兩個隨機變數分布相同，完全不代表這兩個隨機變數相同。

現在回到我們的符號檢定。因為隨機樣本裡的每一點可以根據某個標準、用「+」、「–」或 0 表示，當我們把 0 丟棄、剩下「+」或「–」時，就可以分別對應「成功」和「失敗」了。若令 S 等於「+」個數時，S 就符合二項隨機變數的條件，所以它的分布是二項分布。要計算二項分布的相關機率有公式可以用，本書的寫書原則雖包括「盡量不出現公式」，但二項分布的概念很簡單，而且公式在高三課本已出現過，所以現在用例子簡單介紹當作複習。

假設盒子裡裝著 1 顆白球和 2 顆紅球，現在從盒子中隨意取出一球，記錄顏色後放回，重複執行 5 次。我們想知道，5 次當中紅球剛好出現 3 次的機率是多少。首先要討論，這裡描述的狀況是否符合二

項分布的條件 1～5。

1. 取球的動作重複執行了 5 次。
2. 每一次取球，結果只有紅球或白球兩種可能；可將紅球對應「成功」、白球對應「失敗」。
3. 因為是取出放回，所以盒子裡一直都有 3 顆球，其中包括 1 顆白球和 2 顆紅球，每一次從中取出 1 顆，得到紅球的機率都是 $p = \frac{2}{3}$。
4. 因為是取出放回，前後各次結果之間不會彼此影響，所以互相獨立。
5. 若令 X 代表 5 次當中紅球出現的次數，則 X 為二項隨機變數，而我們想要計算紅球剛好出現 3 次的機率，也就是 $P(X = 3)$，P 代表機率。

我們先考慮紅球以特定次序出現的情況。若紅球出現在前三次，即「紅紅紅白白」的狀況，因為各次之間互相獨立、其機率是 5 項機率相乘，即

$$\frac{2}{3} \cdot \frac{2}{3} \cdot \frac{2}{3} \cdot \frac{1}{3} \cdot \frac{1}{3} = \left(\frac{2}{3}\right)^3 \left(\frac{1}{3}\right)^2$$

若是「紅紅白紅白」的狀況，機率是

$$\frac{2}{3} \cdot \frac{2}{3} \cdot \frac{1}{3} \cdot \frac{2}{3} \cdot \frac{1}{3} = \left(\frac{2}{3}\right)^3 \left(\frac{1}{3}\right)^2$$

觀察一下就會發現，無論出現的次序如何，只要是「3 紅 2 白」，

機率都是 $\left(\frac{2}{3}\right)^3 \left(\frac{1}{3}\right)^2$，所以只要知道「3 紅 2 白」的出現次序有多少種，就有答案了。選擇「3 紅 2 白」的出現次序，等於在 5 個位置中選出 3 個位置放紅球，剩下的放白球，所以共有 $\binom{5}{3} = \frac{5!}{3!\,2!} = 10$ 種方法。$\binom{5}{3}$ 代表從 5 個東西當中取出 3 個的組合數，也就是高中教科書當中的 C_3^5，大專教科書當中，用 $\binom{5}{3}$ 形式的比較多。

總結以上討論，可得 $P(X = 3) = \binom{5}{3}\left(\frac{2}{3}\right)^3 \left(\frac{1}{3}\right)^2 = \frac{80}{243}$

對照以上例子的討論過程，可得到以下的一般結果：

若 X 是二項隨機變數，它的分布是二項分布，參數為 n, p，即 $X \sim B(n, p)$，則計算 X 的相關機率可用以下公式

$$P(X = x) = \binom{n}{x} p^x (1-p)^{n-x},\ x = 0,\ 1,\ 2,\cdots,\ n$$

怎樣使用二項分布表

雖然有公式可計算相關機率，但是除非 n 很小，否則計算起來相當麻煩。為了檢定的方便，書末的表 2 列出了不同參數組合的二項分布累積機率，也就是 $X \le x$ 的機率。我們用簡單例子說明，如何查表來找出不方便計算的機率值。

假設某次英文小考，老師出了 10 題單選題，每題有 4 個選項。小翰對英文完全沒信心，每一題都完全瞎猜，我們想求出他 (a) 恰好答對 5 題的機率及 (b) 至少答對 6 題的機率。我們先考慮用機率公式找答案。因為每題不是猜對就是猜錯，而完全瞎猜時，每題猜對的機

率是 $\frac{1}{4}$；而且各題之間也不會互相影響，所以若令 X 等於猜對的題數，則 $X \sim B(10, \frac{1}{4})$，而我們想求的機率如下：

(a) 小翰恰好答對 5 題的機率 $= P(X=5) = \binom{10}{5}\left(\frac{1}{4}\right)^5\left(\frac{3}{4}\right)^5$

(b) 小翰至少答對 6 題的機率等於

$$P(X \geq 6) = \binom{10}{6}\left(\frac{1}{4}\right)^6\left(\frac{3}{4}\right)^4 + \binom{10}{7}\left(\frac{1}{4}\right)^7\left(\frac{3}{4}\right)^3 + \cdots + \binom{10}{10}\left(\frac{1}{4}\right)^{10}$$

雖然式子不難寫出，但要算出答案則相當麻煩。現在來練習用查表方式找答案。

(a) 因為表中列出的都是 $X \leq x$ 形式的機率，所以我們必須把 $P(X=5)$ 表示成可以查表的形式，即 $P(X=5) = P(X \leq 5) - P(X \leq 4)$。

從書末附表 2 中可查到，對應 $n=10$、$p=0.25$，$P(X \leq 5) = 0.9803$ 及 $P(X \leq 4) = 0.9219$，所以

$P(X=5) = P(X \leq 5) - P(X \leq 4) = 0.9803 - 0.9219 = 0.584$

(b) $P(X \geq 6) = 1 - P(X \leq 5) = 1 - 0.9803 = 0.0197$

如果這次小考每題 10 分、沒有倒扣，則答對 6 題以上會及格；但是全部瞎猜的話，及格的機率還不到 2%。

隨堂練習 3 假設隨機變數 X 的分布為 $B(15, 0.3)$，利用書末的二項分布表，求

(a) $P(X=5)$，(b) $P(X \leq 6)$，(c) $P(X \geq 9)$

答 (a) 0.2061，(b) 0.8689，(c) 0.0152

在超能力例子裡，我們假設阿傑在 60 題當中答對了 24 題，也就是 4 成。如果阿傑沒有超能力、純粹瞎猜的話，依賴運氣答對 4 成或更高比例的機率 (也就是 P 值)，大約是 0.0037，也就是千分之 3.7。因為機率這樣小的事情很難得發生，所以我們相信阿傑有某種程度的超能力，才能在測試時答對 4 成這麼多。其實上述情況和單選題瞎猜完全一樣，也符合二項分布，參數為 $n = 60$、$p = 0.25$，所以只有 n 不一樣。

本來 0.0037 這個機率應該也可以從二項分布表裡面查出來，但是限於篇幅，教科書當中的二項分布表經常只有列到 $n = 20$ 或 $n = 25$ 為止，對於更大的 n，則有近似方法可以計算機率。我們書末的表也只列到 $n = 25$ 為止，所以查不到 $n = 60$ 的結果，現在改為考慮 $n = 25$ 的情況。25 的 4 成等於 10，我們可以用查表方式找出：如果阿傑純粹瞎猜，25 題當中會說對 10 題或更多題的機率。令 Y 代表 25 題當中阿傑說對的題數，則純粹瞎猜時 (即原始假設正確)，Y 的分布是 $n = 25$、$p = 0.25$ 的二項分布。查表可得

$$P(Y \geq 10) = 1 - P(Y \leq 9) = 1 - 0.9287 = 0.0713$$

這個 P 值比 $n = 60$ 時的 P 值 0.0037 大了不少，這並不意外。同樣是瞎猜的話，少猜幾次要矇對 4 成或更好的結果，機會比較大；猜很多次還要矇對至少 4 成，則機率小很多。所以同樣是考慮答對 4 成以上，然而根據較大樣本得到的結果，證據比較小樣本的更強。現在回到我們的符號檢定。

用符號檢定做判斷

假設某醫師經過初步觀察認為，一種新上市的止痛藥 A 之效果似乎比目前常用的止痛藥 B 更好，於是想要測試他的想法是否正確。該醫師隨機抽了 12 位病人，把兩種藥都給他們試用，一段時間之後再請他們回報結果。為了避免心理作用影響測試結果，把藥給病人時不應告知何者是新藥。結果 12 位病人當中，9 位說 A 藥較有效，3 位說 B 藥較有效。現在我們利用符號檢定、根據上述數據來檢定以下兩個假設何者正確：

H_0：兩種藥效果差不多

H_1：A 藥的效果比 B 藥好

我們想知道，若令 $\alpha = 0.05$，可否作結論說：A 藥較有效？

若令「+」代表「A 藥較有效」，「−」代表「B 藥較有效」，因為藥效若差不多，則病人選擇「A 藥較有效」或「B 藥較有效」的機率應大約相同，而若 A 藥較有效時，則病人選擇「A 藥較有效」的機率應該大於病人選擇「B 藥較有效」的機率，因此原始假設和對立假設可表示如下：

$H_0 : P(+) = P(-)$

$H_1 : P(+) > P(-)$

如果「+」夠多，我們就可以否定 $H_0 : P(+) = P(-)$ 而做出「A 藥較有效」的結論。

若令 S 等於樣本中的「+」個數，則當 S 太大時，我們應否定原始假設。現在 S 的觀測值是 9，我們之前介紹過 P 值的觀念，就是如

果 H_0 正確，我們會得到 9 這麼大或更大值的機率。這個機率可以查二項分布的表找到，因為原始假設正確時，S 的分布是 $B(12, \frac{1}{2})$。查表可得，當 H_0 正確時，$P(S \geq 9) = 1 - P(S \leq 8) = 1 - 0.927 = 0.073$，這是 P 值。

因為 $0.073 > 0.05$，所以不能否定 H_0。結論是：在 $\alpha = 0.05$ 標準下，沒有足夠證據支持「A 藥較有效」的結論。

上個例子當中我們把檢定統計量定義成「＋」的總個數，其實定義成「－」的總個數也未嘗不可 (就好像擲銅板問題裡面，要考慮正面總數還是反面總數都是可以的)。原始假設正確時，「－」的總個數也是符合二項分布，以上個例子來說，查表反而還更容易些，因為不需要做減法。現在重作剛才的例題。

12 位病人當中，9 位說 A 藥較有效、3 位說 B 藥較有效。我們仍然是要利用符號檢定來判斷 H_0：兩種藥效果差不多 和 H_1：A 的效果比 B 藥好。我們仍然令「＋」代表「A 藥較有效」、「－」代表「B 藥較有效」，原始假設和對立假設可表示如下：

$H_0 : P(+) = P(-)$
$H_1 : P(+) > P(-)$

現在如果令 T 代表「－」的個數，則因為當 H_1 正確時、「－」個數會偏少，所以檢定規則應該是當 T 值太小時，我們否定 H_0 而相信 H_1 正確。已知 $T = 3$ (觀測值)，所以 P 值等於當 H_0 正確時、$T \leq 3$ 的機率。我們知道 H_0 正確時 T 的分布是 $B(12, \frac{1}{2})$，所以查表可得 $P(T \leq 3) = 0.073$，和剛才的結果一樣。剛才查表之後還要做減法，現

在卻直接查表就可以；所以在做符號檢定時，可以視情況、適度調整檢定統計量的定義方式。

二項分布有個重要性質值得一提：當 $p = 0.50$ 時，二項分布是對稱的分布，以 $n = 12$ 的情況來說，若 $Y \sim B(12, 0.5)$，則 $P(Y = 0) = P(Y = 12)$、$P(Y = 1) = P(Y = 11)$、$P(Y = 2) = P(Y = 10)$，依此類推，所以 $P(Y \geq 10) = 0.019 = P(Y \leq 2)$ 而 $P(Y \geq 9) = 0.073 = P(Y \leq 3)$。

再看一個例子。假設某公司對 22 位隨機抽出的員工作了檢測，其中有 15 位午餐後的反應比午餐前慢，2 位午餐前後反應差不多，5 位午餐後的反應比午餐前快。此結果是否提供證據，午餐後的反應比午餐前慢？用符號檢定來判斷，$\alpha = 0.03$。

要用「+」代表午餐後反應較慢或者較快都可以，假設我們這樣決定：

「+」代表午餐後反應較快

「−」代表午餐後反應較慢

「0」代表午餐前後反應差不多

則被檢測員工中有兩位是「0」，在做符號檢定之前這兩個 0 要去掉，樣本大小調整為 $n = 22 - 2 = 20$。而我們要檢定

$H_0 : P(+) = P(-)$　對應

$H_1 : P(+) < P(-)$

我們應該要令檢定統計量是「+」的個數還是「−」的個數呢？來討論看看。如果 H_1 正確，則「+」應較少，若令 S 代表「+」的個數，則 S 太小時應否定 H_0。已觀測到 $S = 5$，所以 P 值等於 H_0 假

設之下，$S \leq 5$ 的機率。這個機率可以直接查表，不用再做減法，所以是比較好的選擇。H_0 正確時，S 是 $B(20, \frac{1}{2})$ 隨機變數。查表可得 $P(S \leq 5) = 0.021$，而 $0.021 < 0.03$，所以可以否定 H_0，做出結論：在 $\alpha = 0.03$ 標準下，有足夠證據顯示，員工午餐後的反應比午餐前慢。

有沒有注意到一件事？上個例子中，12 位病人中有 9 位認為 A 藥較有效，占 9/12 = 75%，這個例子中，20 位員工當中有 15 位午餐後反應較慢，也是占 15/20 = 75%；然而可藉以否定原始假設的證據、即 P 值，在上個例子中是 0.073，而在這個例子中是 0.021，小了很多。這又印證了之前提過的事實：結果的百分比雖一樣，但較大樣本得到的結果更可靠，證據更強。

符號檢定應用於二維數據

符號檢定也可能用在二維數據資料上面。比如若 $(X_1, Y_1), (X_2, Y_2), \cdots, (X_{n'}, Y_{n'})$ 代表互相獨立的成對樣本，則我們可以令「+」代表 $X_i < Y_i$、「−」代表 $X_i > Y_i$、「0」代表 $X_i = Y_i$，在把「0」都去掉之後，樣本大小從 n' 調整到 n，然後就可以應用符號檢定了。

假設以下是一個女子籃球隊 12 位隊員罰球 25 次的進球紀錄，X_i 是短暫暖身後的結果，Y_i 是在辛苦操練之後的結果。數據是否顯示，隊員在較疲勞時命中率會下降？用符號檢定、$\alpha = 0.05$ 來作判斷。

球員	1	2	3	4	5	6	7	8	9	10	11	12
X_i	18	12	7	21	19	14	8	11	19	16	8	11
Y_i	16	10	8	23	13	10	8	13	9	8	8	5

對固定的 i 來說，X_i 和 Y_i 都是同一個球員的罰球成績，所以很自然 X_i 和 Y_i 之間有關係；但是不同球員的罰球成績之間通常沒關係，所以 $(X_1,Y_1),(X_2,Y_2),\cdots,(X_{12},Y_{12})$ 可視為互相獨立的成對樣本。

令「＋」代表 $X_i < Y_i$，「－」代表 $X_i > Y_i$，「0」代表 $X_i = Y_i$，則對應 12 位球員的符號如下：

球員	1	2	3	4	5	6	7	8	9	10	11	12
符號	－	－	＋	＋	－	－	0	＋	－	－	0	－

如果隊員在較疲勞時命中率會下降的話，大部分的 Y_i 會比 X_i 小，也就是「－」出現的機率較高，所以我們要檢定的問題可以表示成：

$H_0 : P(+) = P(-)$ 對應

$H_1 : P(+) < P(-)$

因為有 2 個 0，所以樣本大小從 $n'=12$ 調整到 $n=10$，若令 S 代表「＋」的個數，則 S 太小時應否定 H_0。現在 $S=3$，所以 P 值等於 H_0 正確時、$S \leq 3$ 的機率。而 H_0 正確時、$S \sim B(10,0.5)$，查表可得 $P(S \leq 3) = 0.1719$，比 $\alpha = 0.05$ 大很多，所以不能否定 H_0。結論：在 $\alpha = 0.05$ 標準下，沒有充分證據顯示隊員在較疲勞時命中率會下降。

符號檢定還可以用來判斷母體中位數是否等於某特定值，以下例子做了說明。假設某便利商店決定開始賣盒裝切片水果，店長猜測每天賣出盒數的中位數是 25。隨機抽了 18 天檢視銷售紀錄、得到以下的售出盒數：

15 24 21 20 19 25 13 32 8 25 22 29 25 23 16 11 28 19

令 $\alpha = 0.05$、用符號檢定來判斷，店長對於中位數的猜測是否正確。

中位數是否 25，和符號檢定有什麼關係呢？我們在介紹符號檢定的適用情境時曾這樣說：隨機樣本裡的每一點，可以根據某個標準、用「+」、「−」或 0 表示。現在要判斷中位數是否 25，很自然想到可以把樣本裡的數字和 25 比較，大於 25 用「+」表示，小於 25 用「−」表示，等於 25 則用 0 表示，然後把 0 去掉、調整樣本大小。

如果 25 的確是中位數，則大於 25 的機率和小於 25 的機率相同，即 $P(+) = P(-)$，這是原始假設 H_0，這題的對立假設 H_1 則為 $P(+) \neq P(-)$；所以我們的問題可以用雙尾的符號檢定解決。因為本書只討論單尾檢定，所以這題只介紹觀念、到此為止，不討論如何做判斷。

符號檢定的優點是簡單好用，但是當然有缺點。它主要的缺點是並沒有充分利用到所有的訊息，在把數字轉換成「+」、「−」或 0 的過程當中，原來數字的訊息損失了不少。以水果銷售例子來看，23 變成「−」、8 也變成「−」，因為這兩個數都小於 25；雖然 8 和 23 差很多，一旦用「−」取代之後，只剩下「小於 25」的訊息，而「實際上比 25 小多少」的訊息就不見了。一般來說，我們做決定時都希望能充分利用所有的資訊，符號檢定「浪費」了資訊的結果，就是比較「不夠力」：在 H_1 正確、應該要否定 H_0 時，有些利用較多資訊的檢定，能夠做出「否定 H_0」的正確結論之機率會比符號檢定要高。

威爾考克森秩和檢定

另一個簡單易懂又常用的無母數方法叫做威爾考克森秩和檢定

Chapter 15　判斷兩件事中哪一件對：檢定概念

(Wilcoxon rank-sum test)，我們就簡稱秩和檢定。威爾考克森是人名，就是他首先提出這個方法的；而他竟然是化學家而非統計學家。差不多同時候有兩位學者曼恩 (Mann) 和惠特尼 (Whitney) 也研究出一個檢定統計量，雖然表面上看起來和秩和檢定的統計量不一樣，實際上兩者只相差一個常數；所以兩種檢定的結果一定相同，可視為同一種檢定。因為這個緣故，也有教科書把這個檢定叫做曼恩-惠特尼-威爾考克森檢定 (Mann-Whitney-Wilcoxon test)。對這類故事有興趣的讀者，我推薦《統計，改變了世界》這本書。

先介紹什麼叫做「秩」。當我們把一組數據從小到大排序之後，依序給這些數據 1、2、3、4、⋯等的號碼，每個數據的對應號碼，就叫做它的秩 (rank)，也有人稱為等級。其實一個數的秩就是從小到大排序之後，這個數在整組數據中的位置；最小的數對應的秩就是 1。比如一家四口的體重以公斤為單位是：75 (爸爸)、53 (媽媽)、80 (哥哥)、48 (弟弟)，排序之後是 48、53、75、80，所以媽媽體重的秩是 2、哥哥的則是 4。

假設我們想比較兩個母體，兩者分布的形狀相同、但位置可能不同。這類問題可考慮雙尾檢定和單尾檢定，但我們只討論單尾檢定。

我們考慮的原始假設和對立假設可分兩類：

單尾檢定 A

H_0：母體 1 和母體 2 有相同的連續型分布

H_1：母體 1 和母體 2 有相同形狀的連續型分布、但母體 1 的位置在母體 2 的左邊

單尾檢定 B

H_0：母體 1 和母體 2 有相同的連續型分布

H_1：母體 1 和母體 2 有相同形狀的連續型分布、但母體 1 的位置在母體 2 的右邊

其實單尾檢定 B 沒有必要自成一類，如果遇到的情境符合 B 的情況，只要把母體 1 和母體 2 的編號顛倒，就符合單尾檢定 A 的情況了。把哪一個母體叫做母體 1 本來就由我們自己決定。當母體 1 和母體 2 的分布形狀相同、但母體 1 的位置在母體 2 的左邊時 (單尾檢定 A 的 H_1 情況)，這代表母體 1 的值偏小 (或者說：母體 2 的值偏大)，所以大致來說，若我們面對的問題是想要判斷：兩個母體的數字大小差不多，還是其中一個母體的數字較大時，只要兩個母體大致是同樣形狀的連續分布，就可以應用我們的秩和檢定了。

叫做秩和檢定是因為我們所用的統計量是「秩」的「和」。先從兩個母體分別抽出隨機樣本，兩個樣本之間互相獨立，把兩個樣本混合起來排順序、從小到大，然後把對應其中一個樣本的秩全部加起來，就是檢定統計量。我們先用一個簡單的例子來說明如何計算。

假設九位體重相近的女生相約一起參加減重計畫，其中四位吃 A 減重餐、五位吃 B 減重餐，一段時間之後檢驗，九人所減的磅數如下：

減重餐	所減重量 (公斤)
A	5, 1, −1, 4
B	7, 6, 2, 9, 3

Chapter 15　判斷兩件事中哪一件對：檢定概念

現在我們計算 A 減重餐的秩和。

把 A 組和 B 組的數字混合，從小到大排序，可得以下結果：

數字	−1	1	2	3	4	5	6	7	9
秩	1	2	3	4	5	6	7	8	9
A 或 B	A	A	B	B	A	A	B	B	B

A 減重餐的秩和 = 1 + 2 + 5 + 6 = 14。

在排序的時候，如果有的數字相同，要怎麼辦呢？可以用「平均秩」(average rank) 的方法處理，現在把上例的數據稍作修改如下：

A	5, 1, −1, 4
B	7, 5, 2, 9, 3

再計算 A 減重餐的秩和。

混合排序後得到以下結果：

數字	−1	1	2	3	4	5	5	7	9
秩	1	2	3	4	5	6	7	8	9
A 或 B	A	A	B	B	A	A 或 B	B 或 A	B	B

兩個 5 在全部數字裡面所排的位置是 6 和 7，而兩個 5 分別屬於 A 和 B。「平均秩」的觀念是把對應 5 的兩個秩 6 和 7 平均，得到 6.5；因此 A 減重餐的秩和 = 1 + 2 + 5 + 6.5 = 14.5。

如果有三個數一樣，就把對應的三個秩平均，依此類推。但是有用到平均秩的時候，檢定問題處理起來會比較麻煩。理論上來說，當我們假設兩個母體的分布都屬於連續型 (請參考第 7 章第 2 節) 時，

隨機樣本裡面不應該出現相同的數，所以不會需要用到平均秩。實際上出現相同的數，常常是因為度量得太粗略的關係。例如在減重例子裡面的數據，如果可以量到小數點之後一位甚至二位，則看起來同樣減重 5 公斤的二位，實際上的減重多半不一樣。

計算秩和之後要如何做判斷呢？只要跟著直觀走就可以了。考慮單尾檢定 A：

H_0：母體 1 和母體 2 有相同的連續型分布
H_1：母體 1 和母體 2 有相同形狀的連續型分布、但母體 1 的位置在母體 2 的左邊

H_1 正確的話，代表母體 1 的值會比較小；如果在混合排序之後我們計算的是抽自母體 1 樣本的秩和的話，當然秩和太小時就要否定 H_0、相信 H_1。什麼叫做太小，當然我們會在書末提供一個表 (表 3)，從裡面就可以查出臨界值。

假設抽自母體 1 和母體 2 的樣本大小分別是 m 和 n，對應檢定問題 A 的話，令 W 代表抽自母體 1 樣本的秩和，則表中列出的是 H_0 正確時、對應不同樣本大小 m、n 及某些 x 值的 $P(W \leq x)$、即 W 的值會小於或等於 x 的機率。因為這樣的表很占篇幅，對於不同的 m、n 組合，都要重新列一個表，所以我們列的表只包括了一部分的結果。因為表列值的應用是針對檢定問題 A，所以我們一定是把 H_1 當中值比較小的母體稱為母體 1。如果 m 和 n 較大時，W 在 H_0 正確時、事實上會接近常態分布，因此對於較大的 m、n，可以利用常態分布表，不過這部分本書並不討論。

假設某英文補習班在小型會話班實驗兩種不同上課方式，先把程

度差不多的 9 位學生隨機分成兩組，4 位在 A 組、5 位在 B 組，實驗結束時測試成果，將成績從小到大排序之後得到以下結果：

A A A B A B B B B

如果用威爾考克森秩和檢定、$\alpha = 0.05$，能不能做出結論：B 組的教學效果較好？

此問題的兩個假設為：

H_0：A 組和 B 組的教學效果差不多
H_1：B 組的教學效果比 A 組好

因為是想判斷 B 組的教學效果是否較好，所以 A 組對應母體 1，它的樣本秩和是 $W = 1 + 2 + 3 + 5 = 11$。查表 2，$m = 4$、$n = 5$，可得 $P(W \leq 11) = 0.016$，這就是之前介紹過的 P 值，因為 $\alpha = 0.05$，P 值 $< \alpha$，所以可做結論：B 組的教學效果比 A 組好。從此例可看出，只要有排序，即使不知樣本確實的值，仍然可應用秩和檢定。這也可說是無母數方法的特色之一。

秩和檢定的臨界值如果查表查不到，有沒有別的方法可以處理呢？其實秩和檢定統計量在原始假設下的分布，只要用很基本的排列組合觀念就可以搞定，現在用小樣本的狀況簡單說明。

假設 $X_1, X_2, \cdots, X_n$ 是抽自某一連續型分布母體的隨機樣本，則 $X_1, X_2, \cdots, X_n$ 的任一排列順序機率都相等；這個意思是說，以 $n = 3$ 為例，$P(X_1 < X_2 < X_3) = P(X_1 < X_3 < X_2) = \cdots = P(X_3 < X_2 < X_1)$。要了解為什麼是這樣，可以考慮這樣的情境：假如我們從某校某系新生當中隨機抽出三人，記錄他們的身高 X_1, X_2, X_3 (假設可以記錄到公分

的小數二位、沒有任何兩人同身高)。因為是隨機抽的,所以第一位同學的身高 X_1 在三人當中可能最矮、第二高或最高,機會都一樣,同理對第二位同學或第三位同學來說,情況也是如此。所以三人身高的每一種排列順序機率都相等,也就是 $\frac{1}{3!} = \frac{1}{6}$。

有了以上基礎,可以考慮秩和的分布了。假設隨機樣本 X_1, X_2 抽自母體 1,隨機樣本 Y_1, Y_2, Y_3 抽自母體 2,且兩樣本之間互相獨立。兩樣本混合排序之後,令 W 等於 X_1, X_2 的秩和,在 H_0:母體 1 和母體 2 有相同的連續型分布假設下,我們將算出 W 的分布。

當母體 1 和母體 2 的分布完全相同、且 X 樣本和 Y 樣本互相獨立時,可以把 X_1, X_2, Y_1, Y_2, Y_3 看成是抽自同一分布的隨機樣本,而且都不相等 (因為母體分布是連續型);這時可假設 X_1, X_2, Y_1, Y_2, Y_3 的任一排列順序機率都相等。本來 5 個相異物的排列數是 $P_5^5 = 5! = 120$,但是我們現在想要考慮的是 X_1, X_2 的秩和,所以只需要知道兩個 X 排在 5 個位置當中的哪 2 個位置就行了。比如只要 X_1, X_2, Y_1, Y_2, Y_3 從小到大排出來的結果是 $XYYXY$,則 X_1, X_2 的秩和就是 $1 + 4 = 5$,不論實際結果是 $X_1\ Y_1\ Y_2\ X_2\ Y_3$ 還是 $X_2\ Y_1\ Y_3\ X_1\ Y_2$ 都是一樣;也就是說,我們可以把 X_1, X_2 視為相同、Y_1, Y_2, Y_3 也視為相同,只要考慮 $XXYYY$ 的排列就行了,這樣總共就只有 $\frac{5!}{2!3!} = 10$ 種了,現在將全部排列和對應的秩和 W 的值列出如下:

排列	W 的值
X X Y Y Y	3
X Y X Y Y	4
X Y Y X Y	5
X Y Y Y X	6
Y X X Y Y	5
Y X Y X Y	6
Y X Y Y X	7
Y Y X X Y	7
Y Y X Y X	8
Y Y Y X X	9

因為 10 種排列的機率都相同，都是 $\frac{1}{10} = 0.1$，所以

$$P(W=3) = P(W=4) = P(W=8) = P(W=9) = 0.1$$
$$P(W=5) = P(W=6) = P(W=7) = 0.2$$

這就是 W 在 H_0 正確時的分布，也可以這樣表達：

w	3	4	5	6	7	8	9
P(W = w)	0.1	0.1	0.2	0.2	0.2	0.1	0.1

以上觀念是否非常簡單？當然樣本若變大，計算起來就沒有這麼簡單。但是通常我們在做單尾檢定時，不是檢定統計量太大時否定 H_0、就是太小時否定 H_0，所需要用到的機率都是兩端而非中間的，比如 $P(W \leq w)$、w 是較小的數，或者 $P(W \geq w)$、w 是較大的數。需

要用到這類機率時，其實並沒有必要把全部排列都列出來才能計算，有比較省時的方法可以處理，我們用下個例子做說明。

假設隨機樣本 X_1, X_2, X_3 抽自母體 1、隨機樣本 Y_1, Y_2, Y_3, Y_4, Y_5 抽自母體 2，且兩樣本之間互相獨立。兩樣本混合排序之後，令 W 等於 X_1, X_2, X_3 的秩和，在 H_0：母體 1 和母體 2 有相同的連續型分布假設下，我們想算出 (a) $P(W \leq 8)$ 和 (b) $P(W \geq 19)$。

剛才已討論過，3 個 X 可視為相同、5 個 Y 也可視為相同，混合起來排序總共有 $\dfrac{8!}{3!5!} = 56$ 種方法，其中每一種的發生機率都是 $\dfrac{1}{56}$。

(a) W 的最小可能值發生在 3 個 X 都排在最前面的時候，也就是 $X\,X\,X\,Y\,Y\,Y\,Y\,Y$ 的情況，此時對應 X 的秩是 1、2、3，所以 $W = 1 + 2 + 3 = 6$；因為這是唯一能使得 $W = 6$ 的排列結果，所以

$$P(W = 6) = \dfrac{1}{56}$$

題目要求計算的 $P(W \leq 8)$ 可寫為

$P(W \leq 8) = P(W = 6) + P(W = 7) + P(W = 8)$

所以我們只要再算出 $P(W = 7)$ 和 $P(W = 8)$ 即可，而這兩項的值，不須列出任何排列結果就可以算出來，討論方式如下：

混合排序之後 3 個 X 的秩，必定是 1、2、3、4、5、6、7、8 當中的 3 個數。要計算 $P(W = 7)$ 的話，因為總共有 56 種排列方法、每種機率都相同，所以分母一定是 56、而分子則是能夠使得 $W = 7$ 的排列數；也就是說：從 1、2、3、4、5、6、7、8 當中抽出 3 個數，加起來等於 7，總共有多少種方法，例如 1、2、4 就符合條件。同樣的考慮也可以用在計算 $P(W = 8)$，現在列出

所有符合條件的結果：

$W = 7 : 1 \cdot 2 \cdot 4$

$W = 8 : 1 \cdot 2 \cdot 5$ 或者 $1 \cdot 3 \cdot 4$

所以

$$P(W \leq 8) = P(W = 6) + P(W = 7) + P(W = 8)$$
$$= \frac{1}{56} + \frac{1}{56} + \frac{2}{56} = \frac{4}{56} = \frac{1}{14} = 0.0714$$

(b) W 的最大可能值發生在 3 個 X 都排在最後面的時候，也就是 $YYYYXXX$ 的情況，此時 $W = 6+7+8 = 21$，所以

$$P(W = 21) = \frac{1}{56}$$

而 $P(W \geq 19) = P(W = 21) + P(W = 20) + P(W = 19)$

$W = 20$ 代表 3 個 X 的秩是：8、7、5

$W = 19$ 代表 3 個 X 的秩是：8、7、4 或者 8、6、5

所以可得

$$P(W \geq 19) = P(W = 21) + P(W = 20) + P(W = 19)$$
$$= \frac{1}{56} + \frac{1}{56} + \frac{2}{56} = \frac{4}{56} = \frac{1}{14} = 0.0714$$

和 (a) 小題比較一下，是否發現兩個小題的解題過程非常類似？事實上如果把 (a) 小題考慮的排列情況完全顛倒過來的話 (排第一位的變成第八位、第二位的變成第七位、⋯)，則對應 $W = 6$ 的排列結果 $XXXYYYYY$ 就會變成 $YYYYXXX$，秩和變成 $W = 21$，依此類推可知 W 在 H_0 之下的分布其實有對稱性，如 $P(W = 6) = P(W = 21)$、$P(W = 7) = P(W = 20)$ 等。經過以上練習，如果表中查不到臨界值，也可以自行計算相關機率了。

重點摘要

一、在檢定問題裡，我們會把想要否定的事情 (或者說是現況) 當作原始假設，用 H_0 表示，而把想要證明的事情當作對立假設，用 H_1 表示。

二、做檢定時可能判斷錯誤，而錯誤的方式有兩種可能性：一是原始假設正確我們卻否定它，叫做第一型錯誤。二是原始假設錯誤我們卻沒有否定它，叫做第二型錯誤。

三、在無法同時降低兩型錯誤的發生機率之情況下，通常的處理方式是：將第一型錯誤的發生機率限制於某個範圍的條件下 (例如 ≤ 5%)，再盡量降低第二型錯誤的發生機率。

四、當我們對第一型錯誤的發生機率設定上限時，這個上限叫做顯著水準，通常用希臘字母 α 代表。

五、統計檢定的 P 值是在 H_0 正確的假設下，所得到的樣本結果會像實際觀測 (或測試) 結果那麼極端、或更極端的機率。P 值愈小，能夠否定 H_0 的證據就愈強。

六、如果有設定第一型錯誤發生機率上限 α 的話，只要 P 值 $\leq \alpha$，就可以否定 H_0。

七、卡方檢定統計量的計算方式，是把列聯表中每一個格子 (總和除外) 的觀測值減去該格子在 H_0 正確假設下的期望值，平方之後再除以該期望值，然後對所有格子加總。

八、列聯表每一格的期望值等於列總和乘以行總和再除以表總和。

九、如果 H_0 正確，觀測值和期望值應該比較接近，此時卡方統計量

的值會偏小。所以當卡方統計量的值大到某個標準時，就可以否定原始假設，而這個「標準」，由卡方統計量在原始假設下的抽樣分布和 α 值 (我們可以容忍犯第一型錯誤的機率) 決定。

十、H_0 正確時，卡方統計量的抽樣分布叫做卡方分布。

十一、卡方檢定還可以用在模型適合度的檢定。

十二、卡方檢定用了一些近似結果，我們的觀測值愈多，結果就愈精確。當期望值小於 5 的格子所占比例不超過 20%，而且每一格的期望值都至少是 1 時，就可安心使用卡方檢定。

十三、不需要假設樣本抽自特定分布母體、且不限定大樣本才可使用的統計方法，就屬於無母數統計的範圍。

十四、當隨機樣本裡的每一點可以根據某個標準、用「＋」、「－」或 0 表示時，就適合用符號檢定。檢定統計量的定義方式如下：把 0 丟棄之後，調整樣本大小，新的樣本大小等於「＋」的個數和「－」的個數之和 (也等於原來的樣本大小扣除 0 之後的個數)；而檢定統計量 S 的值就是「＋」的總個數。

十五、原始假設下，符號檢定統計量符合二項分布。

十六、符號檢定也可能應用在二維數據。

十七、若我們面對的問題是想要判斷：兩個母體的數字大小差不多，還是其中一個母體的數字較大時，只要兩個母體大致是同樣形狀的連續分布，就可以應用秩和檢定。

十八、先從兩個母體分別抽出隨機樣本，兩個樣本之間也互相獨立，把兩個樣本混合起來排順序，從小到大，然後把對應其中一個樣本的秩全部加起來，就是秩和檢定的檢定統計量。

十九、考慮單尾檢定 A：

H_0：母體 1 和母體 2 有相同的連續型分布

H_1：母體 1 和母體 2 有相同形狀的連續型分布、但母體 1 的位置在母體 2 的左邊

如果在混合排序之後我們計算的是抽自母體 1 樣本的秩和的話，秩和太小時，應否定 H_0、相信 H_1。臨界值可查書末的表 2。

二十、任何檢定背後一定有一些假設，符合假設才能使用，無母數檢定也不例外。但和一般統計課本中的檢定比起來，無母數方法背後的假定比較不嚴格、所以比較容易符合。

▶▶▶ 習題

1. 我們都聽過「37 °C 是正常體溫。」事實上，有證據顯示，大部分人的體溫比這略低。假設我們計畫要抽一個隨機樣本，並精確度量裡面每一個人的體溫。我們希望能夠證明，大部分人的體溫低於 37 °C。

    (a) 清楚說明這題當中的母體比例 p 代表什麼。

    (b) 原始假設和對立假設怎樣用 p 表示？

    (c) 用一般語言說明，這個檢定問題的第一型錯誤和第二型錯誤各指什麼。

2. 一項偵測超能力是否存在的標準實驗，是用一副有 5 種符號的牌來做的 (5 種符號是波浪、星星、圓形、方形及交叉)。當主持實驗者把一張牌翻過去蓋著，並把心力集中在牌上時，受試者必須猜牌上的符號是哪一種。不具超能力的受試者，每次猜時單憑

運氣猜中之機率是 $\frac{1}{5}$。有超能力的受試者，猜中的比例就會比較高。阿麗在 10 次中說中了 5 次。我們用模擬方式來協助判斷，阿麗的表現是否有說服力。

(a) 為了檢定這個結果是否阿麗有超能力的顯著證據，先列出原始假設及對立假設。

(b) 假設 H_0 為真，模擬此實驗 20 回合 (每一回合包括 10 次)，從隨機號碼表的列 25 第 1 行開始。要先寫出數字如何分配。

(c) 實際的實驗結果是 10 次中有 5 次正確。此實驗結果的 P 值，是什麼事件的機率？根據你的模擬結果估計這個 P 值。阿麗的表現說服力強不強？

3. 美國某些中學為了了解學生吸菸和父母的吸菸習慣有無關聯，對學生做調查，得到以下結果 (為了計算時不要出現太多小數位、數字經過微幅調整)：

	吸菸學生	不吸菸學生
父母均吸菸	335	1315
父母中有一人吸菸	350	1760
父母均不吸菸	130	1110

(a) 寫出卡方檢定的兩項假設。

(b) 算出所有格子的期望值。

(c) 算出卡方統計量並做結論。

4. 某家大型銀行想要了解他們的員工當中有多少比例的人過重，於是隨機抽樣了 118 位男性員工，其中有 38 位過重；同時也隨機

抽樣了 112 位女性員工，其中有 22 位過重。

(a) 把性別當作列變數、過重與否當作行變數，畫出雙向表。

(b) 令 $\alpha = 0.05$、用卡方檢定判斷，性別和是否過重有沒有關聯。

5. 某車商認為北美地區車主對於汽車顏色的偏好如下：15% 偏好銀色、18% 偏好白色、17% 偏好黑色，另 50% 偏好其他顏色。該車商委託一家市調公司隨機抽樣了北美地區 620 位車主並詢問他們對汽車顏色的偏好，得到以下數據：

	偏好銀色	偏好白色	偏好黑色	其他
人數	104	117	99	300

在 $\alpha = 0.05$ 標準下，用卡方檢定判斷這位車商的認知是否有誤。

6. 假設某航空公司的航班當中，有 10% 不會準時啟航。現在若從他們所有航班中隨機抽出 12 班來檢驗，假設這些航班之間互相獨立，求至少有兩班不準時啟航的機率。

7. 某乳液生產商稍微改變了配方，希望了解新產品是否會更受消費者歡迎，因此隨機抽了 12 位顧客，給他們 A 產品 (原配方) 和 B 產品 (新配方) 各一件；在請他們試用一段時間之後，詢問他們較喜歡哪個產品。12 位顧客當中，2 位較喜歡 A 產品、8 位較喜歡 B 產品，2 位說差不多。令 $\alpha = 0.1$、用符號檢定判斷，新配方產品是否較受歡迎？

8. 混凝土製造商希望測試一種新研發出來的添加劑是否能增加混凝土的硬度，在攪拌時抽出 20 團混凝土，每團分成兩塊，其中一

塊加入添加劑、另一塊不加。等混凝土硬了之後，把同一團的兩塊互相敲擊，判斷哪一塊較硬。假設 20 團混凝土當中，13 團是有添加劑的較硬、7 團是沒添加劑的較硬。令 $\alpha = 0.05$、用符號檢定判斷，該添加劑是否能使混凝土比較硬？

9. 某工廠有兩台機器包裝同品牌同一種 30 公克裝零食，但發現似乎第二台機器的產品份量較多些。從二台機器分別隨機抽出產品秤重，得以下數據 (公克)：

第一台機器：30.20 29.95 30.00 30.10

第二台機器：31.10 29.90 30.50 30.80 30.75

用威爾考克森秩和檢定、$\alpha = 0.05$，判斷第二台機器的產品份量是否比第一台機器多？

10. 假設隨機樣本 X_1, X_2, X_3 抽自母體 1、隨機樣本 Y_1, Y_2, Y_3 抽自母體 2，且兩樣本之間互相獨立。兩樣本混合排序之後，令 X 等於 X_1, X_2, X_3 的秩和。

(a) 在 H_0：母體 1 和母體 2 有相同的連續型分布假設下，算出 W 的分布。

(b) 根據 (a) 小題的答案判斷，W 的分布是否對稱？

第四部複習習題及報告作業

報告作業是比較長的習題，需要蒐集資訊或生產數據，而且重點是要把做出的結果用一篇短文來說明。其中有些題目適合由一組學生共同來做，題號會用☆標示。

複習習題

1. 假設某政黨要用民調來決定甲和乙兩位候選人中、誰的支持度較高，而調查結果是甲比乙高 4 個百分點。如果兩位支持度的 95% 信賴區間沒有重疊，則樣本大小至少是多少？

2. 假設一般去污劑可以去除 70% 的各式污跡，一家乾洗店宣稱某種新的去污劑可以去除超過 70% 的各式污跡。為了測試這說法，我們將該去污劑用在隨機選擇的 20 件污跡上面。
   (a) 寫出原始假設和對立假設，符號要定義清楚。
   (b) 若 20 件當中有 17 件成功去除污跡，P 值是多少？
   (c) 若 $\alpha = 0.05$，檢定的結論是什麼？

3. 以下是 11 間隨機選擇的餐廳，在經理參加受訓之前，和受訓後六個月的衛生評分。用符號檢定判斷，在 $\alpha = 0.05$ 標準下，經理受訓對改善餐廳衛生是否有幫助？先求出 P 值再作判斷。

餐廳	1	2	3	4	5	6	7	8	9	10	11
受訓前	80	83	82	81	75	77	65	67	75	85	73
受訓後	90	85	87	78	75	82	75	85	90	95	80

4. 擲一骰子 180 次得到以下結果，檢定此骰子是否均勻？用 $\alpha = 0.01$。

點數	1	2	3	4	5	6
次數	28	36	36	30	27	23

報告作業

☆5. **自己設計抽樣調查**

選一個你同校同學目前感興趣的議題。準備一份簡短 (不超過 5 個問題) 的問卷，來蒐集對這個議題的意見。選出一個大約 50 人的學生樣本，讓他們填答你的問卷，並且簡短描述從問卷結果中發現了什麼，並且把你在設計和執行調查時的經驗，用一段文字稍做討論。

這題作業的重點是在抽樣調查的實際執行層面。你的小組成員應該事先討論的內容包括抽樣應如何進行，以及問卷題目應如何設計、才能讓填答問卷的人覺得你的問題夠清楚。

☆6. **自己做一項統計研究**

找兩個類別變數，二者之間的關聯是你的小組有興趣的，然後自己去蒐集數據。一個簡單例子是學生的性別以及他最愛的社群網站。稍複雜一點的例子是大學生的年級和他畢業後的計畫 (馬上做事、繼續念書、休息一陣子……)。不一定非要用簡單隨機樣本不可。

蒐集數據並造一個雙向表。然後做分析，用卡方統計量來判斷你

們考慮的兩個變數之間是否有關聯，可以令 $\alpha = 0.05$。描述你的研究，以及有什麼發現。要注意樣本不能太小，否則卡方檢定不適用。

參考書目

1. 應用統計學 鄭惟厚、胡學穎著 東華書局
2. 你不能不懂的統計常識 鄭惟厚著 天下遠見出版公司
3. 統計學的世界 David S. Moore 著 鄭惟厚譯 天下遠見出版公司
4. 統計，改變了世界 David Salsburg 著 葉偉文譯 天下遠見出版公司
5. Bluman, A. *Elementary statistics- A step by step approach* McGraw Hill
6. Devore, J. *Probability and statistics for engineering and the sciences* Thomson
7. Devore, J., Berk, K. *Modern mathematical statistics with applications* Thomson
8. Mendenhall,W., Sincich, T. *Statistics for engineering and the sciences* Prentice Hall
9. Walpole, R., Myers, R., Myers,S. *Probability and statistics* Prentice Hall
10. Woodbury, G. *Introduction to statistics* Duxbury

附錄

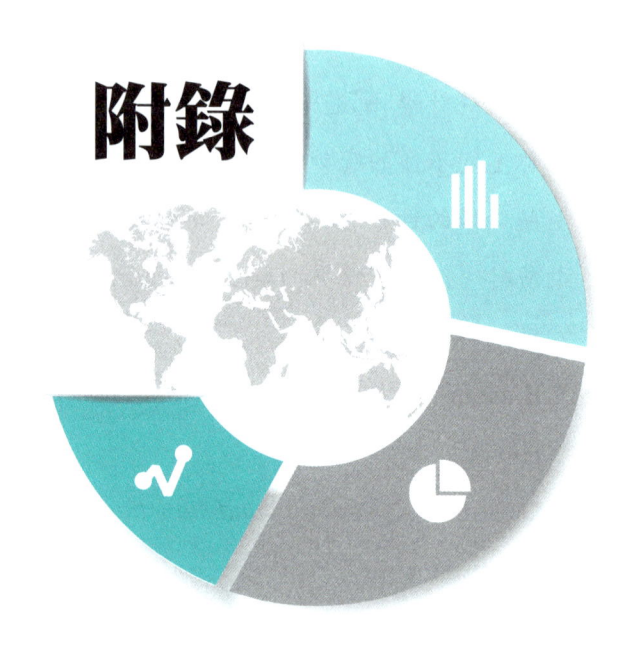

Chapter 3

04

$x_1, x_2, \cdots, x_n$ 的變異數及標準差公式

變異數 $s^2 = \dfrac{1}{n-1} \sum_{i=1}^{n} (x_i - \overline{x})^2$

標準差 $s = \sqrt{\dfrac{1}{n-1} \sum_{i=1}^{n} (x_i - \overline{x})^2}$

其中 $\overline{x}$ 為 $x_1, x_2, \cdots, x_n$ 的平均數

Chapter 6

03 生日問題公式

在算這個問題時我們假設每個人的生日有 365 種可能 (所以沒有把閏年列入考慮)，並且假設教室裡每個人的生日和其他人無關 (所以不能有雙

胞胎或三胞胎等在場)。假設教室裡有 n 個人,至少有兩個人同一天生日的機率用 p 表示的話,

$$1-p = 教室裡 n 個人的生日都不相同的機率$$
$$= \frac{365 \cdot 364 \cdot 363 \cdots (365-n+1)}{365^n}$$

分母是因為每個人的生日都有 365 種可能,分子則是 365 選 n 的排列數,也可以這樣看:第一個人的生日有 365 種可能,第二個人有 364 種可能、因為不能和第一個人一樣,⋯,依此類推。

當 $n = 23$ 時,$1-p = \dfrac{365 \cdot 364 \cdot 363 \cdots 343}{365^{23}} = 0.493$,所以 $p = 0.507$

Chapter 10

02 相關係數公式

$(x_1, y_1), (x_2, y_2), \cdots, (x_n, y_n)$ 的相關係數為

$$r = \frac{\sum_{i=1}^{n}(x_i - \bar{x})(y_i - \bar{y})}{\sqrt{\sum_{i=1}^{n}(x_i - \bar{x})^2}\sqrt{\sum_{i=1}^{n}(y_i - \bar{y})^2}}$$

其中 $\bar{x}$ 為 $x_1, x_2, \cdots, x_n$ 的平均數,$\bar{y}$ 為 $y_1, y_2, \cdots, y_n$ 的平均數

03 最小平方迴歸直線公式

在所有直線 $y = a + cx$ 當中,使得 $\sum_{i=1}^{n}[y_i - (a + cx_i)]^2$ 有最小值的直線 $y = b_0 + b_1 x$,稱為 $(x_1, y_1), (x_2, y_2), \cdots, (x_n, y_n)$ 的「最小平方迴歸直線」,其截距 b_0 和斜率 b_1 分別滿足

$$b_1 = \frac{\sum_{i=1}^{n}(x_i - \bar{x})(y_i - \bar{y})}{\sum_{i=1}^{n}(x_i - \bar{x})^2}, \quad b_0 = \bar{y} - b_1 \bar{x} = \bar{y} - \frac{\sum_{i=1}^{n}(x_i - \bar{x})(y_i - \bar{y})}{\sum_{i=1}^{n}(x_i - \bar{x})^2} \cdot \bar{x}$$

其中 $\bar{x}$ 為 $x_1, x_2, \cdots, x_n$ 的平均數，$\bar{y}$ 為 $y_1, y_2, \cdots, y_n$ 的平均數

Chapter 13

02

常態分布的式子如下：

$$f(x) = \frac{1}{\sqrt{2\pi}\sigma} e^{-\frac{(x-\mu)^2}{2\sigma^2}}, -\infty < x < \infty$$

其中的 μ 是平均數、σ 是標準差

Chapter 14

02

假設我們用簡單隨機樣本來估計母體比例 p，樣本大小為 n，樣本比例為 $\hat{p}$，則

p 的近似 95% 信賴區間公式為：

$$\hat{p} \pm 1.96\sqrt{\frac{\hat{p}(1-\hat{p})}{n}}$$

p 的近似 99% 信賴區間公式為：

$$\hat{p} \pm 2.58\sqrt{\frac{\hat{p}(1-\hat{p})}{n}}$$

加入「近似」兩個字，是因為公式根據常態分布得到，而常態分布是樣本比例在 n 夠大時的近似分布。媒體所說 95% 信心水準下的抽樣誤差，就是指 $1.96\sqrt{\frac{\hat{p}(1-\hat{p})}{n}}$ 這一項。

有些統計書中所說的抽樣誤差 (sampling error)，是指估計值和實際參數的差距，在此就是指樣本比例 $\hat{p}$ 和母體比例 p 的差距；而媒體所稱的抽樣誤差則被稱為誤差界限 (margin of error)。

表 1　隨機號碼表

	01 02 03 04 05 06 07 08 09 10 11 12 13 14 15 16 17 18 19 20 21 22 23 24 25 26 27 28 29 30 31 32 33 34 35 36 37 38 39 40 41 42 43 44 45 46 47 48 49 50
00	1 2 3 3 0 0 4 5 2 9 1 7 8 1 1 4 7 4 6 0 1 2 8 0 5 4 8 1 3 2 7 4 8 0 5 4 2 1 9 3 5 4 9 0 3 7 0 8 4 5
01	3 6 9 7 8 1 1 2 2 7 9 3 6 4 1 7 8 7 5 1 7 2 1 3 1 2 4 8 5 4 2 7 1 1 7 2 1 6 7 9 1 7 8 7 7 9 8 9 2 2
02	4 3 1 6 0 5 1 9 7 3 5 8 1 4 1 8 2 8 1 0 6 7 6 0 6 9 7 2 0 8 8 3 0 1 7 4 7 3 5 0 7 3 8 6 8 9 3 1 7 1
03	5 6 8 5 9 9 4 6 2 6 5 6 4 5 8 2 0 1 2 7 5 3 9 8 6 6 4 6 9 5 1 4 6 8 2 2 6 4 0 1 6 0 6 8 5 8 6 3 6 2
04	8 0 7 8 2 1 6 8 3 1 8 6 7 1 9 0 1 2 5 3 8 1 1 1 4 4 1 8 7 7 6 3 2 1 6 0 3 0 8 0 0 9 8 1 1 5 4 3 9 0
05	3 0 3 1 4 9 3 1 9 9 7 3 8 6 9 9 9 8 6 2 0 0 7 8 7 4 3 7 2 2 5 7 9 7 0 0 5 4 7 7 9 2 3 6 2 5 6 2 9 3
06	6 7 0 9 0 2 0 3 9 1 1 6 2 9 4 3 8 0 5 0 3 3 0 2 1 1 4 6 5 6 3 8 2 5 7 3 5 0 2 9 9 2 7 4 0 8 3 1 5 8
07	2 5 5 8 8 7 3 8 9 7 1 5 9 0 4 6 2 1 5 8 8 9 5 4 9 9 4 5 0 2 2 8 2 3 6 5 8 1 4 5 7 0 3 2 8 4 1 1 8 2
08	4 2 0 4 4 6 5 1 4 2 2 3 1 9 8 0 2 4 9 6 9 1 3 8 6 6 9 6 3 7 8 2 6 2 0 0 1 1 8 1 2 0 0 1 0 2 0 6 9 8
09	6 9 0 4 9 5 4 9 6 3 5 9 3 1 2 0 5 8 6 2 3 8 2 0 5 4 3 4 5 6 8 9 1 9 9 2 8 3 3 0 2 6 7 3 5 1 9 7 4 1
10	5 8 4 0 2 4 8 6 1 4 8 7 5 0 7 6 6 6 3 9 2 0 1 7 7 7 3 1 7 0 7 3 3 4 8 3 5 8 5 4 3 1 2 4 5 9 8 1 6
11	0 6 6 7 3 4 9 3 5 2 8 1 4 4 8 5 6 2 6 5 6 5 3 8 6 6 4 8 4 2 6 4 3 2 8 6 3 5 1 4 9 3 5 4 1 7 3 9 8 6
12	3 0 8 4 0 4 3 9 5 7 7 6 2 7 9 2 6 2 2 6 4 0 2 9 5 0 7 7 0 5 9 4 5 6 8 8 8 4 3 1 2 9 3 3 7 5 4 8 4 5
13	0 7 8 7 3 4 9 3 0 3 3 0 4 0 7 7 4 7 2 4 8 8 9 3 6 4 5 0 1 5 9 6 6 9 8 4 3 5 8 9 9 8 7 4 0 9 4 5 6
14	8 0 3 1 5 5 0 9 7 7 5 6 4 2 0 6 8 8 8 1 9 9 8 3 3 3 5 0 1 8 9 2 8 5 2 8 0 0 0 6 0 3 6 4 5 4 0 4 9 4
15	4 9 6 8 7 0 7 2 1 4 7 9 7 6 7 9 6 8 0 4 3 0 7 7 1 5 4 1 6 9 3 4 1 6 0 2 7 5 3 0 0 6 9 3 6 7 9 0 9 3
16	8 2 5 9 2 8 3 8 4 8 5 0 2 0 9 4 6 5 7 1 8 4 8 2 0 7 7 4 1 2 3 6 7 2 2 6 6 7 9 1 9 0 8 6 5 3 8 9 1 0
17	2 3 3 2 5 3 7 6 8 5 2 6 4 0 3 9 2 5 2 2 6 5 4 1 2 6 8 5 0 8 4 7 5 2 7 3 3 8 3 5 3 0 3 1 3 5 5 8 2 9
18	8 8 9 3 5 1 1 5 7 4 7 2 0 1 4 9 9 4 1 1 3 8 0 8 8 2 3 1 5 3 4 3 7 6 2 8 4 0 6 3 4 4 4 2 4 3 5 7 3 6
19	5 3 6 6 9 4 5 9 4 0 8 4 2 2 7 1 3 7 1 4 0 5 0 8 1 3 2 2 4 3 0 5 9 5 8 1 2 0 1 1 2 9 0 0 5 0 3 5 3 7
20	1 4 3 5 4 9 8 6 6 4 2 8 2 6 1 0 9 2 6 7 5 7 2 8 0 2 7 5 9 6 7 3 1 4 4 7 6 9 6 6 2 7 7 6 3 6 7 6 3 2
21	7 5 6 9 9 3 9 4 7 9 3 2 3 9 7 5 5 3 7 8 6 7 6 5 1 7 8 7 3 6 7 2 0 8 3 1 8 3 1 2 1 6 7 7 7 6 8 5 7 1
22	7 3 1 5 2 1 1 3 2 9 8 3 6 2 8 1 4 0 0 7 9 6 4 9 9 4 9 6 3 0 6 6 0 0 3 6 9 3 4 8 5 3 5 9 7 5 1 2 0 8
23	1 3 8 8 6 0 2 0 8 5 1 8 3 2 5 7 1 3 6 5 4 3 2 1 2 9 1 9 0 1 1 5 6 8 0 9 0 9 2 2 7 1 8 0 9 3 3 8 6 0
24	7 4 5 4 6 6 8 6 6 0 7 1 2 0 3 4 2 4 7 3 7 6 2 1 5 4 2 6 7 7 9 9 0 3 7 1 0 1 6 7 6 6 6 0 6 4 7 0 3 7
25	1 3 6 8 0 5 1 0 4 3 2 4 3 9 0 0 3 6 7 3 8 4 5 8 8 9 6 6 2 1 8 5 4 0 8 6 3 8 0 4 2 1 4 0 8 7 5 0 0 4
26	3 7 4 3 1 3 7 6 1 4 6 5 2 9 9 8 1 4 3 7 8 1 2 9 8 7 5 0 1 5 4 5 9 1 3 8 1 0 4 2 4 5 5 4 7 6 5 1 7 9
27	3 9 7 5 9 4 9 5 0 4 3 0 3 0 1 6 1 9 4 2 2 4 4 2 4 2 6 0 6 3 3 0 4 4 4 7 5 4 1 9 2 4 1 1 0 2 6 7 5 7
28	3 8 8 0 2 3 3 1 8 2 2 0 5 3 1 6 4 2 2 9 5 7 3 6 0 4 9 3 6 1 2 2 7 2 4 8 9 6 3 8 5 2 7 0 2 3 2 8 0 3

表 1　隨機號碼表 (續)

	01 02 03 04 05	06 07 08 09 10	11 12 13 14 15	16 17 18 19 20	21 22 23 24 25	26 27 28 29 30	31 32 33 34 35	36 37 38 39 40	41 42 43 44 45	46 47 48 49 50
29	1 8 1 1 4	7 8 7 3 5	6 4 2 6 7	5 1 2 5 5	3 6 1 2 5	3 4 0 6 2	3 7 1 4 0	5 4 0 7 2	2 0 1 6 1	4 4 4 2 1
30	2 2 4 8 1	6 9 5 7 2	9 5 4 1 7	2 2 9 7 3	9 6 8 6 8	0 2 9 3 4	9 7 1 4 2	8 7 0 4 4	9 4 2 8 2	2 0 8 6 8
31	5 4 4 8 3	9 3 7 3 0	4 1 1 7 1	8 4 3 1 9	5 4 1 5 9	2 1 1 6 7	6 2 7 6 9	6 7 4 4 5	9 4 1 4 2	5 4 9 4 8
32	9 0 4 6 4	2 8 9 1 2	2 1 3 5 6	9 9 6 8 6	7 5 5 1 9	2 1 3 0 9	5 0 2 6 7	4 9 7 4 0	7 0 4 5 5	0 7 6 9 8
33	1 2 9 6 0	1 9 7 0 0	7 5 8 5 8	6 3 4 4 9	0 5 7 8 6	1 5 4 0 2	8 2 8 8 0	7 3 8 6 1	4 7 7 6 6	4 0 7 9 7
34	5 0 9 7 4	3 7 2 1 3	3 8 8 1 3	8 8 2 2 4	5 9 9 0 7	5 0 2 5 3	7 2 1 8 8	0 3 7 4 6	7 3 8 6 9	4 4 3 7 9
35	3 2 3 8 6	5 4 4 8 9	5 3 1 7 7	0 3 7 4 2	9 2 5 1 7	4 7 1 4 6	4 3 5 5 1	2 3 1 3 0	5 4 1 7 5	6 1 9 6 6
36	5 1 4 2 1	2 5 3 0 9	3 5 1 2 9	0 4 1 1 4	4 9 3 6 4	2 5 0 6 8	2 8 9 3 5	5 2 0 3 8	7 2 6 5 9	9 5 6 8 9
37	3 2 5 2 2	9 9 8 9 0	9 6 1 0 0	8 0 8 4 6	9 1 9 1 6	8 7 5 4 5	9 0 3 5 7	8 7 7 8 7	5 5 0 2 9	4 1 2 3 8
38	2 4 1 7 6	7 8 3 5 0	5 9 5 1 3	9 2 0 8 4	7 7 6 6 0	2 4 7 4 9	3 7 4 3 3	8 1 0 8 5	8 6 5 9 9	8 3 9 7 2
39	0 0 5 7 6	9 0 4 4 0	1 5 3 1 1	4 0 8 5 6	4 8 1 9 8	6 8 1 4 4	3 9 3 7 4	8 1 4 5 4	6 2 0 6 3	7 3 7 7 9
40	9 1 4 9 8	8 2 6 6 9	3 7 2 5 8	1 2 4 5 2	2 1 5 0 6	5 0 7 4 0	2 1 4 2 8	0 8 4 5 7	4 7 2 8 0	2 3 6 7 3
41	8 2 0 3 2	6 7 4 2 8	0 7 4 0 0	1 5 2 5 1	7 0 5 6 5	5 2 5 9 0	2 8 7 1 2	9 5 7 0 0	4 1 9 8 6	7 6 4 8 6
42	6 1 4 2 6	0 1 6 2 6	1 8 2 7 0	4 2 0 3 6	7 0 7 4 3	3 7 4 9 4	5 6 7 4 7	7 0 4 3 3	8 3 6 2 6	8 3 3 2 2
43	9 0 3 7 5	3 2 6 7 3	1 2 8 0 3	1 7 4 5 6	4 4 2 8 1	4 0 1 1 5	4 2 8 5 0	8 2 3 9 2	1 8 2 9 3	5 8 0 9 5
44	8 9 2 7 9	0 4 6 7 1	3 2 0 3 9	1 1 2 0 8	3 4 8 5 4	3 5 1 6 4	3 6 4 5 6	2 5 3 7 8	3 3 2 3 6	9 7 4 8 5
45	8 6 6 8 3	7 6 9 7 0	3 7 2 1 5	9 5 4 3 4	7 0 1 8 1	0 4 8 8 3	5 0 5 0 8	8 5 5 2 5	5 8 2 7 3	9 7 7 0 3
46	9 3 2 4 8	1 1 7 8 8	5 5 6 7 5	8 5 8 0 2	1 0 2 3 4	2 4 1 0 6	2 5 6 8 4	4 3 8 8 8	5 2 6 4 5	2 4 0 4
47	7 5 1 0 7	3 9 4 8 6	8 1 8 5 2	5 4 7 8 8	3 0 2 1 5	5 8 6 3 1	0 9 5 8 1	4 1 7 8 1	7 4 7 2 9	9 1 4 8 6
48	1 2 8 8 7	6 6 9 1 8	9 6 0 5 4	7 0 5 0 2	3 8 6 3 4	5 6 1 0 0	5 4 3 0 4	5 9 7 5 6	6 1 3 7 3	6 4 4 4 4
49	7 8 8 9 6	7 7 0 1 4	2 2 1 6 8	5 4 2 6 0	0 4 9 2 1	4 3 1 7 8	5 7 7 0 9	4 2 3 0 0	4 6 2 3 7	4 0 4 1 6
50	0 7 2 2 2	6 0 6 5 9	4 8 8 8 8	0 8 4 2 8	6 4 6 1 8	5 4 9 9 6	7 0 7 9 3	3 4 0 9 6	2 8 0 9 0	3 1 0 1
51	9 6 3 2 4	9 8 2 7 7	0 0 5 4 6	9 5 3 9 4	1 8 0 8 0	4 0 9 4 1	2 4 6 8 0	5 4 5 1 5	6 1 6 7	5 6 5 3 1 6
52	1 8 1 2 9	2 7 3 7 7	4 7 1 9 6	9 6 3 4 9	2 1 4 9 9	4 9 5 4 5	9 2 0 7 7	3 5 6 3 3	8 8 9 8 3	4 4 2 8 8
53	0 5 1 9 5	2 0 5 3 4	1 7 4 2 3	8 9 7 9 1	0 4 6 4 2	8 9 5 7 6	7 2 3 1 2	1 7 7 3 6	3 9 1 7 7	0 6 6 6 4
54	6 7 0 4 1	1 0 2 6 5	2 5 6 1 2	3 4 8 0 3	1 2 9 5 7	4 2 5 1 5	5 2 9 3 5	0 5 4 1 1	0 1 3 2 5	5 5 4 5 9

表 2　二項分布累積機率 $p[X \leq x], X \sim B(n, p)$

						p					
n	x	0.1	0.2	0.25	0.3	0.4	0.5	0.6	0.7	0.8	0.9
5	0	.5905	.3277	.2373	.1681	.0778	.0312	.0102	.0024	.0003	.0000
	1	.9185	.7373	.6328	.5282	.3370	.1875	.0870	.0308	.0067	.0005
	2	.9914	.9421	.8965	.8369	.6826	.5000	.3174	.1631	.0579	.0086
	3	.9995	.9933	.9844	.9692	.9130	.8125	.6630	.4718	.2627	.0815
	4	1.0000	.9997	.9990	.9976	.9898	.9687	.9222	.8319	.6723	.4095
	5	1.0000	1.0000	1.0000	1.0000	1.0000	1.0000	1.0000	1.0000	1.0000	1.0000
6	0	.5314	.2621	.1780	.1176	.0467	.0156	.0041	.0007	.0001	.0000
	1	.8857	.6554	.5339	.4202	.2333	.1093	.0410	.0109	.0016	.0001
	2	.9841	.9011	.8306	.7443	.5443	.3437	.1792	.0705	.0170	.0013
	3	.9987	.9830	.9624	.9295	.8208	.6563	.4557	.2557	.0989	.0159
	4	.9999	.9984	.9954	.9891	.9590	.8907	.7667	.5798	.3446	.1143
	5	1.0000	.9999	.9998	.9993	.9959	.9844	.9533	.8824	.7379	.4686
	6	1.0000	1.0000	1.0000	1.0000	1.0000	1.0000	1.0000	1.0000	1.0000	1.0000
7	0	.4783	.2097	.1335	.0824	.0280	.0078	.0016	.0002	.0000	.0000
	1	.8503	.5767	.4449	.3294	.1586	.0625	.0188	.0038	.0004	.0000
	2	.9743	.8520	.7564	.6471	.4199	.2266	.0963	.0288	.0047	.0002
	3	.9973	.9667	.9294	.8740	.7102	.5000	.2898	.1260	.0333	.0027
	4	.9998	.9953	.9871	.9712	.9037	.7734	.5801	.3529	.1480	.0257
	5	1.0000	.9996	.9987	.9962	.9812	.9375	.8414	.6706	.4233	.1497
	6	1.0000	1.0000	.9999	.9998	.9984	.9922	.9720	.9176	.7903	.5217
	7	1.0000	1.0000	1.0000	1.0000	1.0000	1.0000	1.0000	1.0000	1.0000	1.0000
8	0	.4305	.1678	.1001	.0576	.0168	.0039	.0007	.0001	.0000	.0000
	1	.8131	.5033	.3671	.2553	.1064	.0352	.0085	.0013	.0001	.0000
	2	.9619	.7969	.6785	.5518	.3154	.1445	.0498	.0113	.0012	.0000
	3	.9950	.9437	.8862	.8059	.5941	.3633	.1737	.0580	.0104	.0004
	4	.9996	.9896	.9727	.9420	.8263	.6367	.4059	.1941	.0563	.0050
	5	1.0000	.9988	.9958	.9887	.9502	.8555	.6846	.4482	.2031	.0381
	6	1.0000	.9999	.9996	.9987	.9915	.9648	.8936	.7447	.4967	.1869
	7	1.0000	1.0000	1.0000	.9999	.9993	.9961	.9832	.9424	.8322	.5695
	8	1.0000	1.0000	1.0000	1.0000	1.0000	1.0000	1.0000	1.0000	1.0000	1.0000
9	0	.3874	.1342	.0751	.0404	.0101	.0020	.0003	.0000	.0000	.0000
	1	.7748	.4362	.3003	.1960	.0705	.0195	.0038	.0004	.0000	.0000
	2	.9470	.7382	.6007	.4628	.2318	.0898	.0250	.0043	.0003	.0000
	3	.9917	.9144	.8343	.7297	.4826	.2539	.0994	.0253	.0031	.0001
	4	.9991	.9804	.9511	.9012	.7334	.5000	.2666	.0988	.0196	.0009
	5	.9999	.9969	.9900	.9747	.9006	.7461	.5174	.2703	.0856	.0083

表2 二項分布累積機率 $p[X \leq x]$, $X \sim B(n,p)$ (續)

n	x	0.1	0.2	0.25	0.3	0.4	0.5	0.6	0.7	0.8	0.9
	6	1.0000	.9997	.9987	.9957	.9750	.9102	.7682	.5372	.2618	.0530
	7	1.0000	1.0000	.9999	.9996	.9962	.9805	.9295	.8040	.5638	.2252
	8	1.0000	1.0000	1.0000	1.0000	.9997	.9980	.9899	.9596	.8658	.6126
	9	1.0000	1.0000	1.0000	1.0000	1.0000	1.0000	1.0000	1.0000	1.0000	1.0000
10	0	.3487	.1074	.0563	.0282	.0060	.0010	.0001	.0000	.0000	.0000
	1	.7361	.3758	.2440	.1493	.0464	.0107	.0017	.0001	.0000	.0000
	2	.9298	.6778	.5256	.3828	.1673	.0547	.0123	.0016	.0001	.0000
	3	.9872	.8791	.7759	.6496	.3823	.1719	.0548	.0106	.0009	.0000
	4	.9984	.9672	.9219	.8497	.6331	.3770	.1662	.0473	.0064	.0001
	5	.9999	.9936	.9803	.9527	.8338	.6230	.3669	.1503	.0328	.0016
	6	1.0000	.9991	.9965	.9894	.9452	.8281	.6177	.3504	.1209	.0128
	7	1.0000	.9999	.9996	.9984	.9877	.9453	.8327	.6172	.3222	.0702
	8	1.0000	1.0000	1.0000	.9999	.9983	.9893	.9536	.8507	.6242	.2639
	9	1.0000	1.0000	1.0000	1.0000	.9999	.9990	.9940	.9718	.8926	.6513
	10	1.0000	1.0000	1.0000	1.0000	1.0000	1.0000	1.0000	1.0000	1.0000	1.0000
12	0	.2824	.0687	.0317	.0138	.0022	.0002	.0000	.0000	.0000	.0000
	1	.6590	.2749	.1584	.0850	.0196	.0032	.0003	.0000	.0000	.0000
	2	.8891	.5583	.3907	.2528	.0834	.0193	.0028	.0002	.0000	.0000
	3	.9744	.7946	.6488	.4925	.2253	.0730	.0153	.0017	.0001	.0000
	4	.9957	.9274	.8424	.7237	.4382	.1938	.0573	.0095	.0006	.0000
	5	.9995	.9806	.9456	.8822	.6652	.3872	.1582	.0386	.0039	.0001
	6	.9999	.9961	.9857	.9614	.8418	.6128	.3348	.1178	.0194	.0005
	7	1.0000	.9994	.9972	.9905	.9427	.8062	.5618	.2763	.0726	.0043
	8	1.0000	.9999	.9996	.9983	.9847	.9270	.7747	.5075	.2054	.0256
	9	1.0000	1.0000	1.0000	.9998	.9972	.9807	.9166	.7472	.4417	.1109
	10	1.0000	1.0000	1.0000	1.0000	.9997	.9968	.9804	.9150	.7251	.3410
	11	1.0000	1.0000	1.0000	1.0000	1.0000	.9998	.9978	.9862	.9313	.7176
	12	1.0000	1.0000	1.0000	1.0000	1.0000	1.0000	1.0000	1.0000	1.0000	1.0000
15	0	.2059	.0352	.0134	.0047	.0005	.0000	.0000	.0000	.0000	.0000
	1	.5490	.1671	.0802	.0353	.0052	.0005	.0000	.0000	.0000	.0000
	2	.8159	.3980	.2361	.1268	.0271	.0037	.0003	.0000	.0000	.0000
	3	.9444	.6482	.4613	.2969	.0905	.0176	.0019	.0001	.0000	.0000
	4	.9873	.8358	.6865	.5155	.2173	.0592	.0093	.0007	.0000	.0000
	5	.9978	.9389	.8516	.7216	.4032	.1509	.0338	.0037	.0001	.0000
	6	.9997	.9819	.9434	.8689	.6098	.3036	.0950	.0152	.0008	.0000
	7	1.0000	.9958	.9827	.9500	.7869	.5000	.2131	.0500	.0042	.0000
	8	1.0000	.9992	.9958	.9848	.9050	.6964	.3902	.1311	.0181	.0003

表 2　二項分布累積機率 $p[X \leq x]$, $X \sim B(n, p)$ (續)

n	x	0.1	0.2	0.25	0.3	0.4	0.5	0.6	0.7	0.8	0.9
	9	1.0000	.9999	.9992	.9963	.9662	.8491	.5968	.2784	.0611	.0022
	10	1.0000	1.0000	.9999	.9993	.9907	.9408	.7827	.4845	.1642	.0127
	11	1.0000	1.0000	1.0000	.9999	.9981	.9824	.9095	.7031	.3518	.0556
	12	1.0000	1.0000	1.0000	1.0000	.9997	.9963	.9729	.8732	.6020	.1841
	13	1.0000	1.0000	1.0000	1.0000	1.0000	.9995	.9948	.9647	.8329	.4510
	14	1.0000	1.0000	1.0000	1.0000	1.0000	1.0000	.9995	.9953	.9648	.7941
	15	1.0000	1.0000	1.0000	1.0000	1.0000	1.0000	1.0000	1.0000	1.0000	1.0000
20	0	.1216	.0115	.0032	.0008	.0000	.0000	.0000	.0000	.0000	.0000
	1	.3917	.0692	.0243	.0076	.0005	.0000	.0000	.0000	.0000	.0000
	2	.6769	.2061	.0913	.0355	.0036	.0002	.0000	.0000	.0000	.0000
	3	.8670	.4114	.2252	.1071	.0160	.0013	.0000	.0000	.0000	.0000
	4	.9568	.6296	.4148	.2375	.0510	.0059	.0003	.0000	.0000	.0000
	5	.9887	.8042	.6172	.4164	.1256	.0207	.0016	.0000	.0000	.0000
	6	.9976	.9133	.7858	.8080	.2500	.0577	.0065	.0003	.0000	.0000
	7	.9996	.9679	.8982	.7723	.4159	.1316	.0210	.0013	.0000	.0000
	8	.9999	.9900	.9591	.8867	.5956	.2517	.0565	.0051	.0001	.0000
	9	1.0000	.9974	.9861	.9520	.7553	.4119	.1275	.0171	.0006	.0000
	10	1.0000	.9994	.9961	.9829	.8725	.5881	.2447	.0480	.0026	.0000
	11	1.0000	.9999	.9991	.9949	.9435	.7483	.4044	.1133	.0100	.0001
	12	1.0000	1.0000	.9998	.9987	.9790	.8684	.5841	.2277	.0321	.0004
	13	1.0000	1.0000	1.0000	.9997	.9935	.9423	.7500	.3920	.0867	.0024
	14	1.0000	1.0000	1.0000	1.0000	.9984	.9793	.8744	.5836	.1958	.0113
	15	1.0000	1.0000	1.0000	1.0000	.9997	.9941	.9490	.7625	.3704	.0432
	16	1.0000	1.0000	1.0000	1.0000	1.0000	.9987	.9840	.8929	.5886	.1330
	17	1.0000	1.0000	1.0000	1.0000	1.0000	.9998	.9964	.9645	.7939	.3231
	18	1.0000	1.0000	1.0000	1.0000	1.0000	1.0000	.9995	.9924	.9308	.6082
	19	1.0000	1.0000	1.0000	1.0000	1.0000	1.0000	1.0000	.9992	.9885	.8784
	20	1.0000	1.0000	1.0000	1.0000	1.0000	1.0000	1.0000	1.0000	1.0000	1.0000
25	0	.0718	.0038	.0008	.0001	.0000	.0000	.0000	.0000	.0000	.0000
	1	.2712	.0274	.0070	.0016	.0001	.0000	.0000	.0000	.0000	.0000
	2	.5371	.0982	.0321	.0090	.0004	.0000	.0000	.0000	.0000	.0000
	3	.7636	.2340	.0962	.0332	.0024	.0001	.0000	.0000	.0000	.0000
	4	.9020	.4207	.2137	.0905	.0095	.0005	.0000	.0000	.0000	.0000
	5	.9666	.6167	.3783	.1935	.0294	.0020	.0001	.0000	.0000	.0000
	6	.9905	.7800	.5611	.3407	.0736	.0073	.0003	.0000	.0000	.0000
	7	.9977	.8909	.7265	.5118	.1536	.0216	.0012	.0000	.0000	.0000
	8	.9995	.9532	.8506	.6769	.2735	.0539	.0043	.0001	.0000	.0000

表 2　二項分布累積機率 $p[X \leq x]$, $X \sim B(n,p)$ (續)

n	x	\multicolumn{10}{c}{p}
		0.1	0.2	0.25	0.3	0.4	0.5	0.6	0.7	0.8	0.9
	9	.9999	.9827	.9287	.8106	.4246	.1148	.0132	.0005	.0000	.0000
	10	1.0000	.9944	.9703	.9022	.5858	.2122	.0344	.0018	.0000	.0000
	11	1.0000	.9985	.9893	.9558	.7323	.3450	.0778	.0060	.0001	.0000
	12	1.0000	.9996	.9966	.9825	.8462	.5000	.1538	.0175	.0004	.0000
	13	1.0000	.9999	.9991	.9940	.9222	.6550	.2677	.0442	.0015	.0000
	14	1.0000	1.0000	.9998	.9982	.9656	.7878	.4142	.0978	.0056	.0000
	15	1.0000	1.0000	1.0000	.9995	.9868	.8852	.5754	.1894	.0173	.0001
	16	1.0000	1.0000	1.0000	.9999	.9957	.9461	.7265	.3231	.0468	.0005
	17	1.0000	1.0000	1.0000	1.0000	.9988	.9784	.8464	.4882	.1091	.0023
	18	1.0000	1.0000	1.0000	1.0000	.9997	.9927	.9264	.6593	.2200	.0095
	19	1.0000	1.0000	1.0000	1.0000	.9999	.9980	.9706	.8065	.3833	.0334
	20	1.0000	1.0000	1.0000	1.0000	1.0000	.9995	.9905	.9095	.5793	.0980
	21	1.0000	1.0000	1.0000	1.0000	1.0000	.9999	.9976	.9668	.7660	.2364
	22	1.0000	1.0000	1.0000	1.0000	1.0000	1.0000	.9996	.9910	.9018	.4629
	23	1.0000	1.0000	1.0000	1.0000	1.0000	1.0000	.9999	.9984	.9726	.7288
	24	1.0000	1.0000	1.0000	1.0000	1.0000	1.0000	1.0000	.9999	.9962	.9282
	25	1.0000	1.0000	1.0000	1.0000	1.0000	1.0000	1.0000	1.0000	1.0000	1.0000

表 3　秩和檢定 $P(W \leq x)$

$m = 3$

x	n = 3	n = 4	n = 5
6	.050	.029	.018
7	.100	.057	.036
8	.200	.114	.071
9	.350	.200	.125
10	.500	.314	.196
11		.429	.286
12		.571	.393
13			.500

$m = 4$

x	n = 4	n = 5
10	.014	.008
11	.029	.016
12	.057	.032
13	.100	.056
14	.171	.095
15	.243	.143
16	.343	.206
17	.443	.278
18	.557	.365
19		.452
20		.548

索引

P 值　P-value　246

二劃
二項分布　binomial distribution　259
二項隨機試驗　binomial random experiment　260
二項隨機變數　binomial random variable　259

四劃
中央極限定理　central limit theorem　214
中位數　median　5
五數綜合　five-number summary　45
分布　distribution　105
方便樣本　convenience sample　199

五劃
古典機率　classical probability　79
右偏分布　right-skewed distribution　13
四分位距　interquartile range　40
平均秩　average rank　273
平均數　mean　4
母體　population　195

六劃
全距　range　39
安慰劑效應　placebo effect　177
自發性回應樣本　voluntary response sample　199
自變數　independent variable　152

七劃
辛普森詭論　Simpson's paradox　24

八劃
事件　event　104
抽樣分布　sampling distribution　107
直方圖　histogram　62
長條圖　bar chart　59

九劃
信賴區間　confidence interval　223
威爾考克森秩和檢定　Wilcoxon rank-sum test　270
相對次數機率　relative frequency probability　78
背對背莖葉圖　back-to-back stem-and-leaf plot　49

十劃
個人機率　personal probability　81
原始假設　null hypothesis　237
秩　rank　271

十一劃
假設檢定　hypotheses testing　237
參數　parameter　106, 257
常態分布　normal distribution　214
曼恩-惠特尼-威爾考克森檢定　Mann-Whitney-Wilcoxon test　271
條件機率　conditional probability　82

盒圖　boxplot　45
盒鬚圖　box-and-whisker plot　45
符號檢定　sign test　258
第一四分位數　first quartile　40
第一型錯誤　type I error　238
第二型錯誤　type II error　238
第三四分位數　third quartile　40
統計量　statistic　106
莖葉圖　stem-and-leaf plot　9
連續型隨機變數　continuous random variable　106

十二劃
散佈圖　scatter plot　144
無母數統計　nonparametric statistics　257
裁剪平均數　trimmed mean　16

十三劃
圓餅圖　pie chart　56

十四劃
實驗　experiment　170
對立假設　alternative hypothesis　237

十五劃
標準差　standard deviation　43
樣本　sample　195
線性相關係數　correlation coefficient　148
線圖　line graph　65
適配　matching　184

十六劃
機率模型　probability model　104
隨機化比較實驗　randomized comparative experiment　175
隨機號碼表　table of random digits　116
隨機變數　random variable　105

十七劃
應變數　dependent variable　152
「擬」隨機號碼　pseudorandom numbers　116

十八劃
簡單隨機樣本　simple random sample　101
醫師健康研究　The Physicians' Health Study　176
雙向列聯表　two-way contingency table　159
雙向表　two-way table　159
離散型隨機變數　discrete random variable　105
離群值　outlier　13

二十三劃
變異數　variance　43
顯著水準　significance level　239
觀測研究　observational study　170

習題解答

第一章習題

1. (a) 63.875　　(b) 62.5　　(c) 64.79
2. (a) 略
   (b) 平均數為 370.69　中位數為 369.5
   (c) 370.375
3. (a) 33.36　　(b) 32.65　　(c) 33.075
4. (a) 平均數大於中位數
   (b) 平均數為 17630　中位數為 16917.5
   (c) 平均數為 18230　中位數為 17500

第二章習題

1. 減少 28%
2. 增加 16%
3. 下跌 75%
4. (a) 32.2%　　(b) 略
5. 略

第三章習題

1. (a) 14.2　　(b) 10.95
2. 變異數 = 16650　標準差 ≈ 129.03
3. (a) 最小值：65
      第一四分位數：75
      中位數：78.5
      第三四分位數：82
      最大值：85

(b) 略
4. (a) 略
   (b) 開車： 　　　　　　捷運：
   　　最小值：55 　　　　最小值：52
   　　第一四分位數：62 　第一四分位數：54
   　　中位數：63 　　　　中位數：55
   　　第三四分位數：68 　第三四分位數：57
   　　最大值：108 　　　 最大值：60
   (c) 略
5. (a) 略　　　　(b) 略

第四章習題

略

第五章習題

1. 不是
2. (a) $\dfrac{1}{38}$　　　(b) $\dfrac{9}{19}$
3. (a) $\dfrac{3}{13}$　　　(b) 兩事件獨立
4. (a) $\dfrac{1}{2}$　　　(b) 0　　　(c) 不是
5. (a) $\dfrac{1}{9}$　　　(b) $\dfrac{2}{9}$

第六章習題

1. 不能　　　2. 略
3. 一樣大　　4. $\dfrac{5}{9}$

第七章習題

1. (a) $\dfrac{13}{60}$ (b) $\dfrac{3}{4}$

2. 略

3. (a) 取出放回：$\dfrac{1}{8}$ 取出不放回：$\dfrac{1}{12}$

   (b) 取出放回：$\dfrac{1}{8}$ 取出不放回：$\dfrac{249}{1998} \approx 0.1246$

   (c) 略

第八章習題

1. 略   2. 略   3. 略   4. 略   5. 略

第九章習題

1. 560

2. 期望值 = 0

3. 略

第十章習題

1. (a) 略   (b) 正相關   (c) 0.94

2. (a) 略   (b) 正相關

3. (a) 0.83   (b) 177.16 (mg/dl)   (c) 不合適

4. (a) 0   (b) 略   (c) 不合適

第十一章習題

1. 觀測型研究   2. 實驗型研究

第十二章習題

略

第十三章習題

略

第十四章習題

1. (a) 略　　　　(b) (.164, .226)　　(c) (.154, .236)
2. (a) (.529, .671)　(b) 至少 2500 人
3. (a) (.175, .265)　(b) 略

第十五章習題

1. 略
2. 略
3. (a) 略

    (b) $E_{11} = 268.95$　$E_{12} = 1381.05$
    　　$E_{21} = 343.93$　$E_{22} = 1766.07$
    　　$E_{31} = 202.12$　$E_{32} = 1037.88$

    (c) $\chi^2 \approx 50.3$

4. (a) 略

    (b) $E_{11} \approx 30.78$　$E_{12} \approx 87.22$
    　　$E_{21} \approx 29.22$　$E_{22} \approx 82.78$

    (c) $\chi^2 \approx 4.7$

5. $\chi^2 \approx 2.22$
6. .341
7. 是
8. 否
9. 否
10. (a) 略　　　　(b) 是